A Suzanne,

LA SAGA DU CLUB

Merci de nous avoir fait découvert les Bahamas avec Franck,

et d'être devenue une amie fidèle.

Tendresses

Gaye

GILBERT ET SERGE TRIGANO

LA SAGA DU CLUB

BERNARD GRASSET
PARIS

CRÉDITS DES ILLUSTRATIONS HORS-TEXTE

Photos 1-2-3-4-5-6-7-8-9-10-11-12-25-26-27-28-29-30-32-35-38-39-40-41-43-44-45 : © D.R.
Photos 13-14-15-16-17-18-19-20-21-22-23-24 : © tirées du « Trident », avec l'aimable autorisation du Club Med
Photo 31 : © Le nouvel Economiste
Photo 33 : © Service photographique, Présidence de la République
Photo 34 : © Yvette Troispoux
Photo 36 : © Felici
Photo 37 : © Hervé Tardy/Gamma
Photo 42 : © Sygma

A Gérard.

A Edmond.

Préambule

Il n'y a pas une histoire du Club, mais plusieurs. Chacun porte sur le Club son propre regard. Nous avons tenté à deux voix, père et fils réunis, de raconter notre Club et, à travers notre histoire, celle d'un rêve : rendre la vie plus belle que l'ordinaire.

Le Club est unique avec ses qualités, ses défauts, ses bonheurs, ses drames. Nous sommes tous deux tombés, pour des raisons différentes, dans la marmite du Club. Nous avons vécu des joies Club, des angoisses Club, et toute notre vie a été rythmée par une seule et véritable passion : le Club.

Nous nous sommes mille fois posé la question de savoir si nous pouvions vivre sans lui. Aujourd'hui, le Club a changé de mains. Inutile de pleurer ou de regretter une maison qui ne sera jamais plus tout à fait la même. Mais le temps est peut-être venu de se souvenir, de raconter ce que fut cette saga imaginée à l'aube des années 50, dans l'euphorie de l'après-guerre et les balbutiements de la société de consommation, de témoigner de ce rêve partiellement réalisé : inventer, le temps des vacances, une autre manière de vivre le temps, l'amour, le plaisir.

Histoire des mentalités autant que témoignage de l'évolution des mœurs, cette saga du Club tentera de raconter, de l'intérieur, ce que fut l'esprit de cette entreprise qui, au-delà des races et des classes sociales, tenta d'approcher le rêve retrouvé de la tribu. Car le Club reconstitue une tribu avec ses codes, ses rites, sa langue et ses initiations : un monde nouveau où les humains n'auraient plus qu'à aimer et à s'aimer, donner vie à une utopie qui ne pouvait exister qu'un peu, le temps des vacances...

Loin des légendes, et avec nos parcours différents, nous essaierons l'un et l'autre de faire comprendre ce que fut cette contre-société, ou tout au moins cette manière d'être, en société, différents.

Partir, tout quitter, tout laisser, les conventions sociales comme les ennuis professionnels... Aller au loin, à la recherche de soi-même. Aujourd'hui, ce genre de proposition paraît bien fade tant les agences de voyages la scandent sur tous les tons en l'accompagnant d'images de palmeraies idylliques et de plages désertes ourlées de cocotiers.

Pourtant, au début des années 50, la simple idée d'inviter des salariés à prendre des vacances loin des villes assoupies l'été et à délaisser leurs habitudes – rendre visite au tonton de Corrèze ou à la grand-tante fermière du Pas-de-Calais –, était considérée comme une folie.

Couper les liens. Ailleurs. Etre ailleurs. Vivre face au soleil, à la mer, au vent, rire, chanter, pêcher, nager, c'était tout cela l'idée du Club Méditerranée...

Avant de clore ce qui fut peut-être une légende, mais sûrement une belle histoire d'amour, les souvenirs arrivent en foule, se pressent, m'envahissent en désordre. Ainsi est venu le temps de raconter. *Raconter*, quelle tristesse !

J'ai longtemps affirmé qu'il fallait faire ou se raconter. Et puis vient l'âge, l'envie peut-être de se voir imprimer, de dire ce qu'on croit savoir ou vouloir (faute de ne plus le faire ?) Et naît le livre d'un homme qui se sait vieux et se croit jeune, qui craint que le temps ne lui manque pour utiliser son énergie, ou qui n'en a plus assez pour qu'elle puisse encore s'exprimer en actions.

Qu'importe. Allons nous asseoir sous un palmier de la palmeraie de Marrakech, sous un banian du jardin du Palais Manial du Caire, sous un olivier d'Israël ou de Tunisie, et égrenons-la ensemble, cette belle histoire...

G.T.

PREMIÈRE PARTIE

Les années Gilbert

Chapitre 1

LA RENCONTRE MAGIQUE

Les sollicitations furent multiples. L'action n'allait pas avec l'écriture. J'ai beau dormir cinq heures par nuit, écrire des poésies en écoutant Mozart, avoir vendu le plaisir de changer de peau à plus d'un million de citadins par an sur les cinq continents, être sans cesse en mouvement, en interrogation sur mes choix, me battre pour mes espoirs d'une société vivant enfin sous le règne d'une paix éternelle, jamais je n'aurais eu ni le désir ni la prétention d'écrire mon histoire et celle du Club – que mon fils pouvait enrichir de nouveaux chapitres – si les principaux témoins n'étaient disparus : Gérard Blitz, l'inventeur du Club, est mort, et Edmond de Rothschild, qui a permis au Club de vivre une seconde vie, vient de disparaître. Je reste le dernier dépositaire des secrets d'une histoire tissée d'utopies, d'obstinations, de coups de poker et de croyance au bonheur...

Mon aventure commença par un coup de téléphone, en automne 1949.

Ex-journaliste à *l'Humanité* et à *l'Avant-Garde*, organe de presse des jeunes communistes, organisateur de la première Nuit de la jeunesse au bon vieux « Vel d'Hiv », amoureux fou d'une jeune femme que j'avais rencontrée pendant la guerre, et que j'avais eu enfin le bonheur d'épouser, sans le sou et déjà père de famille, j'avais, sur l'insistance de mon père inquiet pour mon avenir professionnel, accepté de le rejoindre dans l'entreprise qu'il venait de récupérer : un petit atelier installé dans une baraque en bois et qui se spécialisait dans la toile de tentes de camping. Edgard, mon frère aîné, persuadé comme mon père que le camping naissant allait nous permettre de vendre des kilomètres de toile à tous ces Français avides de nature et de découverte après des années de privations, travaillait avec moi pendant que mon père tenait la quincaillerie, juste en face, de l'autre côté de la rue, secondé par André, mon plus jeune frère. Par hasard, c'est moi qui décroche le téléphone :

— Je m'appelle Gérard Blitz, je vais créer un village de vacances. Y a-t-il un monsieur Trigano ?

— Oui, plusieurs dont moi.

— Puis-je venir vous voir maintenant ?

— Oui.

Et Gérard arrive. Ma vie va changer. Tout est harmonie en cet homme jeune, solide, au pas souple, aérien : la main immense dans laquelle la vôtre se perd, des yeux où la mer danse et scintille. La voix chaleureuse est claire. J'ai le coup de foudre. Il me dit qu'il est fils de diamantaire mais qu'il a d'autres ambitions. Il veut créer un village de vacances en Méditerranée, il a besoin de tentes et de matériel de couchage. « Le monde actuel ne me convient pas, je veux en créer un autre, m'explique-t-il. Je sors de la Préfecture de police où je viens tout juste d'enregistrer une nouvelle association. Tout est à faire. La société change. A nous de la faire évoluer. Vous pouvez déjà résoudre mes problèmes d'hébergement en me vendant des toiles à bon marché et donc m'aider à offrir des vacances nouvelles à des prix exceptionnels à des gens qui en rêvent. »

Notre rencontre dépassa le cadre professionnel. Je me suis souvenu de cette femme qui, quelques années auparavant – c'était en 1946 –, avait poussé la porte de l'atelier familial et m'avait d'un ton peu assuré demandé une toile de tente. En me remettant les quelques billets, elle m'avait avoué que ce jour était à marquer d'une pierre blanche. A soixante ans, elle allait prendre ses premières vacances. En me quittant, elle m'avait dit : « Vous comprenez, j'ai survécu à la guerre, maintenant, je veux vivre. »

Moi, j'écoutais Gérard et je pensais à tous ces Français qui, eux aussi, avaient envie et besoin de vivre... Lui, cet homme des brumes anversoises, ce fils de diamantaire lui-même cliveur de diamants, ce champion de water-polo, ce résistant courageux et modeste, me raconte qu'il vient de découvrir la Méditerranée.

Gérard parle de la lumière de la Méditerranée, de l'eau transparente, de l'air si doux même tard dans la nuit. Mais si Gérard sait me faire partager ses émotions et son amour profond pour ce coin de Corse qu'il vient de découvrir par hasard, grâce à sa sœur, je le sens aussi déterminé professionnellement à transformer son intuition sensuelle – la mer, le soleil, la beauté, la chaleur – en un véritable projet de société. Il évoque, en termes prospectifs, l'« homme moderne » qui a désormais besoin de « vraies vacances » et qui, pour rompre avec ses journées grises et épuisantes, doit impérativement changer son rythme de vie. Et Gérard parle, parle.

Et j'écoute avec passion cette ode à une nouvelle manière d'envisager le temps, le corps, le désir, l'amour...

Et je me prends moi aussi à rêver à cette nouvelle société.

Naturellement, il n'a pas de moyens financiers, et je lui propose non de leur vendre, mais de leur louer tentes et matériel de couchage. L'accord pratique est réglé en quelques minutes. Quelques mois plus tard, naissait le Club Méditerranée.

En décembre 1950, sortait le premier numéro du *Trident*, organe de presse de cette contre-société. Il était édité rue Buffault, à Paris, et avait déjà pour but de relier ceux qui acceptaient d'y adhérer. Car le Club fut, dès l'origine, un organisme vivant désireux de mettre des gens en contact sans autre lien que de cultiver le goût du bonheur.

A sa naissance, le Club, c'était un simple village de toile, aux Baléares, le long de la baie d'Alcudia, destiné à ceux qui n'étaient ni « snobs » ni vulgaires, comme le précisait le premier numéro du *Trident*, mais à tous ceux qu'un même amour de la nature et un même mépris des cérémonies mondaines rapprochaient.

Avec le Club, était inventé du même coup l'esprit du Club. Pas seulement la manière de vivre les vacances dans une atmosphère de farniente et une ambiance joyeuse et amicale, mais aussi une étrange et singulière façon propre au Club de déclencher chez ses adhérents une mise entre parenthèses de tous leurs ennuis pour se rapprocher les uns des autres par la danse, le sport et l'amour. Lieu de célébration du corps, le Club saura, dès l'origine, dénouer les tensions psychiques et les affrontements professionnels pour ouvrir les Gentils Membres aux joies du cœur... Le Club Méditerranée était né, et sa vie sera longue.

Avant d'en restituer l'esprit pionnier, il me faut rappeler que Gérard et moi sommes d'origine juive, et que le Club s'est créé sur les décombres de la Seconde Guerre mondiale avec l'illusion et la croyance que la vie, enfin, allait être merveilleuse. Gérard, pendant la guerre, avait avec courage et modestie assumé de lourdes responsabilités au sein de la Résistance, en Belgique, et dès la Libération s'était occupé avec son père de la réinsertion des rescapés des camps de concentration.

Nous avons sans doute tous deux fortement éprouvé ce sentiment d'être à la fois semblables et différents. Tous deux formés par nos pères qui nous avaient initiés à leur monde – le commerce pour moi, le diamant et le maillot de bain pour Gérard –, nous avions continué la tradition familiale avant le grand bond, la rupture, le saut dans l'avenir.

Etions-nous faits pour nous rencontrer ? Aujourd'hui, en tentant de reconstituer le puzzle de la saga du Club et en essayant de démêler l'écheveau de nos passions respectives et de nos espoirs communs, je le crois. L'histoire du Club couvait déjà dans l'air du temps. Entre Gérard et moi, ce fut une histoire de famille dans tous les sens du terme. Je commencerai donc par l'exercice de l'introspection. Car, si je fus pendant plus de trente ans le PDG de « l'Empire du soleil », j'ai eu aussi une vie, avant le Club...

Chapitre 2

AVANT LE CLUB

Je suis né en plein cœur de l'été 1920, dans une famille en fête. Mon père était alors un homme riche. La guerre de 14-18 venait de finir. Après quatre ans passés au front, il redevint le commerçant avisé et brillant qu'il était et, très vite, gagna beaucoup d'argent. Puis, juste après ma naissance, mon père perdit toute sa fortune. La légende vraie veut que je sois responsable de ce drame. J'en suis fautif. Tout petit, en effet, j'ai eu une maladie très grave. Mon père, en désespoir de cause, s'est adressé à Dieu, a fait un vœu et lui a demandé de tout lui prendre mais de lui laisser son fils. Ce vœu fut exaucé. Contre l'attente des médecins, j'ai survécu. Quelques semaines plus tard, tous ses entrepôts ont brûlé. Comme il était mal assuré, d'industriel, mon père s'est transformé en homme criblé de dettes. Nous ne vivions pas dans la misère mais nous tirions le diable par la queue, jonglant entre les emprunts. La crise de 1930 n'a rien arrangé, bien au contraire. Mon père bricolait, et nous, nous survivions vaille que vaille. Mais malgré le manque d'argent à la maison, mon enfance fut très gaie. Mon père supportait apparemment tous ses problèmes financiers sans trop d'émotion. Nous étions six enfants très unis, très proches les uns des autres, et formions un groupe très soudé. Les aînés nous éduquaient. La richesse de cœur de ma mère et le charme de la fantaisie de mon père créaient une sorte de gaieté permanente.

J'ai été initié à l'opéra par Edgard, mon frère aîné, au théâtre par Yvonne, ma sœur. Nous formions un clan, et la tribu Trigano baignait dans un monde de chansons, de poésie. J'ai même cru à l'adolescence que j'allais devenir poète, c'est tout dire ! J'ai rédigé quelques poèmes maladroits, puis j'ai écrit quelques sketches pour la radio que j'ai eu l'outrecuidance d'envoyer pour un concours et qui ont été acceptés. Ils ont été joués par des comédiens sur les ondes et ont remporté un vif succès. Les chansonniers les reprenaient. J'étais un jeune adolescent et j'avais déjà une situation en or : à l'époque, j'étais rétribué deux mille francs par mois alors que le salaire mensuel d'un ouvrier qualifié était de trois cent cinquante francs !

A la maison, la vie était chaotique et joyeuse : mon père affrontait des situations pénibles un jour et, le lendemain, criait victoire et sabrait le champagne. Notre famille avait un côté burlesque, incohérent, généreux aussi, très ouvert. Nous étions plus conventionnels que croyants. Nous célébrions les grandes fêtes juives par respect et par égard pour les traditions familiales. Je me souviens particulièrement de la fête de Pessah. Ma mère, à cette occasion, nettoyait de fond en comble la maison et je la revois faisant la guerre à la moindre miette de pain, au plus petit grain de poussière. Il me revient la ferveur des prières de la Pâque, les chansons, nous les enfants lisant à tour de rôle autour de la table familiale des passages de la Bible. J'ai continué à célébrer Pessah avec mes enfants, puis avec mes petits-enfants. Je ne crois pas que ce soit un problème de religion mais de tradition, de respect envers celui et celle qui vous ont donné le jour. Je suis un juif qui croit en Dieu, probablement oui, mais à certaines heures seulement.

Je vis encore dans le doute de mon enfance et envie autant les croyants que les athées. Moi j'aurai passé ma vie à ne pas choisir. Je rêve souvent à la discussion que j'aurai avec Dieu, au moment du jugement dernier. J'y pense souvent et j'attends cet instant avec volupté. Il va falloir s'expliquer. La certitude que quelque chose existe qu'il est commode d'appeler Dieu me donne une certaine sérénité. J'ai l'illusion de croire que je serai un bon avocat et que je Lui parlerai en toute vérité. A Lui je ne peux pas mentir.

Malgré cette enfance heureuse et protégée, je me suis toujours senti exclu, à part, comme si j'étais dans la nécessité permanente d'avoir à faire mes preuves, dévoré par l'ambition d'entreprendre sans cesse la conquête des autres. Je crains toujours d'être refusé, nié dans mon identité. Alors j'en rajoute pour plaire. De cette maladresse, certains déduiront que je suis un menteur. J'ai peur des mots qui blessent et donc je vis avec des non-dits. Pour d'autres, je suis un homme de théâtre en représentation permanente. Je crois plutôt que je suis impulsif, « un comédien dans l'âme », a dit un jour un journaliste, peut-être, souvent mal à l'aise, décalé.

Je suis l'enfant du milieu, ceci explique sans doute cela. Toujours entre. Entre mes frères. Entre mon père et ma mère. Sans place dans la généalogie familiale. Je sentais que les élans naturels de mon père et de ma mère n'allaient pas vers moi : ceux de ma mère allaient vers Edgard, son aîné, et ceux de mon père vers André, son petit dernier. Je déployais des ruses infinies pour tenter de me faire remarquer. N'y arrivant pas, je suis devenu inquiet, jaloux, revendicatif, avide d'un amour qui, par définition, était inatteignable. Alors, très jeune, j'ai décidé d'exister par moi-même pour me singulariser aux yeux de mes parents et de mes frères. Plus que cet argent facile que je rapportais à la maison, il y avait le journal qui imprimait mon nom et la radio qui me citait comme l'un des auteurs. Enfin, j'avais l'impression d'être quelqu'un ! Enfin, on commençait à m'aimer ! J'ai même senti dans le regard de ma mère une fierté et une tendresse qui faisaient mon bonheur. Dès lors, année après année, ma place dans la tribu familiale et parmi mes camarades s'est élargie. J'ai obtenu le prix de camaraderie tous les ans, mais j'étais aussi très fort en calcul mental, à tel point qu'on me prenait à l'école pour une bête curieuse. J'ai cette faculté de savoir compter très vite, j'éprouve toujours une véritable ivresse à faire chanter les chiffres, et quand je montais à la fin de l'année sur l'estrade pour recevoir du directeur de l'école communale mes prix sous l'œil de ma mère, j'y voyais enfin mêlés la fierté et l'amour. Je me sentais enfin digne d'elle, j'éprouvais la sensation d'effacer un peu ma différence. Ce besoin d'obliger les autres à vous préférer, tout en sachant qu'on n'a pratiquement aucune chance d'être celui qu'on aime, se battre malgré sa gueule, sa taille, malgré tous les handicaps, a été depuis mon enfance et jusqu'à la direction du Club ma stimulation, ma motivation profonde.

Je n'ai pas obtenu que des victoires. Mon désir d'être reconnu m'a valu bien des déboires, des déconfitures et des douleurs. J'aurais tant voulu être comédien. Je n'ai pas su ou pas pu l'être. J'ai tout tenté pourtant. Mes copains d'enfance, eux, ont réussi : Roger Pigaut, Jean-Marc Thibault, Serge Reggiani, Daniel Gélin, Jean Carmet. Roger avait pour lui un physique de jeune premier et un don d'acteur. Un jour, il me proposa de l'accompagner à une audition chez Raymond Rouleau. Sans que j'aie rien pu préparer, il me demanda, à la dernière minute, de lui donner la réplique. C'était un texte moderne, l'histoire de deux jeunes hommes qui vivaient des amours tumultueuses. Dans la scène que nous devions interpréter, Roger comptait sur moi pour le débarrasser de sa maîtresse parce qu'il aimait une autre femme, et il me disait que c'était d'autant plus facile qu'avec mon physique de jeune premier irrésistible cette jeune femme céderait ! Roger, lui, était beau comme un dieu, et moi, moche et petit. Nous entrons en scène sous le regard de Raymond Rouleau et des aspirants comédiens. Le texte de Roger précisait – je m'en souviens encore comme si c'était hier – « avec ton charme et ta beauté, tu n'auras aucun problème à séduire ma petite amie ». Il n'avait pas terminé sa phrase que les jeunes comédiennes présentes dans la salle éclatèrent toutes de rire, l'empêchant de continuer sa tirade. Ce fut l'un des souvenirs les plus horribles de ma vie. J'ai eu envie de mourir. J'ai quitté le théâtre sans bruit. Personne n'a remarqué mon départ. L'attention de tous était fixée sur Roger. J'ai erré dans les rues. Je me sentais comme mort. J'ai failli me jeter dans le canal de l'Ourcq puis je me suis souvenu que je savais nager... Chez moi le côté burlesque cohabite toujours avec le côté tragique. Je vis intensément le drame, puis tout se dégonfle et j'arrive à prendre la distance nécessaire.

Cette faculté m'a permis, ce soir-là, de ne pas me suicider mais j'étais littéralement brisé. Le lendemain, Roger arrive à la maison et me dit : « A propos, pourquoi es-tu parti sans rien dire ? On t'a cherché partout. Rouleau m'a dit " Je veux que vous retrouviez votre ami et qu'il vienne auditionner ". » Je suis retourné à l'endroit du drame et j'ai choisi d'interpréter la scène d'Oreste. Je devais être si grandiloquent qu'en m'écoutant, Rouleau était plié en deux de rire. A la fin, il m'a lancé : « C'est pas mal mon petit, mais tu me prépareras le rôle de Sganarelle pour la semaine prochaine. » C'est un formidable résumé de mon histoire. Je rêve de tragique et de sublime et je me retrouve toujours dans le registre de la comédie et de la farce. J'ai dû m'en accommoder. Chacun de nous est tributaire de son visage, de son physique, et de son âge.

Je suis toujours prêt à des solutions de substitution, toujours capable de négocier pour obtenir un sursis de bonheur. Ce jour-là, après avoir ravalé ma rancœur et noyé dans les larmes ma crise de désespoir, je n'en ai pas pour autant rompu avec le monde du théâtre. Certes, je n'avais pas le physique d'un jeune premier, mais peut-être l'étoffe d'un comédien. Rouleau m'a encouragé dans cette ambition ainsi que Gabrielle Fontan. Puis Pierre Dux, Fernand Ledoux, Alfred Adam ont créé un cours. Avec Thibault, Reggiani et Carmet, nous avons auditionné. J'ai été reçu. Eux aussi, naturellement. Dans notre cours, il y avait beaucoup de filles et peu de garçons, donc nous faisions un peu tous les rôles : Alceste, le Cid, et bien sûr Sganarelle dont j'héritais toujours. J'avais pour Fernand Ledoux une grande admiration. On sortait ensemble, on dînait quelquefois et il est devenu, au fil du temps, mon véritable tuteur. Je l'ai quitté pour René Simon. On ne pouvait, à l'époque, se prétendre sérieusement comédien sans passer par son enseignement. Il se chargea de nous présenter au Conservatoire, ce qui constituait notre but suprême. A la fin d'un cours, René Simon me prit à part et me dit : « Ecoute, pour cette fois, tu es trop jeune, je te présenterai l'an prochain. »

Nous étions au printemps 1939. La guerre interrompit ma carrière définitivement.

J'étais un jeune homme pacifiste, d'un pacifisme acharné, forcené, un véritable militant éduqué par les récits paternels de la boucherie de 14-18. Mon père ne voulait pas que mes frères ou moi vivions ce qu'il avait souffert. Il avait pour le maréchal Pétain, qui avait été son général, une espèce de vénération comme beaucoup d'hommes de son âge. Moi, j'étais à l'époque un peu communiste sur les bords, le petit Français banal, en rien remarquable, qui aspirait à une petite vie tranquille et qui constatait que la guerre l'empêchait d'assouvir sa passion du théâtre. Il m'a fallu beaucoup de temps pour comprendre l'ampleur du drame. En 1940-41, je croyais même que le maréchal Pétain jouait double jeu avec le général de Gaulle et qu'il demeurait secrètement ce grand officier que mon père vénérait.

Mon frère Edgard a été fait prisonnier de guerre en juin 1940. Il a réussi à s'évader et, bien sûr, a été recherché. Nous avons alors été dans l'obligation de quitter Paris et de nous cacher. Toute la famille s'est retrouvée dans un petit village du Sud-Ouest, Mazères, où mon frère André a fait souche. Nous sommes tous deux tombés amoureux, là-bas. André a épousé Gaby, la charmante fille du garagiste du village, et moi je n'ai jamais quitté celle que j'y ai rencontrée et qui, comme moi, était une Parisienne réfugiée avec ses parents dans ce hameau perdu. Je suis entré dans la Résistance. J'allais dire naturellement et en compagnie d'André. Je me suis retrouvé engagé dans les organisations communistes au sein des « Forces unies de la Jeunesse patriotique ». J'en suis devenu le représentant au sein du Comité Départemental de Libération. Ni vraiment ouvrier, ni vraiment intellectuel, mes armes étaient la parole et l'écrit. Je n'ai jamais considéré que j'avais pris des risques sérieux. Ce n'est pas en transportant de la littérature subversive, fût-ce la sienne, qu'on peut être un héros. Mon frère André, lui, a fait le maquis et s'est montré très courageux. A la Libération, je suis passé de l'illégalité à la légalité, en devenant délégué départemental à la Jeunesse. Puis j'ai pris encore du grade. Le Parti m'a appelé à Paris. Je suis entré comme rédacteur à *l'Avant-Garde*, organe de la Jeunesse communiste, puis grand reporter à *l'Humanité*. Dans ce cadre, j'ai couvert le premier vol à voile en Forêt-Noire, et puis j'ai été envoyé à la pointe de Grave où subsistait une des dernières poches de résistance allemande que de jeunes FFI étaient chargés de neutraliser. J'ai décrit leur courage, mais aussi l'état de délabrement physique et les conditions matérielles dans lesquels ils combattaient : les poux, les rats. Mon texte n'a pas eu l'heur de plaire. Je n'étais pas dans la ligue et le Parti ne plaisantait pas avec « la ligne ». Il fut caviardé sans qu'on daigne me tenir au courant. J'ai donné ma démission. Le Parti a bien voulu encore de moi et m'a confié quelques mois plus tard l'organisation de la Fête de la Jeunesse communiste. J'ai réussi à rassembler trente mille jeunes. J'ai fait venir tous les grands artistes ainsi que des jeunes pleins de talent et qui étaient mes amis, comme Serge Reggiani. J'avais convaincu les artistes reconnus de chanter gratuitement, parce que j'avais un budget étroit, en revanche j'avais proposé un cachet pour les jeunes sans le sou. La fête fut un immense succès populaire. Quand j'ai rendu mes comptes au Parti, on m'a dit : « Ce n'est pas bien ce que tu as fait, tu n'as pas donné une bonne image du Parti, en imposant aux chanteurs célèbres de ne pas être payés. – Comment, vous me donnez un budget de trois cent mille francs je vous rends deux cent mille francs alors que trente-trois mille jeunes sont venus... – Tu ne comprends pas, tu as gravement bafoué la dignité du Parti. » J'avais compris. La coupe était pleine : censure dans la presse du Parti, engueulades au nom de la dignité du Parti... J'ai claqué la porte.

Et me suis retrouvé sans le sou et sans illusions. Ma carrière artistique brisée à tout jamais, mes espoirs de militant communiste politique évanouis. Mais, amoureux fou, je voulais me marier. Mon père m'a dit : « On ne se marie pas si on n'est pas capable de gagner sa vie. » C'est à ce moment-là qu'il a proposé de m'embaucher dans la petite entreprise de toiles de tente qu'il venait de reprendre avec Edgard.

Par amour pour ma femme, j'ai accepté, à l'âge de vingt-cinq ans, de me mettre à travailler vraiment et d'avoir, pour la première fois, un emploi sérieux.

Chapitre 3

LA CRÉATION DU CLUB

Chacun sait que le Club Méditerranée fut fondé par Gérard Blitz. Ce que l'on sait moins, c'est que l'idée du Club était déjà dans l'air depuis de longues années. En Angleterre, un certain Butlin avait déjà, à la fin des années 30, lancé une formule de vacances économiques incluant le concept du « tout-compris ». Des Russes blancs avaient eu au même moment la même intuition. Ils avaient quitté leur Russie natale lors de la prise du pouvoir par les communistes et s'étaient installés en France, où ils avaient en vain cherché un mode de vie qui leur rappellerait le passé. Le plus célèbre d'entre eux s'appelait Dima Filipoff. Ce personnage haut en couleur, bruyant, charmant et génial avait continué à vivre sur un grand pied et créé en Corse un des premiers clubs sportifs de camping avec bar, qui s'appelait « l'Ours blanc », et qui constituait déjà l'embryon de ce qui deviendrait plus tard le Club Méditerranée.

En 1936, le gouvernement de Léon Blum accorda pour la première fois les fameux congés payés, et permit ainsi à de nombreuses familles de quitter leur ville pour découvrir avec éblouissement les bords de mer, et particulièrement la Méditerranée. Mais la guerre interrompra brutalement cette possibilité de s'évader... Après la Libération, ce goût du bonheur, ce désir de chaleur, cette suspension du temps que représentent les vacances seront attisés par la relance économique et la croyance en un monde nouveau.

En 1949, Dima Filipoff, fort du succès de son Ours blanc, crée en Corse, près de Calvi, le Club Olympique en association avec Mme Filipacchi.

Cet été-là, une jeune femme, Didy Blitz, rejoint son mari, engagé comme barman au Club Olympique. Didy découvre à la fois la Méditerranée et le fonctionnement d'un club de vacances. Au même moment, son frère Gérard s'interroge sur son avenir. Il a déjà vécu deux vies : il a été champion international de water-polo (son père, Maurice, avait lui-même été champion d'Europe et recordman du monde de natation). Mais il était aussi diamantaire, comme son père, et avait appris le métier de cliveur de diamants. Diamantaire anversois ou champion de natation, il fallait choisir. Aucune de ces deux vies ne lui plaisait vraiment. Gérard rêvait d'un monde nouveau, de projets fous. La guerre l'avait meurtri, l'obligeant à prendre en charge sa famille qu'il avait cachée dans un pays neutre. Très tôt dans la Résistance, il avait compris l'horreur de l'holocauste. Le monde ne serait jamais plus comme avant. A la Libération, il avait mis en place un service pour accueillir et héberger les familles qui revenaient des camps de concentration, et cette expérience, il l'avait assumée au plus profond de lui-même.

Cet été 1949, il s'interroge sur le sens à donner à sa vie, quelle justification apporter à son existence. Il a charge d'âmes, sa famille à entretenir. Comment concilier ses aspirations et un métier qui lui permettra d'être rétribué ? Cet été-là, donc, Didy invite son frère Gérard à venir la rejoindre en Corse, au Club Olympique.

Soudain tout se précipite. Le Club Olympique, la Méditerranée. Il a trouvé. Il va offrir aux gens la possibilité de se distraire, d'oublier les soucis de la vie quotidienne ; il va leur proposer le contraire d'une vie ennuyeuse. Il y croit tout de suite, passionnément, obstinément, encouragé par sa sœur et sa seconde femme, Claudine, qui revient de Tahiti tout imprégnée des sites magiques où elle vient de séjourner.

Il lui reste à trouver le nom. Ce sera un club, par définition. Son concept initial s'appuie sur l'esprit du club sportif, quels que soient les sports qu'on y pratiquera. Club, d'accord, mais Club tout court, ça ne suffit pas. Gérard veut, dans le nom, évoquer un cadre, une ambiance : les vacances, la mer, le soleil. Très vite, l'image de la Méditerranée va s'imposer et susciter l'idée de le nommer tout simplement le Club Méditerranée. C'était un coup de génie. La Méditerranée est la mer par excellence, la mer matricielle, bleue, chaude, avec un ciel lumineux, des espaces encore vierges, non pollués ; elle incarne aussi l'origine des civilisations judéo-chrétiennes. Comme l'a rappelé magnifiquement Fernand Braudel, c'est autour d'elle que la civilisation occidentale s'est créée. Donc, ce sera le Club Méditerranée. Il n'y aura pas beaucoup d'hésitation.

Le 27 avril 1950, les statuts sont déposés. Le Club Méditerranée est né.

Gérard étant belge, ce sera Tony Hatot qui présidera

l'association. Le Club s'installe rue Buffault, dans un deux-pièces cuisine au sein d'un immeuble tranquille, occupé par des diamantaires sérieux. Gérard constitue son équipe et tente – en vain – de débaucher Dima Filipoff, qui ne souhaite pas quitter son Club Olympique. Il propose à Marcel Contal, champion d'Europe de ski nautique, de s'occuper des sports, et à Jo Bouillon de prendre en charge les cuisines. Robert Baudin sera chef des matériels, constructeur, paysagiste. L'idée de Gérard est de créer très vite un lieu magique. « Le confort n'est pas mon souci, nous dit-il, je suis à la recherche d'un lieu où la luminosité du ciel, la couleur de la mer permettront d'inventer un village, et non un hôtel de facture classique, où un esprit de convivialité, de solidarité circulera. »

Nous sortons d'une guerre effroyable : la faim, le froid, la misère, la mort, toutes les morts, horribles, innommables. Et il y a ceux qui ont survécu et qui veulent vivre, vivre enfin. Des millions d'hommes et de femmes ont été privés de tout. La guerre leur a apporté leur lot de souffrances et de pénuries. Il faut leur offrir l'antidote de la civilisation : un espace où tout ne sera que gentillesse, tendresse, rencontres, sports et fêtes, un endroit où les hommes et les femmes, coupés de leurs racines et de leurs habitudes, pourront faire ce qu'ils voudront, comme ils voudront, quand ils voudront.

Reste à concevoir l'hébergement. Gérard veut faire simple : des tentes de camping. Il lui faut juste trouver un fournisseur. Il se rendra au ministère des Affaires industrielles pour demander la liste des fournisseurs potentiels. Les noms de sociétés ne lui plaisent pas, il cherche des hommes plutôt qu'une firme. Et voilà qu'il trouve sur la liste : « Trigano Père et Fils ». Ce nom lui semble plus sympathique. Il demande à utiliser un téléphone, que le fonctionnaire lui fournit aimablement : « Allô, monsieur Trigano ? »

On connaît la suite. Nous avons fait affaire tout de suite. Gérard nous a raconté dix fois, cent fois cette anecdote. Il croyait aux signes du destin et pensait que le ciel avait voulu ce jour-là que je lui réponde. Il accourut. Il considéra immédiatement que j'étais le mieux placé pour comprendre sa requête. Et c'était vrai ! Gérard m'a décrit son idée du Club avec force gestes de ses immenses mains, sa voix si chaleureuse. Mais ce client peu ordinaire n'a pas un sou vaillant. Nous trouvons un accord immédiat. Je décide de lui louer les tentes et les matériels de couchage nécessaires pour réaliser son rêve dans des délais très resserrés, dès l'été prochain. L'accord est équilibré, facile à prendre, et sera respecté. Ma famille reste propriétaire des équipements, Gérard ne paiera que l'utilisation annuelle en fonction de ses rentrées d'argent. Dès cette première rencontre, les relations client-fournisseur sont réglées, nous n'y reviendrons plus. D'emblée, j'ai cru à son idée du Club et j'étais fier d'y participer. J'ai souvent croisé la chance, je l'ai parfois saisie.

L'aventure peut commencer. Gérard jette dès lors son dévolu sur les Baléares. C'est à Alcudia, dans un joli site, qu'il va réaliser son premier village. Robert Baudin dispose de quelques semaines pour aménager le terrain, implanter les tentes, bricoler un restaurant et un bar. Il va faire sur place des merveilles avec des moyens rudimentaires, pendant que Gérard, petit génie du marketing avant l'heure, fait imprimer à Paris des affichettes vantant des vacances de rêve aux Baléares pour, voyage compris 159 francs (15 900 centimes) les quinze jours. La nuit, il les colle lui-même dans le métro. Le succès est si grand que, quelques jours plus tard, il doit recouvrir toutes les affiches d'un bandeau indiquant « complet ». Les gens courent et crient à travers les étages de la rue Buffault, au grand désespoir des locataires.

Enfin, le village ouvre ses portes au début de l'été. Il n'est pas tout à fait prêt mais qu'importe ! On y est bien. On s'y amuse. La liberté la plus grande y règne. Etendu le long de la baie d'Alcudia, il est destiné à tous ceux qui désirent s'amuser, vivre avec la nature, sans entraves. Sur la route qui mène à Alcudia, les gens chantent dans le car, contemplant la lagune bleue de Pollensa, le Formentor Palace couché au pied de la montagne, les moulins à eau qui dominent la plaine de Puebla et les oliviers tordus. Dans un décor d'une telle beauté, les gens sont heureux. Il y a bien quelques grincheux pour se plaindre de l'inconfort des lits, de la simplicité de la table, mais Gérard saura leur faire comprendre qu'ils sont en train de vivre une aventure extraordinaire dont ils sont les pionniers. Après ces explications, même les plus réticents deviendront les plus fervents adeptes et les meilleurs ambassadeurs du Club.

En juillet 1950, dans *le Trident*, Jacqueline Blanc décrit les vacances à Majorque en ces termes :

« Passé le puerto d'Alcudia, la route s'ouvre entre les marais et la mer. La pinède s'étend à notre gauche, bordant la baie étincelante de soleil. Un cri, des mains qui se tendent, des corps bronzés, des sourires, une pancarte de bienvenue, un homme ceint d'une écharpe tricolore : ce sont les anciens accompagnés de leur Maire, venus à la rencontre des visages pâles que nous sommes. Voilà le village : une oasis sans palmiers, mais des pins tout bruissants du chant des cigales. Nous sommes alors propulsés vers un petit déjeuner abondant et bien accueillis. Ce premier repas nous met dans l'ambiance. Déjà les souvenirs désagréables des formalités douanières s'estompent. Les sourires et les rires fusent. Les “ jokers ” se révèlent nombreux. Déjà la sympathie est née. La vie communautaire commence. Les tentes sont ensuites désignées à chacun. Nous avançons dans le petit sentier qui se faufile sous les pins. Les tentes spacieuses sont plantées avec adresse de part et d'autre du chemin. Leur petite fenêtre, percée dans la toile, regarde la mer ou le chemin ou encore la montagne pelée qui s'élève au-dessus du marais du côté d'Alcudia. Chaque tente a son nom. Les unes portent celui d'un quartier de Paris, ou d'une station de métro ou d'un cabaret. D'autres évoquent la flore et la faune et les richesses de la terre. Les fleurs de France, les rivières exotiques et les animaux sauvages se rencontrent pacifiquement sur ce petit coin de terre étrangère à la fois européenne par l'esprit et tropicale par le vent chaud qui peut y souffler. »

Deux mille deux cents personnes y défileront cette première année. Marcel Hansenne, journaliste et grand sportif, écrira en décembre 1950 pour le premier *Trident*, un éditorial resté célèbre :

« Partir, tout quitter, ranger les souliers cirés et les cols glacés, ne plus ouvrir un journal, ne plus écouter la radio, dire adieu aux pesantes conventions, tout laisser et devenir un autre pendant deux semaines, loin des autres et près de ceux qui aussi ont senti l'irrésistible envie d'un doux exil, d'une profonde bouffée d'air...

« Prendre le train, puis le bateau, aller loin, et s'arrêter là où tout est si différent. Et vivre enfin, mais alors ce qui s'appelle vivre, face au soleil et à la mer, au vent, et rire et chanter et pêcher et nager... »

D'ailleurs, sa conclusion est prometteuse : « Le Club Méditerranée est né et sa vie sera longue. »

Le 4 novembre de cette même année, Gérard réunit les premiers clients (on ne parle pas encore de Gentils Membres) pour une petite fête à Paris. Le succès dépasse les espérances. L'organisation est totalement débordée par une cohue indescriptible. On projette des films, on danse, on s'amuse. Très vite, nous nous retrouvons soudés bien au-delà de la réunion de souvenirs d'après-vacances. Les gens ne veulent pas partir. Un courant d'énergie est en train de naître, nous ressentons le besoin d'être ensemble. Pendant quelques heures, nous vivons un état de bien-être et de convivialité qui nous manque dans le quotidien.

L'« esprit Club » est né, le mythe va prendre forme.

Fin 1950, les autorités espagnoles font savoir au Club qu'elles ne souhaitent pas renouveler l'expérience l'année suivante. L'Espagne vit alors sous le régime de Franco. Les Baléares sont gérées par des religieux et des militaires. Or l'image libertaire du Club et la tenue assez dénudée de certains vacanciers leur ont profondément déplu. Faut-il déjà arrêter l'aventure ? Certains veulent en finir et trouvent, dans la position des autorités espagnoles, un bon prétexte pour fermer Alcudia. Gérard, lui, s'y oppose fermement. Sa force de conviction est telle qu'il décidera, contre l'avis des autorités officielles, de retourner coûte que coûte à Alcudia. Dans la foulée, il annonce la préparation d'un second village. Il a choisi le site de Baratti, en Italie, au nord de la Toscane.

Au début de l'été 1951, le Club revient donc à Alcudia. Puisque les autorités ont interdit le camping, croyant par là empêcher son retour, Gérard loue des villas et un petit hôtel. Aux vacanciers qui lui ont fait confiance la première année, il explique que les conditions matérielles d'hébergement seront ainsi améliorées. Il impose à tous un séjour minimum de quinze jours et promet que l'organisation du village lui-même sera perfectionnée. Mais la situation reste délicate. Didy, sa sœur, va savoir la gérer avec diplomatie. Le Club, s'il demeure stricto sensu dans la légalité, est l'objet de multiples pressions qui pèsent sur la vie quotidienne et empêchent l'harmonie miraculeuse de l'année précédente. L'aventure d'Espagne prendra fin en septembre mais repart en Italie. Dima Filipoff, qui a finalement accepté de rejoindre Gérard, vient d'être chargé d'aménager le village de Baratti. Il n'a disposé que d'un délai de quatre mois pour organiser les préparatifs. Par un tour de force remarquable, il parviendra cependant à accueillir au mois de juin ses premiers vacanciers, entouré d'une équipe de joyeux drilles dont Jean Balandjian, Pierrot Cornu et quelques autres dont on ne sait s'ils sont venus là en vacances ou pour travailler...

Déjà l'esprit même du Club se concrétise : pour y entrer, il faut verser une cotisation fixée à 300 francs (3 francs nouveaux !) et dans les mots mêmes, le désir que veut insuffler cette entreprise d'un type nouveau s'incarne : le terme de Gentil Membre apparaît. L'esprit de fête dans les toutes premières années a pour cadre la Méditerranée, les couleurs de l'eau et du ciel, mais insiste déjà sur la fraternité que produit cette découverte chez les gens qui, quelques jours auparavant, n'auraient rien partagé. Tout est fait pour donner libre cours à la fantaisie de chacun et à l'improvisation. Le temps est suspendu et, bien souvent, les masques tombent : ceux de la vie professionnelle, du statut social, des représentations qui nous encombrent. Fais ce qu'il te plaît. Tel est le slogan. Et chacun est heureux de s'abandonner à ses passions secrètes, loin de toute idée de réglementation : d'où ces improvisations de chaque heure, ces nuits où l'on ne se couche pas, où l'on chante, où l'on rit simplement du bonheur d'être là, ensemble, le tout orchestré par quelques hurluberlus de l'équipe d'encadrement. Progressivement, l'ambiance monte : le soir, les groupes folkloriques de Toscane viennent donner des concerts, entraînent les vacanciers qui, eux-mêmes, se mettent à chanter et à organiser des concours. L'idée du radio-crochet est née et permet à chacun de faire preuve d'esprit, de drôlerie et d'émulation. Dès le début, la participation active des adhérents aux soirées est un facteur de succès. Etre acteur plus que spectateur satisfait un besoin chez chacun et permet un retour au narcissisme ainsi qu'une grande tolérance : puisque vous m'acceptez comme acteur quelques instants, je serai à mon tour, quand vous monterez sur scène, un spectateur bienveillant. Les prémices d'un « club d'admiration mutuelle » s'ébauche. Tout le monde a peu ou prou du talent, croit en avoir et en accorde à l'autre.

A la tête de cette tribu du bonheur, règne Jean Balandjian. Il est le précurseur de ce Chef de village de demain qui, pendant la journée, veille à tous les détails, et le soir se métamorphose sur l'estrade en crooner sentimental. Sur un accord de guitare, chantonnant les succès de l'année écoulée, il entraîne jeunes et moins jeunes dans une danse endiablée au cœur de la nuit. Jean et sa guitare, Jean et sa gueule d'ange. Non, il n'a pas l'allure d'un jeune premier : c'est un petit jeune homme maigre, brun, fragile, que toutes les filles rêvent de protéger et que les garçons aiment tellement qu'ils en oublient d'être jaloux.

Le soir, quelques tables assemblées sur des tréteaux constituent une scène de théâtre idéale. Des draps de couleur servent de rideaux, des spectacles sont montés à base de chansons du répertoire français, Charles Trenet en tête, ou Jean Sablon. Ils alternent avec des petites saynètes empruntées aux cabarets parisiens, entrecoupées de numéros d'improvisation hilarants. On tire ensuite les chaises, ceux qui se sentent l'âme musicienne chantonnent, les plus hardis invitent les dames, c'est parti pour la nuit.

Tout est simple, modeste et bon enfant. Les soirées sont un savant mélange du Théâtre de Dix Heures, de sketches de chansonniers parisiens, de radio genre *la Famille Duraton*, et le bal a des accents de fête à Nogent. La vraie vedette de cette année-là sera le Chef de village, celui que tout le monde connaît et qui connaît tout le monde, qui sait à la fois faire des tours de magie, interpréter des saynètes comiques, imiter Charles Aznavour et Maurice Chevalier.

La journée n'est pas moins épuisante. Des jeux de plage sont organisés avec récompenses alléchantes : l'apéritif pour commencer en beauté la soirée... Le premier Chris-Craft vient d'être acheté et c'est à qui soulèvera le plus haut son ski au-dessus des flots. Sous l'eau aussi, on s'agite : la chasse sous-marine obtient dès ses débuts un vif succès qui ne se démentira pas au cours des ans, et des concours de photographies sous-marines sont organisés.

Une fois la fête terminée, il faut entretenir la nostalgie : dans le numéro de la fin de l'été 1951 du *Trident*, un concours est lancé sur le thème : où irons-nous l'année prochaine ? Le prix ? Quinze jours gratuits. Quatre étudiants par an auront désormais le droit de séjourner gratuitement au Club et dix boursiers seront tirés au sort. Le Club est désormais devenu une famille : la meilleure preuve en est que, dans *le Trident*, une rubrique bulletin vient d'être créée : les naissances et les mariages sont annoncés en grande pompe, preuve de la vitalité amoureuse de ce qui devient, déjà, une institution.

L'année 1952 verra deux événements majeurs : la présence du Club aux Jeux olympiques d'Helsinki et l'ouverture du village de Corfou, en Grèce. Corfou qui va devenir le premier village culte du Club.

Helsinki représentera une véritable gageure : l'idée est de mettre les Jeux à la portée de tous : on pourra vivre cet événement sportif dans de bonnes conditions financières pour vingt-cinq jours. Gérard a monté l'opération en association avec le Comité olympique, le journal *l'Equipe*, les Sports aussi sont mis à contribution ainsi que quelques généraux... Marcel Hansenne a été nommé Chef de village de ces vacances un peu particulières, exaltantes mais aussi fatigantes. Un train olympique a été affrété pour l'occasion. Il quitte Paris le 15 juillet. Liège, Hambourg, Stockholm. Quatre jours de voyage avec cependant quelques arrêts touristiques aménagés pour souffler.

Le village de tentes s'installe dans l'île de Sen Rossoir-Folon, au bord d'un lac – avec embarcadère s'il vous plaît – et au beau milieu d'une forêt de sapins. Le soleil ne se couchant qu'à quatre heures du matin, aucune installation électrique n'est prévue : il n'y a pas de petites économies ! Hélas, le climat fut défavorable. Il plut quasiment sans discontinuer sur Helsinki, les tentes du Club furent inondées mais l'exaltation, la fraternité suscitées par les compétitions sportives et l'ambiance créée par le dynamique Jo Bouillon firent oublier la gadoue et les moustiques. Epuisés mais heureux, les adhérents finlandisés du Club revinrent en scandant : inoubliable Helsinki ! « Les années passeront, dira *le Trident*, sans que jamais vieillisse le souvenir des Jeux olympiques d'Helsinki. Ceux qui eurent la chance d'y participer ne pourront pas oublier les moments où l'on se dressait dans le stade, le cœur battant au moment de la victoire. Il y eut tant de beauté, de fraternité, de solidarité qu'une vie entière ne saurait l'effacer de notre mémoire. »

Le Club était-il accompagné par la grâce ? Le Club avait-il trop de chance ? Le Club était-il déjà très aimé, trop aimé par ses adhérents transformés en supporters fanatiques ? C'est ce que disaient certains envieux. Et le Club est sans doute tout cela à la fois. Le succès va souvent au succès, on le sait. Et Corfou assoira définitivement celui du Club.

Gérard a trouvé dans cette île de la Grèce, en partie détruite par de nombreux bombardements, une propriété d'une beauté exceptionnelle, où règnent une douceur et un charme rares. Elle est immense. Une trentaine d'hectares parsemés d'arbres superbes, une haie de cyprès qui part de la route jusqu'à la maison de maître et va mourir sur la plage, des oliviers plus majestueux les uns que les autres. Elle n'a qu'un défaut : la légende dit qu'elle est hantée et que ceux qui y résident y meurent plus rapidement qu'à l'ordinaire. Gérard décide de passer outre, ce sera là et nulle part ailleurs. Corfou va peu à peu s'intégrer dans l'histoire du Club et devenir le village de référence. Celui où l'on tentera les expériences nouvelles, celui que, plus tard, chaque Chef de village en quête de gloire devra absolument diriger, celui où les G.O. viendront chercher la reconnaissance. Mais Corfou apportera une dimension supplémentaire. Corfou va introduire la notion de l'absolue, de l'authentique beauté dans le monde du Club.

Certes, Alcudia et Baratti sont très sympathiques, mais les installations encore un peu bricolées. Les pionniers du Club sont sportifs, baroudeurs, amusants, mais il manque encore quelque chose au mythe fondateur du Club : la beauté. Corfou comblera cette lacune. La Grèce est magnifique, et encore assez peu développée touristiquement. La population de l'île et certains de ses habitants, qui vont venir travailler dans notre village, sont authentiques, passionnés. Le paysage, la baie sont d'une grâce à couper le souffle. Le décor est totalement magique. La population d'une hospitalité inimaginable.

« Gentils Membres du Club, l'Hellade vous accueille les bras ouverts, s'exclame le préfet de Corfou, M. Syriotis, à l'intention des premiers estivants : nous produisons peu de chose, ajoute-t-il modestement : du soleil, une mer bleue, des rochers, nous n'avons rien à vendre sauf un peu d'histoire ; mais nous offrons quelque chose à profusion : l'Hospitalité. Mes amis, je vous souhaite la bienvenue. »

L'inauguration fut une véritable fête : le bar et le restaurant étaient abondamment fleuris. Sur terre et sur mer, l'accueil fut délirant : des musiciens attendaient les Gentils

Membres pendant que Marcel Contal, notre chef des Sports, dessinait sur la mer, en signe de bienvenue, de gracieuses arabesques.

Le personnel grec va aimer cette propriété, la protéger, la soigner, l'embellir un peu plus chaque année. Et puis une femme va jouer un rôle déterminant dans cet exercice de séduction, c'est Didy. Elle va rejoindre le village en cours de saison pour assister Tony Hatot, Chef de village en titre. Mais c'est elle qui va devenir très vite la patronne, la reine de ces lieux.

Les Blitz, tous superbes, ont trouvé dans ce village l'élément dans lequel ils vont pouvoir s'épanouir. Ils vont se l'approprier progressivement et Didy va le façonner, prendre en compte tous les aspects de cette beauté pure. Les constructions sont simples mais on saura les mettre en valeur. Le bar sera le centre du village, l'endroit où chacun viendra parler de ses exploits sportifs ou amoureux, le lieu où les hôtesses du Club auront un compte ouvert à condition d'offrir le résiné, boisson nationale grecque. Sur la baie de Dassia se trouvera le restaurant attenant à une cuisine qui deviendra vite une place légendaire où officieront les plus grands chefs du Club, qu'ils soient grecs, yougoslaves, italiens ou français. On trouvera, au cœur de la propriété, la maison de maître où s'installera le Chef de village et d'où il pourra surplomber son domaine. La partie basse de la maison servira d'atelier pour la fabrication des fameux paréos, et c'est un certain Chichito qui dessinera et produira ici quelques chefs-d'œuvre de légende. Le paréo, 1,70 mètre de coton comme à Tahiti, devint au Club, vêtement, parade : le paréo du matin, du soir, que Témari apprenait aux filles à nouer de toutes les manières : discrète, pratique, provocante, devint après le Club et au-delà du Club le symbole du vêtement de vacances. Comme le bon vin, il avait ses millésimes et ses villages d'origine, et viendra le jour d'en faire une rétrospective. En haut du village se situera la bergerie, lieu de rencontres, de fêtes, de nuits et de débauches, et qui fermera à l'heure où les plus sportifs prennent leur petit déjeuner.

Au bord de l'eau, l'amphithéâtre accueillera les chanteurs et danseurs, les orchestres et les animateurs qui tous entreront dans la légende. Mais à côté de ces lieux magiques, Didy, avec la complicité de Gérard et de Claudine, introduira la beauté sous une autre forme, celle des garçons et des filles qui œuvreront dans ce village : les Gentils Organisateurs. Pour pouvoir être Gentil Organisateur à Corfou, en tout cas au début, il fallait allier charme, beauté et sensualité. Didy va y créer le métier d'hôtesse, avec ces filles belles à faire damner des Gentils Membres trop blancs. Ce sont elles qui donneront son style au village. Elles sauront accueillir, guider, aider les G.M. pour qu'ils se rapprochent un peu plus du paradis.

Les garçons aussi seront de véritables apollons. Les moniteurs de ski nautique, bronzés, minces, blonds de préférence, inviteront les belles G.M. à monter dans leurs bateaux pour faire des tours sur l'écume des vagues dans le but d'assister à la chute des pauvres G.M. débutants, ridicules de maladresse. Le soir venu, les G.O. du ski n'auront qu'à choisir celles, G.O. ou G.M., qui auront l'honneur et le privilège de partager leur nuit. Tout est donc beau à Corfou : le site, la population, les G.O. Claudine aura su apporter cette touche de ses origines, et en 1954, les cases polynésiennes remplaceront les tentes et finiront de composer à tout jamais le décor idyllique. Corfou sera, pour les G.M. qui ne peuvent aller au bout du monde, un petit coin de Polynésie à quarante-huit heures de Paris par train et bateau pendant vingt ans, puis à trois heures de Paris avec l'arrivée des jets.

Le mythe de Corfou sera définitivement établi avec la consécration que le roi de Grèce apportera en visitant le village au cours de l'été. Sa venue est un geste symbolique. Un roi ne visite pas un banal hôtel ou un simple camping. Il se rend sur un lieu, intrigué par la rumeur qui le décrit si original. Le roi sera accueilli par une équipe de G.O. en paréos, se prêtera même aux séances photos de G.M. qui n'en croiront pas leurs yeux, et partira en souhaitant longue vie à ce village de vacances si unique en son genre. Sa gentillesse et sa simplicité impressionnèrent tout le monde.

A Corfou, la qualité de la table fut une surprise agréable et les installations techniques se révélèrent de premier ordre. La beauté du site, la limpidité de la mer, la sérénité du ciel contribuèrent à l'ambiance générale. Dans cette île réputée aride, l'eau ne manque jamais. Les excursions à Athènes, Delphes, Epidaure, malgré la vague de chaleur plurent énormément. Seule critique formulée par les organisateurs du Club eux-mêmes : le village était trop peuplé. Tout le monde voulait aller à Corfou mais personne ne voulait en partir ! « J'ai mis longtemps à comprendre, écrira, nostalgique, un Gentil Membre, que les matins de Corfou n'étaient lumineux que du souvenir de ces dieux auxquels nous ne croyons plus, et que la tranquillité du soir, troublée par nos ivresses, naissait d'une longue usure du soleil : la mémoire de ce pays-là est tout entière confiée au soleil. Et avez-vous remarqué combien les Grecs sont nus, emmitouflés seulement de bavardages légers ? Vous rentrez maintenant dans votre capitale, sans doute pour une année à la démarche grise. Je voudrais que la chaleur des vacances vous revienne à la gorge, quand le café sera trop tiède au prochain matin de janvier. Une autre chanson de chez eux nous dit lentement qu'un baiser sur l'œil, s'il est fervent, suffit à guérir toute maladie. " Je parle à la mer, je parle à la colline, je suis un enfant et mon amour va venir puisque je l'espère ". »

Au retour, ils écrivent au *Trident* pour raconter leurs souvenirs : les pluies d'étoiles sur la pinède, les baisers langoureux sur le chemin de la tente, et, pour les plus sportifs, les bivouacs de chasse sous-marine. Le mérou, à Corfou, est un poisson commun, on en trouve sous chaque roche d'eau et de toutes tailles. Marcel Contal et quelques adhérents organisèrent des excursions sur la côte d'Epire, les îles de Fanos. En une journée, ils rapportèrent plus de cent dix kilos de poissons !

Dès la fin de l'été, les listes sont déjà closes pour l'inscription à Corfou de l'été suivant ! En tout, quatre mille personnes découvrirent les charmes de ce nouveau village.

Le Club, donc, est déjà victime de son succès et de la soudaineté de cet engagement. Il se défend, d'ores et déjà, d'apparaître comme une entreprise ordinaire et, dès novembre 1952, décide de sélectionner ce qu'il n'appelle désormais que ses membres, ses adhérents et non ses clients. Venir au Club pour consommer à moitié prix n'est pas le but. Ce serait se méprendre sur ceux que poursuit le Club et le confondre avec une quelconque agence de voyages. « Le nombre ne doit pas étouffer l'esprit, sans quoi nous aurions beau présenter des chiffres flatteurs, nous considérerions avoir échoué. »

Chapitre 4

LE GENTIL MEMBRE

Dès novembre 1952, *le Trident*, dans son éditorial, s'adresse sous le titre NE PAS CONFONDRE aux nouveaux adhérents : « Prévenons le Gentil Membre de ce qui va suivre : s'il était inscrit au Club, parce que celui-ci lui promettait du soleil et de l'eau, l'oubli pendant deux semaines ou trois des barrières sociales, le rejet aux orties des soucis quotidiens, ceci ne le concerne pas. Nous lui offrions des vacances d'évasion, avec le minimum indispensable de confort, soucieux surtout de libérer l'esprit des habituelles contraintes de l'existence. Plus de téléphone, plus de radio, plus de col dur, plus de passages cloutés. Tous ceux qui sont venus à nous pour toutes ces raisons ont frappé à la bonne porte. » Quant aux autres, eh bien le Club leur fait comprendre, sans beaucoup de ménagement, que ce n'est pas la peine de recommencer l'expérience l'an prochain.

« Et, pour éviter toute confusion nouvelle, il nous paraît utile de les prévenir qu'ils ne trouveront pas chez nous – nous leur promettons même le contraire – les garanties offertes par les agences de voyages... Nous leur disons tout simplement : attention, il y a erreur. »

Gérard m'a permis de me réaliser. Il m'a apporté une dimension de plénitude, de certitude. Au début de notre collaboration, il possédait cette espèce de sérénité qui lui permettait d'être sûr de ne pas avoir tort, alors que moi je passais ma vie à essayer de le convaincre que je pouvais avoir raison. Evoquant le Club, on a beaucoup dit qu'il y avait un père et une mère. Génétiquement, Gérard était à la fois le père et la mère. Moi, je crois que j'ai su faire grandir l'enfant.

Il possédait une force de conviction et un talent d'orateur mais pouvait répéter sans varier d'une épithète, quelquefois dix fois dans une journée, son discours aux gens qui pouvaient nous aider. Il y a eu des moments où une espèce de rage me prenait, où je devenais méchant et lui disais : « Pour l'amour du Ciel, changez un peu de registre ! Vous racontez la même histoire avec les mêmes mots. Je vous rejoindrai à la fin, je n'en peux plus... » Nous avions pris l'habitude de nous retrouver à sept heures trente chaque matin, avant l'arrivée de la petite équipe, et de refabriquer le monde à partir du Club Med, avec inconscience. Il était perclus de dettes et moi je n'avais pas d'argent, mais lui faisait comme si j'ignorais qu'il avait des dettes, et moi comme si j'avais les moyens de lui apporter de l'argent.

Nous étions des jeunes hommes imbéciles et ambitieux, à la fois pas nets, intrigants et sincères. Aucun de nous ne voulait céder à l'autre. Pour Gérard, que je sois avec lui était souhaitable à la condition qu'il m'utilise. Pour moi, que je sois avec Gérard était souhaitable, probablement avec la même arrière-pensée.

L'idée de l'appartenance à une communauté du Club se perfectionne : ne devient pas membre qui veut. Cela nécessite de l'abandon, de la douceur, de la tolérance, ainsi qu'une manière de vivre, en quelque sorte, les vacances toute l'année. *Le Trident* offre à ses adhérents la possibilité d'en prolonger le souvenir en lançant simultanément plusieurs concours : le meilleur récit de vacances bien sûr, la meilleure photographie, et même le meilleur film amateur ! L'idée est d'encourager le sens artistique de tous mais aussi d'échanger des émotions. Très vite, le Club est dépassé par ce désir de communiquer, en dehors même du temps suspendu des vacances. *Le Trident* voit paraître ainsi des offres de mariage et d'emploi ! Nostalgie, quand tu nous tiens ! Le journal ne suffisant plus à épancher la sentimentalité des Gentils Membres, une Nuit du Club est organisée le 22 novembre 1952 au Moulin de la Galette. Une autre suivra une semaine plus tard, tout aussi endiablée que la précédente. On dansera grâce à l'orchestre du Club, on s'échangera des photos et des adresses, des souvenirs.

L'esprit du Club se codifie : les vertus principales en sont l'amitié et l'indépendance. Sans être embrigadé dans une vie communautaire étalonnée, chacun doit découvrir son propre rythme, de la paresse pure à l'activité débordante, sans gêne, sans autre règle que la juste mesure dans le bon plaisir.

Le Club, c'est tout d'abord une équipe d'encadrement constituée de drôles de types, assez branquignols, pas du tout bêcheurs, toujours prêts à rire. Pour être nommé G.M., il vaut mieux posséder le sens de l'humour. Blaguer, disent-ils, est aussi important que respirer.

Les Gentils Membres sont sollicités pour parrainer

leurs amis. Car désormais s'inscrire au Club devient une véritable épreuve. Beaucoup de candidats mais peu d'élus au bout de ce parcours du combattant que constitue la cérémonie des inscriptions : porte encombrée de forcenés qui hurlent en réclamant les formulaires tout en posant des questions en rafales :

— Les bikinis en pilou sont-ils gênants pour la peau ?

— J'aimerais un intellectuel comme voisin de tente. Comment faire ?

Des règles de vie au Club, sur lesquelles la direction se montre intransigeante, sont édictées et communiquées : « Nous avons toujours fait preuve de la plus grande fermeté au sujet de plusieurs principes dont la violation conduirait rapidement le Club à la déroute. Il est absolument nécessaire que partant en Italie, Yougoslavie, Grèce, le Club soit synonyme de bonne éducation, politesse, sociabilité, et, par-dessus tout, impeccable tenue. Rien ne peut faire plus de tort au Club qu'une allure débraillée ou des propos frisant l'inconvenance. » Heureux donc, mais décents et polis en toutes circonstances, nos Gentils Membres à qui nous donnons, quelques jours avant leur départ, une liste de choses à ne pas oublier :

— beaucoup de bonne humeur

— un sac de couchage

— un sourire permanent

— un drap par personne

— une boîte à musique dans votre cœur

— une torche électrique

— un kilo de matière première pour abriter un bon esprit Club

— trois cachets antibilieux

— des films dans une boîte étanche

— un litre d'optimisme
— des bijoux en paille et en coquillage.

Le Club gagne en popularité et lance dorénavant les modes : il y a le maillot Club, le chapeau Club, le short bain de soleil Club et même le scooter Club, la manière Club de jouer à la belote, et plus que tout, les paréos.

Devant la multiplication des villages et l'allongement des périodes d'ouverture, le Club décide de former lui-même sa nouvelle équipe d'encadrement en faisant appel aux Gentils Membres qui souhaiteraient passer de l'autre côté de la barrière. Grâce à cette initiation maison, l'ambiance et l'esprit purent être sauvegardés : malgré la grève de vingt-cinq jours qui paralysa la France durant l'été 1953, la saison fut favorable. Les Gentils Organisateurs durent faire face à la privation de chemins de fer, de poste, de trésorerie, de téléphone, de télégrammes. L'équipe de Paris organisa les transports de remplacement, distribua nuit et jour, pendant trois semaines, les convocations. Les cinq villages obtinrent des notes très différentes à l'issue de l'été : 19/20 pour Corfou, 17/20 pour Baratti, Rome et Elbe, mais seulement 13/20 pour le dernier-né de Monténégro installé dans une région très retirée, difficile d'accès, isolé et peu accepté par les autorités yougoslaves qui n'ont pas souhaité donner les moyens nécessaires pour permettre une vie quotidienne agréable. Ce dernier, d'ailleurs, ne durera que l'espace d'un été.

Le Club fait donc, fidèle à notre volonté de transparence, son autocritique : en raison du développement trop rapide, l'orthodoxie polynésienne a été trop délaissée.

Gérard, publiquement, décide de donner un sérieux coup de barre à la ligne de conduite du Club.

Le succès de l'abonnement-vacances, idée audacieuse et nouvelle prévoyant le paiement étalé des vacances sur douze mois de janvier à décembre sans augmentation de prix, se confirme. Nous avons bien fait de passer outre aux conseils des spécialistes du crédit qui restaient horrifiés que l'on puisse vendre à crédit un objet qui, à la souscription, représente certes un gage en cas de non-paiement, mais, une fois les vacances passées, ne comporte aucune garantie.

L'esprit Club fut plus fort que la logique financière. Notre abonnement fit sensation aussitôt dans tous les milieux spécialisés de tourisme et de vacances. Mille abonnements purent être souscrits. La fermeture de la liste occasionna bien des colères... Le plaisir augmente le plaisir, on le sait, et le succès va au succès, on le sait : le Club est littéralement débordé par ce désir qu'il suscite. La Nuit du Club fait salle comble. Pour consoler ceux qui n'ont pu entrer, un Bal des « sacrifiés » est organisé.

Un jour de cette année 1953, Maurice Blitz, le père de Gérard, nous réunit Gérard et moi : « Gérard, tu as besoin de ce petit juif, et ensemble, vous réussirez. » Mon père, consulté par Maurice, donne son accord à ce que je travaille plus pour le Club. Et Gérard me dit : « Gilbert, c'est d'accord, on s'associe. » Le lendemain matin, à sept heures et demie comme d'habitude, j'arrive au Club, non plus comme un ami, mais comme un partenaire, et Gérard fait comme si on ne s'était pas vus la veille, comme si on n'avait pas passé un accord. J'ai attendu un an, jusqu'au jour où les deux familles se sont assises très sérieusement autour d'une table, pour créer cette fameuse société Blitz-Trigano, au capital de 7 800 000 centimes. Gérard n'avait pas le premier sou, moi non plus. J'ai emprunté à des amis de mon père les 39 000 francs nécessaires, Gérard s'est débrouillé, en grande partie aussi grâce à son père, et cette société a eu comme particularité d'avoir deux familles comme associés. Pratiquement, nous avons hérité des pertes de l'Association Club Méditerranée auxquelles il a fallu faire face, et dont je devenais trésorier. J'étais désormais l'associé à parts égales de Gérard, et tous deux actionnaires majoritaires de cette nouvelle société où entraient aussi les premiers G.O., piliers et coïnventeurs du système, comme Jean-Pierre Becret, Jean Balandjian, Tony Hatot, André Regad, et bien sûr Didy.

Après son exercice d'autocritique, le Club se resserre : quatre villages en 1954 contre cinq en 1953.

L'île de Djerba accueille les nouveaux vacanciers au bord de la mer, à l'est de l'île, près de Midoum. Plage de sable fin, bordée de longs palmiers-dattiers qui lui donnent son aspect polynésien. Pour la première fois, des constructions en dur apparaîtront et se feront dans le style du pays. Le charme de Djerba opérera. L'île est couverte de jardins, champs d'oliviers et aloès, allées de sable fin bordées de tamaris et de grands eucalyptus. Cette île-oasis bénéficie d'un climat remarquable. La formule sera à 100 % polynésienne, la durée minimum de trois semaines, et les sports pratiqués sont le ski nautique et la chasse sous-marine.

Le Club reste fidèle aux rivages de la Méditerranée sous la rigueur des cyprès ou dans l'ardeur des pins. Nous autres, Polynésiens de vocation, essayons de ressusciter le naturel dans la peau des vieux civilisés. Notre méthode reste la même : découvrir des criques gardées par des parlements de coquillages, tenter d'abîmer le moins possible le paysage pour s'installer en respectant le caprice des arbres et des buissons, et établir une géographie amoureuse et sensuelle avec les passerelles de l'Etoile polaire, les sentiers des Temps perdus et les allées des Rois fainéants.

Djerba deviendra l'un des lieux de référence de la magie du Club. Parallèlement, je m'emploie à consolider le rapprochement avec deux autres organisations de villages : le Club Olympique et les Villages Magiques. A l'époque, notre plus gros concurrent est l'organisation des Villages Magiques. Henri Vidal et Paul Morihien, leurs créateurs, ont trouvé auprès d'Hélène Lazareff, du journal *Elle*, le support médiatique indispensable. Tout naturellement, ils ont une clientèle à dominante féminine. Et nous, les sportifs du Club, nous avons le soutien du journal *l'Equipe* et, en conséquence, une grande majorité de garçons dans les villages. La logique du cœur et de l'économique nous conduira tout naturellement à un rapprochement des deux associations, pour le plus grand bonheur de chacun.

Henri Vidal et Paul Morihien, Gérard et moi, décidons de fusionner les Villages Magiques avec le Club. En fait, plus nos dettes que nos actifs. On crée la Société anonyme à capital variable, et, preuve de notre incompétence comme capitalistes, pour renforcer administrativement nos fonds propres, nous transformons la cotisation à 10 francs à fonds perdus en une action de même valeur. Les vrais problèmes financiers ont alors commencé. Nos amis Vidal et Morihien nous ont quittés mais nous les avions dédommagés très convenablement. Peu importe la mauvaise santé financière du Club ! Nous avons l'impression que rien ne pourra nous résister.

Toutes ces années sont marquées par une forte émulation créatrice. Ainsi des fameux colliers-bar qui permettront de supprimer à tout jamais l'argent. La légende vraie veut que Jean-Pierre Becret en eût l'idée en observant sa fille enfiler un collier de perles au moment où il constatait qu'un paréo, seul vêtement autorisé, ne disposait pas de poches pour ranger son porte-monnaie.

Au Club, tout s'est inventé par hasard pour des raisons concrètes. La naissance du Club, c'est aussi le début de la société de consommation. Il était jusque-là agréable de pouvoir aller au bar et de dire : « Donnez-moi un café », « Donnez-moi ce que vous voulez », et de détacher un petit bout de papier de son carnet-bar. Comme nous n'avions pas d'argent sur nous, notre seul truc, c'était le carnet, mais il tombait régulièrement à l'eau. C'était très inconfortable pour se baigner. Donc un jour, Jean-Pierre Becret est arrivé avec un collier de sa fille et m'a dit :

« Si on faisait la même chose ? Si on faisait des perles qui s'emboîtent, on pourrait tous se baigner avec, il suffit d'en faire de trois ou quatre couleurs différentes pour des valeurs différentes. » On a adopté le principe avec enthousiasme. Ensuite il s'est développé. On a inventé la première monnaie plurinationale avant l'euro, et nous avons connu un tel succès que nous avons été pillés. Certains ont même fabriqué de la fausse monnaie du Club, et il y a eu des vols de monnaie au Club... Le Club était en principe le seul émetteur de cette monnaie-là, mais dans certains cas, nous devions obtenir l'autorisation de certains pays qui considéraient que notre système d'échange constituait une insulte à la monnaie nationale. Un jour, on a découvert un trafic de fausse monnaie au Club. Des faux-monnayeurs ont trempé nos boules de couleur dans un bain de fausse poudre d'or, fabriquant ainsi les boules les plus chères de notre système, et ont tenté d'introduire leur propre fausse monnaie, jusqu'au jour où, par seaux entiers, on en a retrouvé au marché aux Puces de Paris, et on a pu faire arrêter les responsables de ce trafic ! J'éprouve rétrospectivement une fierté amusée à évoquer ce souvenir.

Cela signifiait que le Club, dans son immense fragilité, émettait une monnaie de vacances à usage international, l'euro des vacances, avec quarante ans d'avance. Et suffisamment attrayante pour que des « faux-monnayeurs » en tentent l'exploitation. Chaque mois une création nouvelle arrivait. Entre nous, il existait une émulation permanente. On essayait de supprimer tout ce qui, dans la vie quotidienne, nous semblait insupportable, ou un peu contraignant, pour l'oublier le temps des vacances. C'était notre hantise. Ce qui nous a amenés à être éminemment créatifs. Ça bouillonnait, ça fermentait de tous les côtés... époque bénie où créativité et folie dominèrent très largement, permettant la naissance de talents formidables.

Des femmes et des hommes ont su apporter leur propre joie et une grande sérénité à faire ce métier. Le symbole le plus fort de cette génération fut Charly Benillouz, un homme cultivé, un jeune enseignant brillant qui, déraciné de son Oranie natale, a eu, à peine arrivé en France et par bonheur pour nous, l'idée de venir au Club. Il en est très vite devenu l'un des personnages les plus importants. Il possédait le don d'aller à l'essentiel, d'apporter dans tout ce qu'il faisait une intensité, une chaleur humaine. Patron rarissime et irremplaçable des G.O., il a formé une génération de Chefs de village. Comme tous ces hommes qui ont une frénésie de vivre et une générosité incalculable, il a brûlé la chandelle par les deux bouts, et son cœur a lâché. Malgré le professeur de l'hôpital qui s'est évertué à le garder avec nous, il est parti. Il y a eu des garçons et des filles qui ont marqué des générations issues de toutes nationalités, mais Charly a été le phare et le symbole du charme et des talents du Club.

Certains étaient des personnages étonnants. Je me souviens de Gilbert Héron, inspecteur de la RATP. Il allait d'autobus en autobus, assurant quelquefois la ligne, et était chargé de surveiller ses petits receveurs. Un jour, attiré par le Club, il vient y passer des vacances. Il ne l'a plus quitté. C'est Jean Balandjian qui l'a converti. Jean l'Arménien, l'horloger, Jean avec sa guitare, Jean avec son sourire, Jean avec sa tendresse, Jean avec sa sagesse. Jean devenu le patriarche, celui qui sait le Club, celui qui sait la vie, celui auprès de qui tous viennent trouver conseils et espoirs. Jean et Biche, sa femme, Jean et ses enfants, Jean et ses amis innombrables, Jean l'honneur du Club, Jean mon ami.

Gilbert Héron est devenu G.O., puis un Chef de village fabuleux. Sa réputation a fait le tour des villages du Club, car il était un conteur exceptionnel, et faisait se tordre de rire tous les auditeurs. Nous étions sous le charme de ce titi parisien qui avait choisi d'abandonner la sécurité et le statut de fonctionnaire de la RATP avec une somptueuse inconscience pour embrasser une carrière à risques. Lui aussi a eu une maladie de cœur, que l'on a pu repousser d'année en année, et entre deux crises cardiaques, il reprenait un village. Il a fait de sa femme un Chef de village, qui exerce encore aujourd'hui, et a formé de nombreux jeunes, garçons et filles, qui sont devenus des G.O. extraordinaires.

Comment rester un citadin normalement constitué quand on passe sa journée à faire l'ange sur des skis nautiques ou le braconneur de mérous dans les grottes sous-marines ? Au Club, on n'a plus à fouiller dans ses poches ni à se poser des problèmes de deniers. L'argent n'a plus cours, mais on soigne en revanche son apparence et sa bonne mine en réglant en monnaie de singe. Pour les coquettes, un salon de coiffure est ouvert dans chaque village, et la cuisine fait l'objet de délicates attentions : les menus sont généralement en adéquation avec le climat, mais des rôtisseurs sélectionnés dans nos provinces apportent la touche indispensable du goût français. On déjeune à l'heure qu'on veut, avec qui on veut, le temps qu'on veut, en paréo. Chacun découvre son propre rythme. Tout a été payé d'avance, et cette idée très importante contribue à permettre la nonchalance. Les « Polynésiens » se souviennent d'avoir eu des « vacances à ressort ». Ici pas de pourboire, pas de supplément. Une grande famille, voilà ce que nous sommes devenus. *« Aïta pea pea »*, disent les Tahitiens, rien n'a d'importance, rien ne vaut la peine de froncer les sourcils. De la Polynésie, nous continuons à nous inspirer, à la fois dans l'habitat, dans le respect pour la nature, dans la cuisine.

Le grand rêve d'un village permanent à Tahiti commencera à se concrétiser dès l'année 1955. Ce ne sera pas un village ordinaire ni même un voyage ordinaire ; il faudra disposer de quatre mois pour y passer des vacances ! Ici, la nature semble s'ordonner d'elle-même. Ici tout le village abrite une Académie de chant et de danse. Nous en avons choisi l'emplacement sur la côte Ouest de Tahiti dans le district de Punaauia, à douze kilomètres de Papeete, face à l'île de Moorea ; un rivage de sable blanc, puis un lagon bleu profond où les coraux verts et violets délimitent des aquariums géants où s'entrecroisent des centaines de poissons bleu saphir, vert émeraude striés. Dans ce jardin d'Eden, planté de cocotiers, arbres à pain, bananiers, manguiers, bois de fer, encore une fois, Robert Baudin, l'homme qui sait tout faire, a construit quatorze cases-bungalows dans le style du pays. Le village est permanent.

Tahiti représente pour nous à la fois un modèle et un rêve. Notre inspiration, nos idées majeures pour la mise au point de nos villages, nous les tirons de ces îles polynésiennes. C'est un pèlerinage aux sources que nous proposons à nos adhérents. Partir par le Club pour Tahiti représente alors une véritable aventure : les départs ont lieu de Marseille tous les deux mois, par les bateaux des Messageries maritimes. Nous louons des cabines-dortoirs assez confortables malgré tout. Heureusement, car le voyage dure plus d'un mois ! Il faut disposer de quatre mois pour vivre cette aventure, qui séduit surtout les enseignants. Le prix de 240 000 francs (anciens) est un cadeau, payable sur dix-huit mois, bien sûr sans intérêts, et le Club fait découvrir Tahiti aux vacanciers, et à ses amis tahitiens, leurs premiers touristes.

Le rythme polynésien s'est tout naturellement installé dans chacun de nos villages. Colliers de fleurs et paréos tahitiens contribuent à mettre ces nouveaux venus dans l'ambiance. Le Club Méditerranée, dit Claudine Blitz, l'épouse de Gérard, c'est l'enfant naturel de Jean-Jacques Rousseau et de la reine Pomaré.

C'est aussi l'époque où nos rapports avec l'argent sont les plus étonnants. En fait, il n'y en a jamais eu beaucoup, on vend à ce moment-là 100 francs ce qui en vaut 110 ou

120. Il est vrai que personne ne se plaint des prix, et pour cause. Pour tenter de pallier ces difficultés financières, nous encourageons les Chefs de village à faire des recettes sur place. Il faut en fait arriver à couvrir au maximum les dépenses locales (salaires du personnel, fournisseurs...) par les recettes du bar et des excursions. Ça ne marche pas toujours. Jean Balandjian se rappelle qu'en fin de saison, il était surpris de retrouver ses fournisseurs, le boulanger ou le boucher, à ses côtés sur le ponton pour saluer les G.M. à leur départ. Ils attendaient leurs sous ! L'année précédente, le Chef de village avait préféré fuir sur une barque après la fermeture du village, car il n'avait plus d'argent dans ses caisses pour régler les dernières factures !

Les G.O. étaient peu payés et de façon épisodique. Ils recevaient des avances sur salaire, souvent après la fin du mois. Je serai obligé d'amputer les dix plus hauts salaires (si on peut dire !) de 25 %. Certains s'en étonnèrent mais ne contestèrent pas. Ma décision était prise dans l'intérêt du Club et elle ne pouvait être que bonne ! Naturellement, une fois la crise surmontée, chacun reçut le rappel qui lui était dû.

Il fallait trouver aussi des investisseurs. Dima Filipoff tombe un jour sur un taxi conduit par un Russe blanc émigré à Paris, il lui parle de nos difficultés et sympathise avec lui à tel point que le chauffeur de taxi, enthousiasmé par le concept, refuse de lui faire payer la course, se précipite chez lui pour ramasser ses économies et les investir dans le Club.

S'ouvrira en 1956 le premier « Club House » du Club, rue Thérèse. C'est un lieu où se retrouvent G.O. et G.M. pour évoquer leurs souvenirs, boire, manger, et préparer les futures vacances. L'ambiance y est décontractée. Ce lieu deviendra le centre de vie des G.O. en intersaison et le refuge des G.M. à la recherche du bonheur. Le premier Club Med Café est né. C'est aussi l'époque des grands rassemblements, lors de fêtes données à Paris pour les G.M. : au Moulin de la Galette, sur les bateaux-mouches, et au Cirque d'Hiver où les propriétaires reconnaîtront avec beaucoup de fair-play le talent des G.O. qui organisent leur propre spectacle. Des séances de ciné-club rassemblent deux fois par mois les adhérents, qui se montrent leurs films de vacances. Le journal, *le Trident*, multiplie ses tirages et fait appel, sous la houlette de Marcel Hansenne, à des signatures prestigieuses comme celle d'Antoine Blondin. Nous distribuons nos affiches à nos vacanciers qui se chargent eux-mêmes de les distribuer. Chaque année, l'inscription donne lieu à une cohue indescriptible et à un spectacle tout à fait inimaginable. Nous décidions d'un jour d'ouverture. La veille, dès huit heures du soir, les gens commençaient à faire la queue devant le n° 8 de cette petite rue de la Bourse où était installé notre siège. Moi je me débrouillais pour donner des numéros, et pour faire ouvrir les bistrots tout autour. A quatre heures du matin, je faisais distribuer un café chaud, un croissant. Nous vivions une fête. Nos amis marocains nous envoyaient des oranges, les tunisiens des dattes, on buvait notre café, on mangeait des croissants, nos oranges et nos dates au milieu d'une effervescence joyeuse.

Je me souviens des inscriptions de mars 1955. Ce matin-là, il neigeait sur Paris. Dès cinq heures du matin, une triple queue cernait notre local. La prise d'assaut fut fulgurante. L'année précédente, nous avions refusé un millier d'inscriptions. Cette fois, ce sont plusieurs milliers.

Tahiti se révéla aussi un succès. Ils avaient pourtant été nombreux à tenter de nous dissuader d'aller implanter un village à plus de 20 000 kilomètres de Paris avec quatre mois d'absence obligatoire. Le premier groupe revient enthousiaste, et nous sommes noyés sous le flot des demandes de renseignements. Le succès, dès la première année, de ce village aux antipodes s'affirme comme un espoir permanent et un symbole. Sur l'Empire du Club, le soleil ne se couche jamais ! Pour pallier le manque de place, priorité est donnée aux Anciens. Parallèlement, nous perfectionnons d'autres villages comme celui de Palinuro, dans le sud de l'Italie, créons de petits villages à Capri et à Rome, généralisons le vin gratuit dans tous les villages et inventons la formule des Odyssées. Homère fut notre guide pour que les villages lèvent l'ancre. Partir vers les îles, partir des îles. De grands bateaux de pêche, des caïques grecs, emmènent des vacanciers de crique en calanque pour des expéditions légères pourvues de l'équipement nécessaire à la chasse, la plongée, la réalisation de films sous-marins.

Le rêve éveillé que nous vivions chaque jour, nous savions Gérard et moi qu'il fallait lui donner le moyen de se prolonger au-delà des trois mois d'été. Dans notre petite équipe, seul Jean-Pierre Becret, l'adjoint de Gérard, connaissait la neige et la montagne. A la fin de ces années de magie, le Club ouvrira sa première installation à la montagne. Jean-Pierre Becret, après s'être vu refuser l'agrément du Club par toutes les stations de ski françaises, tombera amoureux de la station de Leysin, dans les Alpes vaudoises, qui s'était, jusqu'en 1950, spécialisée dans le traitement de la tuberculose et qui avait vu son déclin résulter de la victoire contre cette maladie. Tissot, un homme excentrique et courageux, a tenté l'aventure de la reconversion dans le tourisme. Grâce au financement de la Banque Cantonale Vaudoise, il installe des remontées mécaniques et prend le contrôle des hôtels. Jean-Pierre nous conduit Gérard et moi chez lui. Toujours obsédés par notre désir d'offrir des vacances tous frais compris, nous négocions la location de notre premier hôtel en dur. Un vrai hôtel avec des murs, des fenêtres, un toit et des forfaits pour tout : les cars, les remontées mécaniques, ainsi que le droit d'avoir nos équipes que nous voulions former. La Suisse manque de main-d'œuvre mais ne veut pas d'étrangers chez elle ; nous négocions sans trop de difficultés l'apport saisonnier d'une main-d'œuvre et de G.O. animateurs et moniteurs de ski. Le Club va en Suisse initier ses adhérents suivant les méthodes de l'Ecole de ski française. Plus que l'aboutissement d'études de marketing, l'ouverture de Leysin correspondait à la volonté des responsables du Club d'offrir un emploi aux G.O. qui s'en trouvaient démunis à la fin de l'été. Le succès de Leysin sera immédiat.

A 1 500 mètres d'altitude, cet hôtel de trois cents lits abrite le nouveau village où nous avons conservé l'ambiance d'été : utilisation des tickets-bar, noms donnés aux chambres, orchestre du Club. Parmi les innovations, outre la mise à disposition du matériel de ski, nous avons prévu, pour distraire les longues veillées d'hiver, un salon de bridge, une bibliothèque, une installation sonore de haute fidélité avec un programme de concerts classiques, et la télévision.

Mais, malgré la préparation intense, nous craignons l'inconvénient des coûts en transposant la formule d'été vers l'hiver. Un duffle-coat coûte plus cher qu'un paréo, et des chaussures de ski sont plus onéreuses que des nu-pieds ! Acheter un bateau pour faire du ski nautique est un moindre investissement que d'installer des remontées mécaniques. Notre journal, *le Trident*, se fera l'écho de notre inquiétude : « Même quand il fait froid, nous n'avons pas l'habitude de mettre des gants. Nous vous disons franchement qu'il s'agit d'une expérience. Une expérience que nous faisons ensemble. » Elle se révélera concluante. Est-ce à cause de la beauté du paysage, de l'engagement au Club de James Coutet, ex-champion du monde et inventeur du christiania léger, des nuits de fête arrosées au grog ? L'évasion blanche enthousiasma nos adhérents qui découvrirent que l'hiver n'était pas seulement la réplique pâle et glacée de l'été. L'aventure blanche à notre porte ! Le Club s'invente une nouvelle mission : la découverte d'une civilisation de la montagne. Les vacances d'hiver représentent la dernière conquête du siècle. Etre « vacant » est l'état d'âme le plus fondamental du voyageur de l'hiver.

Le ski fait chanter la neige et sa double trace qui se déroule sur des espaces vierges. Les vacances d'été rassemblent une majorité de touristes, les vacances d'hiver ne comptent que des initiés. On peut être à l'aise du premier coup sur la plage. En revanche, la neige est un monde clos avec ses codes, ses rites, ses mots de passe, la préparation du corps qu'elle nécessite pour ne pas se faire mal.

Trois clubs de neige verront le jour et subiront l'assaut général. Au bout d'un an, dix mille G.M. auront découvert les joies de la montagne. La cadence de notre développement s'en trouve accélérée et la vie du Club littéralement transformée. Nous avons gagné la permanence de nos activités sur les deux grandes saisons. Le Club peut ainsi bénéficier d'un fonctionnement plus harmonieux, conserver toute l'année son personnel spécialisé et disposer d'une trésorerie mieux étalée.

Le lundi 25 mars 1957, 9 999 inscriptions avaient été enregistrées. Dans un suspense digne d'Hitchcock, le 10 000e adhérent franchit nos bureaux : « Je m'appelle Ducarré et je voudrais m'inscrire à Palinuro. » Aussitôt, il sentit les claques pleuvoir sur ses épaules. Fidèle G.M. devant l'Eternel – il fait partie du Club depuis ses débuts –, l'heureux lauréat apprit qu'il se voyait, pour l'occasion, octroyer des vacances gratuites. Le champagne coula à flots. Un cap important venait d'être franchi.

Pour parfaire ce succès commercial, il fallait communiquer notre passion, et nous avons bien évidemment cru dans la force de la publicité. C'était à l'origine par une affichette dans le métro et les cafés parisiens que Gérard annonçait la naissance du Club aux Baléares : 15 jours, voyage compris, pour 15 900 francs (anciens). Le choc était assurément le prix plus que la qualité artistique de l'affiche. Il reste que l'affiche, d'emblée, s'affirmait comme un moyen direct de communiquer le message. Année après année, le graphisme s'améliorait, et la première affiche annonçant la neige ajouta l'humour au message prix. Nous étions, Gérard et moi, très sensibles à ce moyen simple et fort à la fois. Dans un avion, en feuilletant une revue américaine, je vois, en pleine page couleurs, un bambin noir et rose en salopette jaune avec un tablier rouge, grande cuiller plongée dans une marmite plus grande que lui, touillant un potage que l'on dit délicieux, et cette page est tellement lumineuse, ce gosse tellement gai et sympathique, que ce qu'il mijote, au lieu d'un potage, devient pour nous « vos vacances ». Il nous faut les droits sur cette affiche. Nous la voulons pour notre prochaine campagne. Obstinés comme nous l'étions, nous obtenons les droits. « Qu'est-ce qu'il mijote : vos vacances » nous procura un joli slogan et un beau succès.

Un an plus tard, une nouvelle affiche dans laquelle une jolie naïade sort d'un immense coquillage, appuyant cet appel du Club : « Sortez de votre coquille », confirme l'importance que le Club reconnaît à l'affichage. Quelque temps plus tard, Jacques Giraud nous rejoint. Il est tout à la fois organisateur et commerçant. Son frère aîné a d'ailleurs une très bonne agence de pub, mais Jacques par délicatesse choisit la jeune agence Synergie, avec un concepteur talentueux et séduit par le Club. Olivier Bensimon crée la magie des verbes. Sur un décor de plage simple et lumineux, un personnage, le plus souvent un couple, et un slogan « Aimer, rire, chanter... ». Jamais un jeu d'affiches aussi simple, aussi évocateur n'avait illuminé les stations de métro et les Abribus de J.-C. Decaux. Le succès fut immense et totalement justifié. Jamais le Club n'a pu retrouver cette grâce magique.

Un grand hebdomadaire français publiant un reportage sur le Club pose la question : « Le Club pourra-t-il résister à son succès et éviter de devenir mouvement ? »

L'été 58 apportera sa réponse. Ce fut l'été de tous les dangers. Le gouvernement, pour lutter contre la fuite monétaire, décide brutalement une limitation dramatique des changes qui conduit pratiquement à l'impossibilité d'utiliser et de sortir des francs pour le tourisme. Plutôt que de céder à la panique, je suis convaincu que c'est une chance exceptionnelle pour nous à condition de réagir vite et globalement. Nous informons tous nos transporteurs et pas seulement les Français que tout le monde sera payé à Paris en francs français. Nous augmentons tous les effectifs de nos bureaux étrangers et leur faisons tout payer de leur pays d'origine vers les pays où nous exploitons des villages. Puisque nos adhérents français n'ont pas le droit d'acquérir des devises, nous leur faisons payer au village une partie du forfait et ils auront payé en francs et en France la partie frais de siège et de transports. Nous sortons à la hâte un *Trident* de crise, intitulé VOS VACANCES SONT HORS DE DANGER, qui énumère toutes les mesures et leurs applications immédiates. Nos adhérents nous ont dit leur fierté d'avoir un Club si vif dans ses réactions, capable d'improviser des solutions globales. Nous avions prévu d'ouvrir un village à Cola-Montjoy, en Espagne, mais les événements nous contraignent à constater qu'il ne sera pas prêt. Nous décidons alors de tout tenter pour ouvrir en catastrophe celui de Santa Giulia, situé dans le sud de la Corse.

Le Club Polynésie, concurrent du Club Méditerranée, installé en Corse à Porto-Vecchio dans la baie de Santa Giulia, venait de tomber en faillite et j'avais été convoqué par M. de Rocca-Serra, à l'époque député-maire de Porto-Vecchio. Il se dit très préoccupé des intérêts de ses ressortissants, m'avoue que cette faillite représente un drame considérable à la fois pour les commerçants de la ville, privés des consommateurs qui venaient et dépensaient de l'argent, mais aussi pour la plupart des fournisseurs du Club Polynésie qui restaient avec des factures impayées. Tout de go, il me demande de les payer, mais aussi de reprendre les gens de cette ville qui travaillaient avec ce club de vacances afin qu'ils ne soient pas pénalisés de la confiance qu'ils avaient faite à mes prédécesseurs. Je lui promets de tenter de trouver une solution, je lui avoue que je trouve ce lieu magique et fascinant et que j'en rêve la nuit. Nous négocions avec les hommes de loi chargés de liquider la faillite de ce Club Polynésie. Pour essayer de dédommager les créanciers corses, pour la plupart des fournisseurs, je propose à M. de Rocca-Serra de les traiter comme des interlocuteurs privilégiés. Je lui faisais ainsi comprendre que je savais qu'ils allaient majorer nos factures et que de cette façon ils pourraient se rattraper. Les négociations se déroulent à peu près calmement, mais avant que je ne regagne Porto-Vecchio pour la troisième fois, ma femme reçoit à la maison un étrange coup de téléphone. Un interlocuteur anonyme lui conseille de m'empêcher de faire ce voyage et ajoute qu'elle risque de ne me revoir que dans un cercueil. Je maintiens mon voyage.

J'arrive à une réunion avec toutes les personnes concernées et je leur dis : « Ecoutez, il y a un malentendu, ma femme a peut-être mal compris, en tout cas, elle voulait me dissuader de venir parce qu'elle a cru comprendre que si je le faisais je ne reviendrais pas à la maison. Alors vous voyez, je suis là, et avant d'ouvrir la négociation et de voir si on peut aller plus loin, je vais aller me promener pendant une heure. Si je reviens, je ne veux plus jamais que l'on parle de cette histoire. Faire peur à une femme qui est aussi mère de famille est indigne, particulièrement en Corse. Si je ne reviens pas, cela voudra dire que quelqu'un a tenu sa promesse. C'est ainsi, je suis fataliste, mais au moins ce sera clair. »

Je pars donc me promener. Je n'en menais pas large, j'ai toujours eu peur, j'ai passé ma vie à avoir peur, mais ce n'est pas une raison pour ne pas faire ce qu'on a envie de faire. Au bout d'une heure, je reviens et je leur dis : « Alors maintenant, à moi de poser mes conditions : puisque tout le monde est d'accord pour que je sois là, puisque je suis encore là, alors je veux travailler dans la paix et dans la tranquillité. Je peux comprendre qu'il y a des gens qui ont perdu de l'argent, nous allons travailler avec eux, en étant leur client, sous réserve qu'ils nous traitent bien, et dans le but que le travail que nous allons faire ici serve à beaucoup de monde. De plus, il me faut le temps de remettre en état ce village parce qu'il est, à part la plage d'une beauté inimaginable, dans un état épouvantable. » Et nous ouvrons Santa Giulia en catastrophe en cet été 1958.

La suite de l'histoire me démontra qu'il ne faut jamais, en aucune occasion, céder à la menace et au chantage.

Didy Blitz, qui avait accepté de prendre la direction de Santa Giulia, ce lieu superbe avec une plage presque parfaite, a tenté de faire face seule à des difficultés innombrables et insurmontables. Gérard lui-même vint la remplacer mais, épuisé par une année éprouvante, il tomba gravement malade. Il fallut le rapatrier à Paris pour le soigner. C'est donc là-bas que je ferai en catastrophe et sans préparation l'apprentissage du terrible et superbe métier de G.O. et, plus difficile, celui de Chef de village. Il y avait parmi les adhérents présents à Santa Giulia un groupe d'inconditionnels de Gérard. Gérard était aimé de tous, mais là il s'agissait d'une véritable adoration. Pour Tata, la leader du groupe, j'étais donc l'usurpateur, celui qui lui volait sa place et qui ne la méritait pas. Il me fallait justifier ma présence, me faire admettre et donner des preuves concrètes de ma capacité à diriger ce village où tout allait mal. D'abord, faire montre d'une certaine autorité devant ces jeunes Corses qui se pavanaient au bar, occupaient toutes les places et se faisaient servir sans payer. Je m'installai donc au bar et refusai de les servir. En cet été 1958, leurs menaces étaient plus verbales que physiques. Je leur dis que s'ils partaient maintenant, je leur offrirais le lendemain un apéritif, mais que s'ils s'obtinaient à rester, je leur ferais interdire le village. Par chance, ce marchandage réussit et ils s'en allèrent sans esclandre. Tata, qui avait naturellement suivi le déroulement de cet incident, m'accorda son premier regard dénué d'hostilité. Le soir même, j'aurai le droit de prendre mon premier repas avec les adhérents sans me faire agresser. Ce fut aussi une soirée d'adieu car le lendemain de nouveaux adhérents devaient arriver, tandis que la moitié de ceux qui étaient présents devaient repartir. Je me rappelle toute la douceur de cette soirée d'été dans cette baie enchanteresse de Santa Giulia. Nous nous étions réunis autour d'une immense sangria sur la plage. Je me mis à réciter quelques poèmes que j'aimais : Verlaine, Baudelaire. Puis vinrent les chansons que nous entonnions tous en chœur. Et enfin, ce fut l'heure de « refaire le monde », donc de parler du Club, de Gérard, du passé et du futur. Je dis ma passion pour le Club. Tata, à son tour, me confia la sienne et m'expliqua le rôle que le Club avait joué dans sa vie. Peut-être m'accepta-t-elle vraiment cette nuit-là ? De nouveaux adhérents sont arrivés le lendemain. Pour eux, nous avons improvisé un petit spectacle. Moi, j'essayais d'être partout : aux tables, au bar, au ponton de ski nautique. Je voulais que tout soit joie, harmonie, fête. A la fin du séjour, Tata m'ouvrit tout grands ses bras avant de monter dans le car, m'embrassa et me dit : « Tu sais, je suis d'accord : tu peux toi aussi diriger le Club. »

Le bilan de l'été tourmenté fut mitigé : les installations en Corse étant inutilisables, nous avons durant toute la saison aménagé, bricolé, camouflé. Heureusement, il y eut des compensations : le site, la plage, la qualité de la table, l'excellente école de ski, et puis nous fûmes replongés dans l'atmosphère de fantaisie et d'improvisation de nos premières années. C'était un retour à nos origines, une expérience de jeunesse. Devant ces circonstances, les G.M. témoignèrent d'une extrême indulgence et firent corps avec le Club.

Au début des années 60, nous avions l'impression, Gérard et moi, que plus rien ne pouvait nous résister. On avait un tel succès, une telle confiance et une telle fidélité de nos adhérents ! On s'implantait dans le monde entier, de Tahiti à la Yougoslavie, et on commençait à s'intéresser au marché américain. Rien ne nous arrêtait. Les adhérents payaient par contrat leurs vacances très à l'avance, au mois d'octobre pour l'été suivant, et cela nous faisait une trésorerie pléthorique, dès le mois d'octobre.

Nous avons vécu plusieurs années dans cette atmosphère d'euphorie jusqu'au jour où j'ai quand même pris un crayon et un papier, et où j'ai fait la somme de nos engagements. J'ai compris alors que nous allions dans le mur. L'urgence était de respecter nos engagements vis-à-vis de nos adhérents et de leur fournir les vacances qu'ils nous avaient payées par anticipation. Or nous avions déjà investi cet argent pour faire de nouveaux villages et pour financer un bateau de plongée. Paniqué, j'appelle Gérard qui était à Tahiti : « Gérard, cela ne va pas, on va à la catastrophe. » On décide de se retrouver à mi-chemin, à Los Angeles. On passe la nuit dans une chambre d'hôtel et je sors les chiffres. « Mais Gilbert, vous êtes sûr ? — Oui, vous avez dépensé tant, moi j'ai dépensé tant, on va devoir payer le reste. Comment arriver au mois de juin sans un sou en caisse ? Plus de quoi payer le pain, le vin, le lait, le beurre, la viande, le fromage, les salaires. » La seule solution était de trouver un riche capitaliste. Nous voilà Gérard et moi à la recherche de la banque salvatrice, enfin du milliardaire sauveur, bienfaiteur, acceptant de devenir propriétaire d'une entreprise qui marchait mais qui était ruinée. Nous risquions la prison, et de voir disparaître notre rêve, ce qui était d'autant plus humiliant qu'aux yeux du monde on incarnait le succès et on disposait d'une confiance illimitée. On se casse le nez dans toutes les banques, et puis, comme par miracle, arrive Edmond de Rothschild.

Cinquante personnes racontent qu'elles ont joué le rôle principal dans cette alliance. Qui fut la première ? Je sais qu'Edmond avait découvert notre village d'Israël et qu'il avait été charmé. Quand on est riche, ce n'est pas banal d'être encore charmé. Son expert-comptable, un type formidable qui s'appelait Marc Beaucourt et qui fut ensuite notre expert-comptable jusqu'à sa mort, m'a raconté : « Edmond m'a dit : “ Allez voir ces garçons-là pour savoir ce que c'est que cette histoire. Ils sont très attachants, mais je veux savoir où je mets les pieds. ” » Je crois que ce qui nous a sauvés c'est que nous avons été honnêtes. Nous avons dit la vérité à Beaucourt, nous lui avons dit : « Ce que vous allez voir dans les livres n'est pas le reflet de la réalité, il y a encore des factures qui doivent arriver des constructeurs des villages, et les chiffres ne font pas apparaître que nous avons investi pour un milliard de centimes. » Cet homme a apprécié notre franchise, d'autres auraient pu la trouver imbécile. Nous aurions gagné six mois mais perdu sa confiance. Il fit son rapport à Edmond, un rapport très élogieux sur le thème : ce sont des hommes honnêtes, disposant de talent et de courage mais de très mauvais gestionnaires. Contrairement à ce qu'il avait pu craindre, il n'y avait aucun détournement, aucune dissimulation. Nous avions des salaires de misère, et de plus, on se payait par acomptes. Gérard avait quatre enfants, j'avais quatre enfants, nous ne vivions pas dans la misère, mais pas non plus dans l'abondance. Tout était juste, on voyageait en deuxième classe, on faisait attention à tout, tout le temps. Donc notre chance fut d'être sincères, Beaucourt crut en notre sincérité et sut la transmettre à Edmond.

Edmond nous a payé à chacun 5 millions de nouveaux francs pour acheter nos actions. Ce chèque est resté entre nos mains le temps de traverser la rue et d'aller le déposer à la banque. Edmond nous a sauvés de la faillite. C'était une question d'heures. J'étais au bord de la crise de nerfs, mort d'épuisement. C'était en avril, au début du printemps. A mon tour, et pour la première fois, je me suis autorisé à partir en vacances avec ma famille. Edmond nous a été d'une fidélité formidable y compris dans les moments difficiles. Il a toujours été là, quitte à nous engueuler : « Ne faites pas cela », mais si on ne l'écoutait pas et qu'il s'avérait que nous avions eu tort, il ne nous en voulait pas. Edmond a été la chance de ma vie, de notre vie.

Edmond de Rothschild entrait donc dans le Club comme grand actionnaire. Nous avions alors en transit quelques actionnaires qui possédaient des pourcentages faibles mais qui avaient fait le succès du Club puisqu'ils nous avaient permis d'entreprendre des opérations grâce à leur intervention financière et d'avancer dans nos projets. Parmi ces actionnaires, il y avait un gars avec qui j'étais déjà en relation quand je m'occupais de camping et qui s'appelait Léon Winter. Je crois qu'il s'était dit qu'il y avait peut-être moyen de gagner un peu plus et un peu plus vite de l'argent, et il m'a amené à subir une opération qui a conduit le Club à être introduit en Bourse, un mécanisme que je n'ai jamais compris. Donc, il prend un certain nombre d'actions et il les met en Bourse. Le Club se trouva coté sans qu'aucun des organes de direction de l'entreprise n'ait pris la décision de le faire, en tout cas ni le directeur que j'étais, ni le Conseil d'administration où Edmond et son équipe détenaient de loin la majorité. Le résultat pratique ne se fit pas attendre : j'ai demandé à ce monsieur de démissionner du Conseil d'administration du Club, mais nous étions déjà entrés en Bourse par cette porte dérobée. A partir de ce moment, nous nous sommes structurés pour être normalement cotés, comme n'importe quelle entreprise, à la Bourse. Un travail sérieux de préparation a commencé, dirigé par Olivier Michel, notre directeur général financier, et Marc Beaucourt, et avec les équipes d'Edmond. Le Club est sorti de cette situation non désirée. Assez vite il obtint un bel accueil, coté au marché au comptant, puis au marché à terme, avant de figurer, consécration suprême, au fameux CAC 40 qui représente les quarante plus belles actions de la place française. Nous nous trouvions parmi ce qu'on appelle les valeurs de croissance. A l'époque, il existait une véritable cote d'amour pour le Club, mais, bien que l'entreprise bénéficie de cette position très flatteuse, il y avait dans une même année, entre le cours le plus haut et le plus bas, des écarts de l'ordre de 40 %, sans que jamais on puisse m'en expliquer les raisons. Rien dans la marche de l'entreprise ne pouvait justifier que cela baisse ou augmente de façon aussi importante. Vingt-cinq ans après, cela reste un mystère pour moi.

Chaque année, nous comparaissions devant des analystes financiers pour faire le point de l'entreprise au moment où le bilan était présenté en Assemblée générale. La première fois où j'ai fait cet exercice de style, les analystes financiers ont dit que je les avais pris pour des G.O. du Club Méditerranée et que je m'étais moqué d'eux. A leurs yeux, il était tout à fait inacceptable que j'aie pu faire un exposé si enthousiaste, un peu maladroit aussi, mais si sincère que brutalement le directeur financier m'a interrompu : « Vous savez, nous sommes tous réservés à la baisse. — Ça veut dire quoi ? lui ai-je demandé. — Ça veut dire que vous avez réussi votre numéro, le titre est jeté sur le marché et l'action Club Méditerranée mise à la vente et, comme beaucoup le mettent à la vente et qu'il n'y a pas d'acheteur en face, le titre est à la baisse, mais la baisse sera de 7 %. Grâce à mon talent de conteur financier, le titre qui se portait très bien la veille se cassera la figure le lendemain. J'en tirai une formidable leçon de morale que je n'oublierai pas de sitôt : parler à des gens que l'on ne connaît pas dans des termes qu'ils n'acceptent ou qu'ils ne comprennent pas est une faute. Les analystes financiers ont un processus de pensée qu'il faut être capable de maîtriser, d'analyser. Je ne suis pas sûr qu'ils aient eu tort, ce dont je suis sûr c'est que je n'ai pas eu le talent de me faire accepter par eux. La même aventure s'est passée avec quelques journalistes touristiques, qui me haïssent ou me détestent. L'un d'eux m'a qualifié de « comédien dans l'âme ». J'ai d'abord été un peu vexé, et puis j'ai pensé que c'était plutôt un atout de conserver quelques vieux ferments de comédien : la vie est faite de comédie, et ce qui m'est arrivé au Club fut une perpétuelle « commedia dell'arte » et une « bella storia ».

Chapitre 5

LE DROIT À LA PARESSE

Bronzer idiot ! Oh oui, que cela est bon, après une année de travail intensif, de stress et d'angoisse, d'aller s'allonger sur les plus belles plages du monde et bronzer, les doigts de pieds en éventail ! Le Club n'a-t-il pas été l'un des premiers à revendiquer le « droit à la paresse » ? Il faut respecter ces G.M. qui ne viennent au Club que pour cela : la mer, le soleil, la bonne table et le reste. Il faut aussi savoir que ces adeptes du bronzage ont d'autres envies, d'autres attentes. Le Club a su y répondre depuis sa création, que ce soit par sa découverte des pays, ou par ses activités du Forum.

Dès les premiers villages, le Club a incité les G.M. à découvrir les pays d'accueil, un peu pour de basses considérations matérialistes, beaucoup pour cette envie de partager le bonheur de découvrir des sites et des hommes vivant ailleurs. On découvrira la Grèce à partir de Corfou, ou Israël depuis d'Arziv. On cherchera à être innovant avec des circuits où tout était compris, ce qui fut une première, on lancera à la fin des années 50 des randonnées, sortes d'excursions au cœur de villages, avec logement chez l'habitant pour mieux le comprendre. Et, comme Didy expliquera que ce type d'aventures comporte des risques et n'est pas fait pour tout le monde, chacun voudra en être, en reviendra exténué et en fera des exposés tellement incroyables à ceux qui n'y sont pas allés que les inscriptions s'amplifieront !

On partira traverser le désert du Sahara, d'Agadir à Djerba, ou le Mexique, de Playa Blanca à Cancún. On abandonnera les autocars pour des véhicules plus simples que les G.M. devront conduire eux-mêmes. Les Max, Lydie, Pat et bien d'autres chercheront à innover en permanence. Mais, là aussi, un facteur inévitable interviendra, l'argent. Au Club, bien sûr, on s'efforcera d'en gagner un peu sur cette activité, mais une fois les groupes partis, la mission des accompagnateurs sera de faire découvrir des sites que les autres n'ont pas encore vus, ou de les faire découvrir à des horaires évitant les grandes affluences.

Quand, dans le monde classique des tours-opérateurs, le véritable intérêt des circuits réside dans les commissions perçues sur les achats d'artisanat local, le Club, lui, a cherché ailleurs sa motivation, et les G.O. étaient formés et sensibilisés en conséquence. C'est bien évidemment pour cette raison, pour le respect du pays et du G.O., que nous avons toujours voulu gérer cette activité en direct.

L'autre domaine d'ouverture sur les pays et sur le monde fut le Forum. A côté de l'animation classique, il fallait attirer l'attention des Gentils Membres sur le monde et ses problèmes. En 1964, Gérard, Louis Pauwels de la revue *Planète* et moi-même, après un grand exercice de séduction générale, décidons que le village de Cefalu deviendra le centre de la créativité du Club.

Maurice Siegel, patron de l'information à Europe 1, viendra débattre face à des centaines de G.M. passionnés du monde de la communication. Les deux architectes Couelle et Candelis viendront discuter d'une nouvelle architecture de vacances. L'aventure avec *Planète* terminée, Geneviève Bailhac du théâtre d'Alger, puis Roland Dhordain, futur patron de l'ORTF, dirigeront cette activité. On verra même Paul Thorez, le fils de l'ancien secrétaire général du Parti communiste, à l'œuvre dans les villages du Club. Grâce à Lydie, de jeunes photographes, metteurs en scène, comédiens, viendront trouver au Club soit un espace de créativité, soit un public, soit tout simplement un lit et un bon repas. A l'opposé des dollars, du strass et des paillettes, cette activité laissée un peu dans l'ombre a su séduire de nombreux G.M.

Les plus doués, les moins timides s'entraîneront des heures entières pour LE spectacle du Club. C'est le clou de la semaine, le point d'orgue, le moment de bravoure des G.O., que tous les adhérents attendent. Mais le rideau s'ouvre, le spectacle commence, les premières paillettes brillent sous les projecteurs ; accompagnés par les chansons de Frank Sinatra, d'Ella Fitzgerald, nos comédiens dansent et se trémoussent. Pour la première fois, de jeunes chanteurs viendront aussi se produire en direct. Gérard Lenorman, charmant, fera au Club ses premières armes qui se transformeront en triomphe, et des talents de conteurs, comme celui d'Alex Métayer, Chef de village, naquirent au cours de ces soirées délirantes. Naturellement, Alex quittera le Club, et fera la carrière que l'on sait. Mais sans la fidélité et la confiance que lui témoigna son premier public des membres du Club, aurait-il su que ses dons le prédestinaient à la scène ? Plus tard, Lagaf', Pascal Brunner et bien d'autres se révéleront au Club. L'inflation dans le délire, le comique, le baroque de nos soirées ne cessa d'augmenter. Toutes les exagérations furent non seulement permises mais encouragées : plus de strass, plus de paillettes, nous demandaient nos animateurs chaque été. Qu'à cela ne tienne ! Le Club acheta tous les costumes des théâtres parisiens, du Paradis Latin, des Folies-Bergère au Châtelet. Les animateurs ne se déplaçaient plus qu'avec d'énormes malles. Pis, ils exigeaient que malles et costumes les suivent chaque fois qu'ils changeaient de village, bien entendu. Certains devenaient de véritables stars, réclamant de vrais équipements de scène professionnels. La seule solution ? En passer par leurs caprices. La soirée bricolée se transforme en méga-show à l'américaine. Les infrastructures techniques deviennent démoniaques, chaque idole nous expliquant que sans ces conditions minimales, elle ne peut donner libre cours à son talent ! Va pour les lumières, va pour les projecteurs, va pour les décors, va pour les costumes ! Tous les soirs, le Club se transforme en Casino de Paris ou en Moulin-Rouge... L'influence de Broadway et des comédies américaines se fait sentir. Les grands succès des villages seront alors *Hair*, *Chantons sous la pluie*, *West Side Story*. Pendant des années, nous danserons sur la musique de *Strangers in the night*...

Et puis arriveront les grands talents français, et peut-être le plus grand de tous, Jacques Brel, avec *l'Homme de la Mancha* : ce formidable spectacle fera la gloire d'un grand Chef de village, Marc Tombez, et le triomphe d'Ali Imane, rentré à 17 ans comme serveur au Club d'Agadir, et devenu l'un des plus grands Chefs de village du Club.

L'animation dans ces années-là s'incarne d'abord et avant tout dans la personne et le personnage du Chef de village. Il ouvre la cérémonie, intervient deux, trois fois au cours de la soirée. Il chante, il joue, et bien entendu à la fin du spectacle, il présente toute son équipe. Il possède le don de les faire tous applaudir avant que les adhérents, debout, ne lui fassent une ovation. Il descend alors de la scène et encourage chacun à chercher sa partenaire pour ouvrir le bal.

La fête va souvent durer très tard, et les vacanciers qui doivent partir, pour ne pas perdre une heure de bonheur, vont rester avec nous jusqu'au moment où ils sont contraints de monter dans le car, non sans avoir entonné les chants de remerciements à l'intention de leurs bienfaiteurs qui ont fait leur joie pendant toutes les vacances. Le départ a souvent lieu dans les rires, dans les larmes, et dans les promesses, hélas pas toujours tenues, de se revoir bientôt.

Et puis vint celui que l'on peut appeler encore aujourd'hui « le chauve le plus sympathique de France ». Jacques Giraud est un garçon qui a un charme fou, une sagesse foudroyante et une opiniâtreté extraordinaire. Il venait de divorcer et de se remarier. C'est un grand patron de l'automobile française et il est venu avec nous, pour nous aider, au poste de directeur général en charge du commercial. A cette époque-là, notre comptabilité était dans un désordre effrayant, beaucoup d'adhérents nous devaient leurs vacances que l'on ne savait pas leur réclamer. Jacques, en prenant la direction, a redressé la comptabilité et réorganisé l'informatique. Il nous a sortis de la pagaille indescriptible dans laquelle nous nous trouvions depuis des années et nous a remis à flot. Puis, après avoir organisé les comptes adhérents, il a pris pleinement et avec talent l'intégralité des charges de toutes les activités commerciales.

André Regad, lui, a été le grand patron des exploitations des opérations, avec un caractère très particulier, mais une grande finesse, et une force de travail considérable. Je me déplaçais souvent avec André dans le monde entier. Il a quinze centimètres de plus que moi, une stature superbe, une élégance naturelle. Bref, tout le contraire de moi ! Un beau jour on est invités tous deux officiellement en Malaisie. A l'aéroport, une délégation nous attendait avec les drapeaux. Une jeune fille court vers André, qu'elle prend pour moi, lui met un bouquet de fleurs dans les bras, lui colle deux gros baisers sur les joues, lui présente les ministres et tout l'état-major. André, un peu gêné, ne savait plus quoi faire. Moi, je ne me souviens plus si j'étais en colère ou amusé, mais je restais en retrait. André explique finalement à l'interprète qu'il est seulement le directeur général du Club Méditerranée et que le président c'est le monsieur qui est là derrière, caché. Dans ce quiproquo général, André a joué son rôle avec un humour foudroyant.

C'était la chance du Club de savoir s'amuser, se moquer de soi-même et de ce que l'on représentait. Ainsi, lorsque nous débarquâmes à l'improviste André et moi, le week-end du 15 août, dans le village de Palinuro, le Chef de village décida de nous mettre dans deux tentes qu'il avait plantées juste à côté du bar, pour nous punir d'avoir survendu les lits de son village. Pendant deux jours, nous avons été ridicules. Tout le monde nous voyait ramper maladroitement pour rentrer et sortir de notre tente, sous le regard amusé de nos quatre cents adhérents qui se moquaient de nous.

Et puis, parce qu'il fallait dans notre équipe qu'au moins l'un d'entre nous possède une vraie culture et compétence financières, je suis allé débaucher un jeune banquier, Olivier Michel, associé à la Banque Seligman qui, trop petite, allait fusionner. Il accepta de devenir le directeur général financier.

Tous différents les uns des autres, encore plus qu'on ne peut l'imaginer, nous étions intimement soudés par ce Club qui nous portait bien plus que nous ne le portions.

Chapitre 6

LE MYTHE DU CHEF DE VILLAGE

Beaucoup de G.O. venaient au Club pour être Chefs de village. Le Club les embauchait comme G.O. saisonniers au SMIC, mais dans leur tête ils voulaient déjà devenir Chefs de village. Pourtant, il existait le poste de patron de l'Animation, patron du Sport, patron de l'Economat, patron de la Cuisine, patron de la Gestion, mais le poste le plus convoité demeurait celui de Chef de village.

Le Club a attiré des filles et des garçons qui souhaitaient venir travailler dans un décor de rêve, parler d'égal à égal avec des gens plus ou moins importants, mais tous partageaient le rêve de devenir Chef de village. Là résidait notre force, presque notre machiavélisme, car nous leur faisions comprendre qu'ils pouvaient le devenir. Gentil Organisateur, donc. Nous avions choisi ce mot « gentil » car nous étions la gentillesse de l'âme. La gentillesse, c'est l'œil qui brille, avec ce sourire et cet esprit d'ouverture, ce souhait de comprendre, d'écouter l'autre. Comment imaginer un bonheur plus fou que de vivre dans un décor idyllique, face à la mer, et de faire partager votre joie ? Cela vous amène bien souvent à vous montrer gentil. Générosité de l'air, de la lumière, mais aussi de la table. Tout vous est offert et aucun compte ne vous sera demandé. Je peux manger quatre croissants si j'en ai envie, personne ne va me demander pourquoi. Ce confort, cette facilité des choses vous aident à devenir gentil...

Le mythe G.O. a commencé ainsi à exister. De ce mythe que les femmes du Club ont contribué à créer, certaines sont devenues amoureuses... Le G.O. tourne les cœurs, c'est sa nature, sa fonction. Nous sommes nés en même temps que la contraception, et nous avons profité amplement de cette libération des mœurs. Nos mères, grands-mères, arrière-grands-mères ont été des esclaves de l'homme. Au Club, nous avons réalisé cette révolution : la femme décidait enfin de son plaisir, le plus naturellement possible, sans être jugée pour autant. Cela nous a rendus, nous les hommes, à la fois moins forts et plus lâches. Nous n'étions plus responsables ni décideurs. Cette libération a peut-être créé des exagérations. Beaucoup ont appelé cela l'orgie de la jouissance ! La marge est très étroite entre la liberté et la licence. L'amour au Club a été un révélateur gigantesque. Le Club a eu le goût de l'amour, de tous les amours, de l'amour légitime mais aussi de l'amour comme fruit défendu. Le goût de ce fruit reste longtemps dans le cœur et le corps. J'ai vu aussi des couples se défaire avec intelligence. Quel plus beau cadeau l'amour peut-il vous faire ? Nous avons vu des couples mal mariés, unis sur un coup de foudre mais sans aucun lien dans leur vie quotidienne, qui parvenaient à se tolérer au cours de l'année, quand chacun travaille et partage peu, quand on rentre fatigué, qu'on fait l'amour de temps en temps, vite et mal, et que la vie continue. Puis brutalement arrivaient les vacances, le temps de la coupure, de la remise en question. L'homme allait se casser la gueule au ski nautique et se disait : « Oh que je suis maladroit, que je suis gros et moche. » La femme ruminait : « Comment vais-je passer ma vie avec ce minable ? Ce n'est pas possible, je suis mal embarquée. » J'ai observé ce scénario d'innombrables fois. J'en connais les étapes, les crises, les atermoiements, la fin inéluctable. J'ai réussi à devenir l'aimable conciliateur de ruptures. Je leur disais à tous deux : « Vous ne pourrez pas vivre heureux l'un avec l'autre, c'est formidable que vous le compreniez maintenant, avant que vous n'ayez des enfants. » Certains m'ont remercié.

Le Club est un endroit où chacun de nous apparaît dans sa vérité, un révélateur de comportements et de sentiments. Dans la vie de tous les jours, je peux tricher. Au Club, je vais apparaître tout nu, pas seulement sans vêtements, mais net, visible à l'œil nu. Si je revendique ma responsabilité dans certains divorces réussis, je suis encore plus fier d'être à l'origine d'un nombre considérable d'unions heureuses. Je suis le parrain de nombreux enfants et à la tête d'une nombreuse tribu conçue au cours de nuits langoureuses où certains ont enfin trouvé leur équilibre personnel, sensuel, intellectuel, sexuel, tant chez les G.M. que chez les G.O. Les G.O. les plus fins ont pris du Club tout ce qu'il pouvait leur apporter, cette espèce d'élargissement, le sens du contact avec l'autre, cette promptitude à aller à l'essentiel. Nombreux sont les anciens G.O. jouant des rôles importants en France et à l'étranger, dans le monde des affaires, du spectacle ou dans la sphère politique. On peut construire sa vie à partir de cet acquis supplémentaire grâce à son talent, à son don de se réaliser, que ce soit dans le Club pour en devenir l'un des responsables, ou ailleurs pour construire sa vie.

La période d'envol du Club s'est construite autour de deux axes forts : la définition du rôle de Chef de village, et le nouveau style de vie que nous voulions proposer aux adhérents. Ce sera l'une des périodes les plus intenses de ma vie. Tout fut conçu et délibéré. Dès l'origine, les Chefs de village représenteront les phares de notre Club.

Didy, la sœur de Gérard, et Dima Filipoff furent les deux monstres sacrés de cette nouvelle profession, chacun dans son style. Dima Filipoff, enfant russe, très gâté probablement jusqu'en 1917, élevé comme un prince puis venu en France, créateur du premier village de toile en 1934 à Saint-Tropez, fut le véritable initiateur de ce nouvel art de vivre et de recevoir de manière généreuse et quelquefois ostentatoire. Je garde le souvenir des trois jours passés au Club de Baratti que dirigeait Dima.

Dans ce village de toile où personne n'était riche, où tout le monde avait payé trois sous pour passer quinze jours de vacances, nous avons vécu comme des princes russes d'avant la révolution. Nous avons nagé dans le caviar et la vodka pour fêter l'anniversaire de Dima. Je devenais fou d'inquiétude à cause de tout cet argent que l'on mangeait et buvait. Je savais que le lendemain nous serions endettés pour longtemps, mais il était hors de question de protester : c'était l'anniversaire de Dima, le prince recevait, et nos adhérents qui s'attendaient à manger des pâtes et des pommes de terre, ont vécu, éberlués, ces jours d'ivresse insensés. Chaque fois qu'un Gentil Membre croquait un toast de caviar, je me disais : « Comment on va faire pour subsister après-demain ? » Et Dima, somptueux de générosité et d'inconscience, continuait cette fête. A partir de ce jour, aux yeux des adhérents, il est devenu le Prince Russe pour l'éternité. Les lendemains furent difficiles. Je suis allé voir les fournisseurs et j'ai négocié pour étaler sur douze mois le paiement des factures. Mais Dima avait raison. Ces moments de fête se sont inscrits à tout jamais dans la légende du Club. Dima est resté très longtemps chez nous.

Didy est devenue rapidement la reine de Corfou, elle avait un port de reine, l'allure d'une reine. Tous les hommes tombaient amoureux d'elle. Plus organisateurs, mais aussi gentils, Thérèse et Jean-Pierre Becret ont forgé, eux aussi, un style efficace de couple Chef de village. Leur style fit école, et Roger et Marcelle Caillet suivirent.

Puis est apparu ce jeune garçon qui était horloger de métier. Il s'appelait Jean et était d'origine arménienne. Il vivait avec sa guitare et possédait un sourire et un charme inimaginables. Ces quatre monstres, chacun dans leur style, ont créé pratiquement toutes nos écoles.

Les mots habituels pour définir les rapports hiérarchiques dans une entreprise, comme directeur d'établissement, client, employé, personnel, ne correspondaient pas à notre réalité. Tout de suite, les personnes du Club se sont senties appartenir à une tribu. Cela s'est fait naturellement, sans calcul, sans système. S'il n'y avait pas de directeur, il y avait des responsables du recrutement, des finances, de l'économat. Le Club se constitua progressivement comme une myriade de tribus avec, à la tête de chacune, un chef et son territoire, ses cadres, ses rites. Ainsi, chaque Chef de village souhaitera-t-il revenir d'année en année sur son site qui se transformera en fief. L'identification du Chef du village avec un lieu, un pays, fit que chacun d'entre eux fut vite considéré comme une véritable personnalité du pays. Aucun ne souhaita changer d'affectation. Princes ils étaient devenus, princes ils entendaient rester.

Cette situation nous posa vite un problème. Je me rendais compte qu'ils étaient des stars, en quelque sorte propriétaires de leur clientèle. Certains adhérents venaient s'inscrire en demandant : « Où est Didy cette année ? Où est Dima ? Où est Jean ? » La plupart restaient simples mais quelques autres considéraient que le Club n'existait que par eux et se montraient prétentieux, arrogants, se comportaient parfois en propriétaires du lieu.

Les Chefs de village étaient des seigneurs, mais des seigneurs temporaires ne disposant d'une puissance et d'une autorité que trois, quatre mois par an. Le reste du temps, ils étaient sans pouvoirs, n'avaient ni cour, ni admirateurs, ni admiratrices, ni personnel. Ils passaient du statut de maître absolu à l'anonymat le plus complet. Ce changement brutal en perturbait plus d'un. Il nous a fallu briser cette illusion de propriété attachée au privilège et user de sévérité dans nos recrutements.

Claudine Blitz avait un réel talent pour recruter le « monstre », elle avait un flair exceptionnel. Elle voyait, même si rien n'était visible au premier contact. Elle observait le regard, le comportement, et savait détecter la puissance créatrice ou émotionnelle chez des personnes à qui d'autres n'auraient pas donné leur chance.

Lors de la première époque de recrutement, nombreux furent les déracinés, tous ces gens dont la guerre avait fait à la fois des survivants miraculés et des paumés de la vie, qui tous avaient envie de repartir de zéro. Ils apportèrent au Club leur force et leur énergie.

Moi, j'étais à l'affût de ces êtres au passé tourmenté qui avaient été contraints de se créer de nouvelles racines. Peut-être est-il plus commode de se fabriquer un avenir quand on vous a coupé de votre passé. Si les Chefs de village avaient tous une histoire singulière, compliquée, les adhérents vivaient eux aussi comme des Français un peu en marge. Ce n'est pas par hasard si, au Club, il n'y avait pas de fonctionnaires – ou très peu – mais des professions libérales et des adhérents au naturel un peu aventureux. Ce n'est pas non plus par hasard si la première vague des adhérents fut constituée de minorités juives, protestantes. Dès leur arrivée au Club, ils n'étaient plus minoritaires car nous étions tous minoritaires. Chaque fois qu'une majorité surgissait, l'ambiance du Club devenait tumultueuse.

Charly Benillouz, Chef de village à Cefalu, en Sicile, durant une saison, l'a vécu le jour où de nombreux Français venaient de partir. C'était un dimanche, ceux qui arrivaient étaient presque tous des Italiens. Dès le lundi matin, nos amis Italiens s'étaient constitué un véritable gouvernement avec un représentant syndical, qui alla voir Charly et lui dit : « Maintenant c'est terminé, c'est nous qui sommes les plus nombreux, alors nous voulons des pâtes midi et soir, et nous voulons un animateur italien. » Ils avaient été adorables en tant que minoritaires, et devenaient intolérants en groupe majoritaire. D'où la nécessité de détecter et de former des Chefs de village capables de résister aux pressions.

Le Club formait et préparait systématiquement les Chefs de village à affronter des situations multiples. Puis, le Chef de village en place commençait à détecter ceux qui pouvaient devenir de vrais responsables, des chefs, chef de voile, de plongée sous-marine, chef d'économat et chef animateur, et potentiellement Chef de village. Après cette première sélection, il nous faisait son rapport, à la fin de la saison, et nous informait des personnalités qui, parmi les G.O., pouvaient, selon lui, devenir à leur tour Chefs de village. Ceux-ci partaient dans un autre village dont le Chef donnait à son tour son avis. Quand on avait alors acquis une quasi-certitude, je demandais à André Regad, responsable des opérations, de les rencontrer sur place. Il revenait et me disait : « Gilbert, cette fille-là va être extraordinaire. »

La qualité principale demeurait à mes yeux une disponibilité totale. Quand l'ancien G.O. avait passé tous les rites d'initiation, commençait alors pour lui un long périple. Devenir Chef demandait cinq à sept ans. Pendant les premières années du Club, toute cette formation se passera dans les villages. Quelques années plus tard, Charly et Serge perfectionneront le système en retirant « l'élu » des villages pour commencer sa formation. Lors des années fastes, il pouvait lui arriver de partir dans une université américaine, puis de séjourner à New York où le Club lui demandait d'aller à Broadway, pour comprendre les mécanismes des spectacles et faire l'apprentissage de la fête américaine. Ensuite, il allait se perfectionner à Londres avant de regagner Paris, où il commençait par un stage dans un restaurant pour terminer par une initiation à la gestion. Souvent aussi, je m'arrangeais pour qu'ils partent un mois en Italie en raison de la fantaisie et du charme italiens. Ils y apprenaient ce que l'on a envie de manger, comment on est avec l'autre, comment fonctionne la presse de ce pays, comment on fait un journal, comment on transforme une nouvelle, comment d'une nouvelle fausse on fait une nouvelle vraie, parce que dans la vie d'un village la rumeur compte et qu'il est important de savoir la maîtriser.

Les Chefs de village deviendront au fil du temps des diplomates projetés dans un monde politique chaque jour plus compliqué. En plein drame de la Nouvelle-Calédonie, Amal Benaïssa, le Chef de village, rencontrera Jean-Marie Tjibaou, responsable de l'opposition. Celui-ci, après avoir été séduit par le Club, lui demandera de rendre visite aux villages concernés par l'arrivée du tourisme, et saura expliquer aux chefs de tribu les réalités de notre métier.

Teddy Kolleck, maire de Jérusalem, demandera à un Chef de village algérien en poste à Arziv de venir monter un spectacle dans sa ville symbole.

Bellings, lui, sera envoyé en Australie lors des événements de Byron Bay, au moment où le Club souhaitait s'implanter dans l'un des plus beaux sites de ce pays, et où chaque soir des écologistes en colère défilaient avec des pancartes « CLUB MERDE ». Il saura chaque soir dans les pubs de la ville, grâce à sa sobriété légendaire et à sa magie du verbe, trouver les moyens de retourner la situation en notre faveur.

Ces Chefs de village deviendront un objet permanent de convoitise. La concurrence s'amusant à nous copier, des buffets aux colliers-bar, en passant par les spectacles, les questions-café, ou les formules mini-Club, ils seront à ce titre souvent sollicités par des hôteliers ou restaurateurs cherchant à reproduire chez eux les ingrédients du succès. A ce jour, personne n'y est encore parvenu. Il semble bien qu'une des forces essentielles du Club était la relation exceptionnelle qu'ils entretenaient avec leurs dirigeants, des interlocuteurs qui pouvaient comprendre leurs problèmes parce que eux-mêmes avaient vécu leur expérience quelques années auparavant.

Pour maintenir un certain feu sacré et une curiosité permanente, je réunissais les Chefs de village une à deux fois par an, à Pompadour. C'était pour moi l'occasion d'écouter leurs attentes, de leur faire partager l'évolution du Club. Serge, dans les années 80, perpétuera la tradition et je viendrai souvent me joindre au groupe. Quelques orateurs prestigieux sauront les faire profiter de leurs expériences. Andrée Michelle Rubinstein fut l'une des premières à y intervenir. Elle leur expliqua l'importance de leur tâche, les notions de bonheur, elle leur fit prendre conscience de l'incroyable dimension affective régnant dans le club, et leur exposa avec des mots justes le rôle de la tribu et la responsabilité de son chef.

Antoine Riboud, fondateur de Danone, nous galvanisait tous avec des mots simples et efficaces sur la vertu de l'entreprise, nous donnant l'envie de suivre son exemple. Jacques Attali, improvisant à Pompadour sur les lettres de l'alphabet un avenir à la fois prospectif et angoissant qui deviendra, quelques années plus tard, ce surprenant *Dictionnaire du XXIe siècle*. Nous apprenions dans la fête et la simplicité et nous étions des élèves, des étudiants d'un enseignement multidisciplinaire. L'un des intervenants les plus intéressants fut certainement Honoré Bonnet, ancien patron de l'équipe nationale de ski, qui nous rendit visite au Mas d'Artigny. Il nous expliqua, au cours d'une allocution brillante et émouvante, comment l'Equipe de France était tombée à son plus bas niveau, à la suite d'une décision de la Fédération qui avait éliminé, pour d'obscures raisons, toutes les stars et tous les champions. Les jeunes, n'ayant plus la possibilité de suivre la trace de leurs aînés, étaient en manque de repères et s'étaient perdus à leur tour.

De ce jour, on mit un point d'honneur à ne jamais couper le Club de ses traditions et de ses anciens qui en avaient écrit l'histoire, et qui pouvaient aider les nouveaux à imaginer l'avenir.

Ces équipes, d'où qu'elles viennent, seront un doux mélange de folie et de discipline quasi militaire. Les G.O. seront prêts à tout pour satisfaire leur Chef qui devient souvent un mythe. Quelques grands personnages donneront à ce métier ses lettres de noblesse.

Didy Blitz est l'une des trop rares femmes à avoir exercé ce métier. Elle a su donner vie à l'hédonisme de son frère Gérard, et Corfou, sous sa direction, avec ses Tahitiens musiciens et chanteurs, ses très nombreux caïques, son personnel grec dévoué corps et âme, ses beaux G.O. et ses curieux Olympiens, fut un mélange de Polynésie et de Grèce. A la fin des années 60, elle ouvrit le village d'Agadir, et assura avec talent une transition délicate pour le Club.

Jean Balandjian saura, par sa légendaire gentillesse, séduire G.O. et G.M., suscitant de nombreuses vocations parmi ces derniers. Il décidera de quitter le Club trop tôt, pour se retirer à Pernes-les-Fontaines, faisant de ce magnifique village proche d'Avignon un haut lieu de pèlerinage ouvert à tous ceux qui viendront aux sources du Club.

Pops, au physique de géant gaulois, sorte d'Obélix, régnera de longues années sur le village de Santa Giulia, en Corse, qu'il modernisera en y construisant des cases camarguaises, et une clientèle de fidèles viendra, été après été, partager avec lui une certaine idée du Club Med à la française.

Avner, personnage hors du commun, israélien, contestataire, donnera au Club un nouveau sens de l'aventure avant de se retirer sous sa tente dans le désert du Néguev.

Natacha apporta le charme russe, Bernard Pollack jeta un brin de folie musicale, Pierre-Jean Laplace fit couler à flots le champagne à Agadir, et Jojo, disparue beaucoup trop tôt, dispensa charme et sensualité.

Tous ces hommes et ces femmes attireront longtemps une clientèle qui aura à cœur de les suivre de village en village. Les G.M. ne s'inscriront que pour suivre leur Chef préféré. Il y aura ainsi quelques stars, et le Club saura avec beaucoup de talent tirer parti de ce phénomène pour remplir les villages à faible occupation. Les Chefs de village s'amuseront à chercher parmi ces G.M. ceux qu'ils estimeront dignes de devenir G.O., et qu'ils intégreront à leurs équipes. Ceux qui n'ont pas la stature pour diriger les grands villages seront orientés vers les villages satellites de Parga, Lipari, refuges des G.M. trouvant certains villages trop grands.

Ces personnages ne sont parfois pas dénués de folie. René Hallemans s'amusera à embarquer G.O. et G.M. de son village de Caprera, en Sardaigne, pour aller envahir le village de Santa Giulia en Corse, oubliant douane et immigration. Il s'amusera aussi à faire prisonnier le Chef de village et ses G.O., et proclamera le rattachement de la Corse à la Sardaigne.

Jean-Pierre Batard mit en émoi la très conservatrice gare de Saint-Moritz, en Suisse, en déguisant des centaines de G.O. et G.M. en militaires, simulant une invasion dans ce pays à la neutralité légendaire.

Quant à moi, j'ai commis quelques erreurs de nomination, et plus souvent encore d'affectation, qui m'ont été cruellement reprochées. Les G.O. qui avaient des enfants parvenaient à les élever en liberté, jusqu'à l'âge de dix ans, où tout à coup, ces jeunes qui avaient eu la chance d'acquérir une ouverture d'esprit, une curiosité, une aisance, une maîtrise de soi, une agilité physique hors du commun, se mettaient à rencontrer des problèmes dès qu'ils devaient rejoindre la vie scolaire classique, et passer leur certificat d'études, puis leur bac. Ces gosses qui s'étaient baladés à poil, qui avaient marché, parlé plus tôt que les autres, devenaient soudain des inadaptés de la scolarité. Tous les Chefs de village, femmes ou hommes, connaissaient cette angoisse. Nous leur avons donc trouvé des portes de sortie, d'autant plus facilement que le Club grandissait très vite. Il offrait à ces hommes et à ces femmes tout d'abord des postes de chef de pays, puis des postes de commerciaux des pays. Il créait des emplois de cadres supérieurs aussi vite qu'il générait le potentiel de ces mêmes cadres. Il régnait alors une certaine harmonie. Dans le même temps, les femmes et les hommes se formaient à ce métier du Club et le faisaient évoluer et, très vite, des perspectives nouvelles s'ouvraient pour eux. J'ai vécu dans l'enchantement de pouvoir me dire qu'il y avait toujours de nouveaux postes à créer. Mais quelquefois, je n'ai pas pu faire avancer des êtres de qualité, ce qui a créé d'énormes déceptions. Quand vous avez trente ans, que vous travaillez au Club depuis huit ou dix ans comme moniteur et que, brutalement, vous voyez une fille ou un gars qui a été votre élève, votre petit employé, évoluer plus vite que vous, et devenir Chef de village alors que vous en rêvez depuis cinq ou six ans, cela crée de l'amertume. Pendant très longtemps, le Chef de village n'en référait qu'à nous. Les postes tournaient tous les six mois, six mois d'hiver, six mois d'été, mais pouvaient durer des années et des années. A la fin de leur carrière, lorsqu'ils voulaient quitter le village, ils pouvaient briguer le poste de responsable de pays où ils compensaient leur manque de diplômes par un dévouement, une expérience et une disponibilité exemplaires.

Puis le Club fut divisé en quatre zones. Les patrons Amérique, Asie, Europe et Afrique furent nommés.

Chapitre 7

L'ÉLOGE DES PLAISIRS

Manger. J'ai très vite compris que la nourriture était l'arme du succès. A la naissance du Club, assis inconfortablement sur un banc de bois autour d'une table sommaire, et souvent mal stabilisée, on se retrouvait à huit. Le petit déjeuner était copieux bien sûr : pain, beurre, confiture à volonté, et dans les années 50 ce n'était pas toujours ni partout évident, mais que dire du détestable café qui l'agrémentait ! Il était à peu près imbuvable, et gardait hélas le goût de cet ersatz qui me reste encore dans la bouche.

Que de Français se sont mis à boire du thé à la place de notre traditionnel café ! Mais notre chef, le vrai, le premier d'une longue lignée, le maître Jo Bouillon, le formateur par nature payant d'exemple, assisté d'Yvonne, sa femme infatigable et tout sourire, a le premier peut-être, sous le soleil des Baléares, d'Italie ou de Tunisie, fait triompher notre national bifteck-pommes frites. Et comme le camembert, sans lequel nous ne savions terminer un repas, était en ces temps-là introuvable sur nos lieux de vacances, nous le chargions dans nos valises affectées à ce seul usage, et que nous nommions « Les Dugommier » pour éviter toute confusion. Mais les odeurs suffisaient largement à identifier leur contenu, et les douaniers souriants prenaient leur dîme en nature.

Simples, copieux et peu variés, nous posions sur la table les plateaux contenant les huit parts et à tour de rôle les adhérents s'amusaient à servir leurs voisins. Le vin, d'une qualité très moyenne, était bon marché et à l'origine payant. Cette table de cantine améliorée s'enrichira saison après saison. Les hors-d'œuvre apparaissent, les plats se diversifient, et surtout les poissons deviennent de plus en plus présents. Il est vrai que les chasseurs sous-marins conduits par le maître absolu de cette discipline, Marcel Contal, fournissent souvent, au retour de chasses miraculeuses, soupes et fritures de poissons en abondance. Le G.M. consommateur fait souvent une ovation au G.M. fournisseur. Et puis melons, pastèques viennent élargir la gamme des desserts. Baratti et la Toscane enrichissent le Club de familles qui feront souche, les Biaggi, les Etrusco, ces familles de Piombino arrivent au Club avec leurs traditions de gentillesse et cette subtile cuisine toscane que Jo Bouillon intègre et installe triomphante dans les menus du Club. La « pastasciutta » devient l'un des composants essentiels de nos repas.

De l'autre côté de l'Adriatique, la cuisine grecque entre à Corfou avec nos premières moussakas, ainsi que la saveur de ces tomates pulpeuses mélangées aux olives et à la feta. Bien entendu, on mange français, italien, grec, dans l'ensemble de nos villages grecs, italiens, espagnols. L'arrivée de Djerba nous enrichit de ses poissons grillés, de ses merguez et surtout de ce couscous qui deviendra très vite l'un des plats les plus appréciés dans le Club. Les brigades de cuisine se multiplient, Jo Bouillon a formé les Toscans, Boris, le chef de Pakostane, formera, lui, de courageuses et dévouées matrones yougoslaves, qui réussiront à satisfaire les appétits pantagruéliques des sportifs invétérés.

Le vin, tout naturellement, va devenir gratuit, les tables pour huit ne seront plus obligatoires, chacun fera ce qu'il voudra au moment où il le voudra : la formule des buffets consacrera ce désir de liberté des adhérents.

Commence alors une escalade que la créativité des chefs va enrichir dans une compétition frénétique. De ma vie antérieure, je gardais la conviction que l'abondance, enfant de l'organisation, était source d'économies et non de gâchis. Nous en eûmes la preuve très vite. Gratuite, la consommation de vin a commencé à décroître, et est restée étonnamment faible. Même quand le vin blanc est venu s'ajouter au rouge sur nos tables, nous n'avons plus dépassé le demi-litre par jour et par adulte en hiver, et nettement moins en été. Plus surprenant peut-être, la consommation d'aliments solides a suivi elle aussi une courbe décroissante qui ne s'est jamais démentie. Le premier jour, l'assiette n'est jamais assez grande pour contenir ce que l'œil a convoité. Le deuxième jour, le désir de s'en mettre plein la panse décroît déjà pour, au bout de quinze jours, ne se régler que sur le plaisir de manger de manière naturelle et équilibrée, à sa juste faim. J'accorderai toujours une place de choix au dessert, bouquet final de tout repas qui se respecte. Lenôtre, dont je suis l'un des fidèles clients, me fera l'amitié de venir nous aider et deviendra l'ami de tous : des Chefs de village comme des chefs de cuisine. Il acceptera d'assurer la formation de nos pâtissiers. Grâce à lui, la pâtisserie, la boulangerie, les viennoiseries, deviendront des points de force dans l'offre du

Club. La diversité des viennoiseries, celle des pains qu'on dévorera comme des gâteaux, et que nous mangerons à peine sortis du four, encore chauds, avec ce parfum de nos vieilles boulangeries qui disparaissent en ville, et que nos adhérents retrouvaient avec bonheur dans nos villages. Et surtout, cette farandole de gâteaux offerts à notre gourmandise excitée, ce long buffet qu'on parcourt lentement, que les yeux dévorent avant même de choisir.

La table évoluera : le gigantisme devenu un peu insolent laissera place à des buffets à thèmes déterminés et diversifiés, et aussi à des cuisines étrangères : italienne, marocaine, chinoise. Très vite, les cuisines italienne et chinoise se multiplient dans l'ensemble des villages, devançant la cuisine française. Attentif à l'évolution des goûts, j'ai noté que le McDonald's perd du terrain en vacances, même chez les plus jeunes. La cuisine italienne, en moins de trente ans, a pris une place que le coût de ses produits et la rapidité de leur préparation lui ont fait conquérir aisément. Je me battrai au Club pour lutter contre les goûts dominants et améliorer la position de la cuisine française. Elle reste, je crois, de loin la meilleure dans le très haut de gamme, mais un grand chef, même aidé des techniques d'aujourd'hui, ne peut préparer qu'un maximum de cinquante couverts par repas. Or il nous faut devenir compétitifs, c'est-à-dire aimables et efficaces pour une cuisine à la fois d'un prix raisonnable et au service rapide.

Bien manger, certes, mais se dépenser sans compter. Jouer fut une carte maîtresse. Et d'abord jouer avec la mer : avec des champions comme Gérard, Tony Hatot, champion d'Europe de natation, et Marcel Contal, de chasse sous-marine à Alcudia, ce n'était pas difficile !

Certes, Gérard avait prévu qu'on y ferait du ski nautique, mais un malheureux moteur, poussif, usé par les ans, malgré la compétence technique d'Arfoff nous en empêchera. Nous nous contenterons de déguster les mérous et les dorades rapportés par caïques entiers d'expéditions fabuleuses sous la mer. La chasse sous-marine allait en effet devenir l'activité la plus importante. On trouvait, tout au long des côtes, abondance de poissons. On avait équipé tous les villages de fusils sous-marins, des bivouacs partaient avec huit à dix chasseurs, et c'était l'hécatombe. Les Odyssées, ces quelques jours en mer sur des caïques grecs ou italiens, ou sur des boutres maghrébins, faisaient de chacun un nouvel Ulysse.

Plongée sous-marine et ski nautique furent, pendant des années, les sports qui établirent la gloire justifiée du Club. La plongée, elle, nécessitait un matériel lourd et rigoureux. Le Club fut le premier des lieux de vacances à s'équiper de caissons de décompression pour sauver une vie en cas d'accident. A Cadaqués, aux Bahamas, à Eilat, en mer Rouge, les plongées furent les activités les plus recherchées. Mais à force de fusiller les petits poissons, ils commencèrent à déserter nos plages. Plus on les pourchassait, plus ils s'éloignaient ou s'enfonçaient. Cela devenait stupide et de plus en plus dangereux. Le tennis remplacera avantageusement l'ivresse des profondeurs. On crut à l'engouement de ce nouveau sport dès ses débuts. A Agadir, on réalisa vingt courts en terre battue. La petite balle remplaçant la flèche meurtrière, nous avons alors banni de nos plages cette chasse sous-marine que nous avions exagérément pratiquée. En moins d'un an, les eaux du Club virent réapparaître ces poissons multicolores, qui venaient nous caresser les pieds... spectacle enchanteur dont on ne se lasse jamais.

Chapitre 8

CHERCHEUR D'OR

J'ai parcouru la terre entière à la recherche des plus beaux paysages du monde. J'ai marché de l'aube au crépuscule, pour sentir l'atmosphère, capter l'esprit des lieux. Il faut par exemple connaître la force, la nature des vents. Certains vents vous empêchent de vivre en paix et vous maintiennent dans un état permanent de nervosité. L'idéal demeure la brise. Etre sous la protection des vents signifie être en harmonie. Un jour, j'ai décidé de faire un village à Cadaqués, dans un endroit d'une beauté si sauvage que j'en ai oublié la violence du mistral qui pouvait y souffler. J'y suis allé deux fois avant de signer. Mais la malchance a voulu que ce soit les deux jours de l'année où il n'y avait pas de vent. Sans vent, Cadaqués est un des villages les plus doux du monde. Nous avons eu beaucoup de mal à créer des protections anti-vent. Les Chefs qui s'y sont succédé ont vécu longtemps dans des conditions très difficiles. Cadaqués demeure le village où le charme, la volupté de vie sont les plus forts, mais où l'exaspération à cause de la vigueur du mistral peut dégénérer en violence.

A Agadir, j'ai entendu la musique dans les vents, j'ai humé l'air sec et vivifiant, et j'ai compris que ce lieu allait devenir enchanteur. Devant un terrain, on imagine très bien ce qu'on peut faire et comment on peut le faire. Je travaillais avec le couple Ludmilla et Jean Veiler, jeunes architectes qui m'aidaient avec beaucoup de talent à concevoir la vie de vacances sur un site. Le cœur du village doit rester au centre, à bonne distance de tout. A partir de lui, on doit pouvoir faire à pied tout ce que l'on désire : dormir, rêver, chanter, aimer, boire...

Imaginer, à partir d'un site, un lieu de vie procure une excitation formidable. C'est une forme de création. Créer un village, c'est avoir l'audace de se considérer un peu comme un peintre, puis comme un sorcier qui sait qu'il pourra réunir les gens autour de certains rituels. Donner l'envie de vivre avec l'autre. Faire en sorte que l'autre devienne un compagnon, un partenaire pour une heure, pour un jour, pour quelques jours. Pendant les vacances, on doit se sentir proche de l'autre et surtout vivre sans conflits. La vie quotidienne est tissée de conflits permanents. La vie des vacances doit être un lieu de paix permanente. A l'inverse des autres établissements, au Club il n'y a pas de rond de serviette, pas de place assignée, pas de table réservée, et pas toujours les mêmes voisins.

Au Club, vous étiez mis en condition de butiner : le contact, la vue, les autres. Vous pouviez vous permettre de vivre toute une série d'aventures de l'œil, du corps, de la main, du palais. C'est en déambulant sans cesse, en nous appropriant le terrain que nous placions les chambres, souvent de part et d'autre du centre où était concentrée, en un triangle facilement accessible, l'administration aux angles de vue souvent sacrifiés, au bénéfice de ceux du restaurant, du bar et de l'animation.

Notre préoccupation était d'imaginer quelle vue on allait avoir de telle ou telle chambre. Et où mettre la case de voile et celle du ski nautique, recherchant à la fois la sécurité et le spectacle que donneraient les pratiquants de ces sports aux contemplatifs qui, de la plage, jouiraient du ballet incessant des voiles multicolores et des arabesques des skieurs. Et avant même que les constructions ne commencent, Roland Moroni, notre « Le Nôtre », jardinier et formateur de génie, mettait en place notre pépinière, choisissait et achetait les arbres qu'il préparait à la transplantation dans l'espace qu'il leur avait affecté.

Notre histoire a comporté des risques, comme elle a été en grande partie irrationnelle et imaginée par des passionnés. Elle n'a pas toujours eu l'efficacité économique que le monde était en train d'exiger. Notre époque est passée de la créativité et de la subjectivité à la logique imparable du calcul financier. Cela peut éventuellement se concilier. Si on est génial, on doit pouvoir assumer ces deux tendances : à un moment j'ai cru que j'allais y arriver. Je me suis trompé, je n'ai pas eu cette capacité qui consiste à trouver l'équilibre entre le rêve et la réalité financière. Je l'ai payé, naturellement. Et mes enfants et beaucoup de ceux qui ont aidé à faire le Club, le paient aussi, injustement.

Cette vie passée à la recherche du paradis nous mettait tous en compétition. Nous sommes nombreux à pouvoir dire que ce terrain-là, c'est nous, ou plutôt moi, toi, lui, l'autre et encore moi qui l'avons découvert. J'en revendique beaucoup sur tous nos lieux de vacances, en Israël, en Turquie, au Maroc, en Tunisie, y compris les paysages et les lieux redécouverts, ceux que des prêtres ou des guerriers avaient souvent équipés avant nous, des siècles auparavant. Comme il était rassurant pour nous de les rejoindre, de retrouver la compétence et les talents de nos ancêtres, premiers missionnaires ou combattants. Un jour, j'essaierai de cerner les raisons de ces concordances à travers le temps.

Et puis il y a ces îles grecques ou italiennes, et les espaces éloquents de cette France, toujours à découvrir. A l'ouest, en Martinique, à la Pointe Sainte-Anne où notre propriétaire et partenaire talentueux, Henri Theuvenin, remblaie, consolide et assainit un marécage où le village des Boucaniers sera construit entre mer et cocoteraie.

Aux Bahamas, à Saint-Domingue surtout où, faute de pouvoir s'installer sur un site dont la spéculation s'est emparée, nous trouvons à l'extrême ouest de l'île une propriété immense, Punta Cana, appartenant pour moitié à des financiers américains et dominicains. Le site est superbe mais dénué de tout, ni route d'accès, ni électricité, ni eau, rien que le site. Et bien sûr, nous y acquérons de quoi réaliser un village. Le gouvernement nous accorde de confortables exonérations, à charge pour nous de créer toutes les infrastructures, et nous sommes au cœur de cette période excitante où l'on peut tout entreprendre et espérer tout réussir. Il me faut avouer combien l'inflation accélérée, mondiale, a été mon alliée. Un investissement trop lourd réalisé rapidement devenait en trois, quatre ans une bonne source de résultats positifs.

Mais à Santo Domingo, on peut dire que dans tout le secteur de Punta Cana, quand nous y sommes allés, il n'y avait rien ni personne. J'aurais pu alors acquérir deux ou trois mille hectares pour une petite somme, mais je me suis contenté de l'espace qui nous permettait de respirer à l'aise. J'ai appris dernièrement qu'un acre – qui représente

4 047 mètres carrés à peu près – se vend aux alentours de 350 000 dollars (deux millions de francs). Si j'avais été intelligent, j'aurais fait la fortune du Club, non par le tourisme mais par la spéculation sur les terrains. Si je m'étais acheté, chaque fois, quelques parcelles supplémentaires qui ne valaient presque rien, j'aurais également fait ma fortune personnelle. La première aurait été superbe, la deuxième infâme, j'ai raté l'une et je n'ai pas voulu l'autre, mais il est vrai que le Club détient aujourd'hui les trente ou quarante plus beaux emplacements du monde. C'est un superbe héritage pour ceux qui nous succéderont.

Plus on remonte dans le temps, plus les délais de réalisation étaient courts, pour des raisons simples : au début nous construisions des farés tahitiens et puis une hutte en plein air, qui servait de restaurant. Seules les cuisines étaient en dur, le reste en très léger. Entre la découverte du terrain, s'il était simple à travailler, et l'ouverture du village, on mettait moins d'un an, puis quand les choses ont été plus élaborées, quand il a fallu construire un village complet, les délais sont passés à deux ans. L'exemple le plus significatif de la lenteur des choses, c'est probablement Opio.

Le Club était propriétaire d'une plage sur la Côte d'Azur, le cap Taillat, l'une des plus belles plages de toute la Méditerranée, mais cette place était tout près du fort de Brégançon, où les présidents de la République viennent se reposer de temps en temps. Donc nous n'avons pas obtenu le droit de construire autour de cette plage, probablement parce qu'il fallait d'une part protéger le chef de l'Etat, mais en même temps protéger cette plage. A force d'attendre, on a entamé une longue négociation avec le

Conservatoire du Littoral, un troc plus qu'une vente. Cela m'intéressait de trouver le moyen de m'implanter dans ce département des Alpes-Maritimes, dans l'arrière-pays. Puisque je n'avais pas le droit de polluer la mer, j'ai voulu faire de l'écologie avant l'heure, cherchant une vue sur la mer, mais en pleine campagne. Je jette mon dévolu sur Opio. J'achète, après un excellent contact avec le maire du village, un terrain important, un piton avec une vue superbe. Je dépose notre demande de permis de construire. Nous avons dû attendre dix ans pour l'obtenir.

Le combat fut mené sur de nombreux fronts, entre autres par des gens qui se prétendaient écologistes et qui tentaient de nous atteindre par presse locale interposée, jusqu'au jour où j'en ai eu assez. J'ai proposé à mes ennemis de s'asseoir à une table, de parler, et d'examiner ensemble ce que l'on nous reprochait. J'ai organisé une espèce d'assemblée générale des riverains et me suis expliqué. Un des participants s'est levé, un monsieur âgé, et m'a apostrophé :

– De toute façon je ne veux pas que le Club vienne là, je vivais avant en Suisse dans une petite station de sports d'hiver, et j'en suis parti parce que vous vous y êtes implanté.

— Et vous avez vendu ?

— Oui, j'ai vendu parce que je veux ma tranquillité et voilà que je vous retrouve ici.

Je lui rétorque :

— C'est la preuve qu'il faut que nous nous y installions, monsieur, car comme nous, vous êtes à la recherche de la beauté et de la tranquillité.

J'ai mis tous les rieurs de mon côté. Tout le monde a compris que ce n'était pas l'écologie qu'il défendait mais sa tranquillité.

Comme je n'ai probablement pas l'esprit charitable, quand la réunion s'est terminée, je suis allé lui dire :

– Maintenant que vous allez chercher ailleurs, pourrez-vous me dire quand vous aurez trouvé ?

Il l'a très mal pris.

La prospection dans un pays que nous découvrions est une des joies de ce métier, et nous étions nombreux à jouer les prospecteurs à la recherche du site exceptionnel pour le Club. Je crois bien qu'il y a eu, pour chaque nouveau village, au moins dix découvreurs de sites... dont moi. Nous devons plusieurs sites à l'un des plus brillants découvreurs : Gérard Joachim, que nous surnommons « Dudule ». La Malaisie, entre autres, nous est commune. Le patron du Tourisme malais, Tan Sri, nous permet une prospection à l'Est où aucun développement n'existe. Nous parcourons cette côte et découvrons la baie de Cherating. Les Malais hésitent à confier aux étrangers que nous sommes intéressés par ce superbe endroit, et c'est Norbert Segard, à l'époque ministre du Commerce extérieur, qui plaidera notre cause et nous permettra de l'obtenir.

Le Mexique a été le pays où notre prospection fut la plus organisée et systématique. Le Club commençait à y être connu grâce à notre présence américaine. John Youngman organisera, avec ceux qui seront nos partenaires mexicains, un circuit d'une semaine traversant d'est en ouest ce pays-continent. Notre délégation était importante, Jacques Giraud et Martine, sa jeune femme, Charly Benillouz, John Youngman, Simone, ma femme, et moi. Nous visitons l'Etat du Jalisco et je tombe amoureux d'un superbe terrain sauvage, escarpé, bordé par une plage de sable d'un blond aux reflets roses et en forme de tranche de pastèque parfaite, propriété d'un aventurier italien. Nous y construirons plus tard notre premier village, Playa Blanca. Nous passons notre première nuit mexicaine à l'hôtel Maria Isabel, à Mexico, et nous partons à l'aube le lendemain pour Mérida. Nous sommes accompagnés d'Antonio Enriquez Savignac, patron de la Fonatur, Pedro Cerisola, banquier, et Don Marcos Russek, constructeur.

Les Mexicains nous traitent comme des seigneurs. Nous avons à notre disposition un DC 6 qui ne nous quittera pas de toute la semaine, et, suivant les étapes, un Cessna bimoteur, parfois même un hélicoptère. Puis nous parviendrons à Cancún. La ville est engloutie par une forêt tropicale traversée de lagunes et de canaux naturels où seules de petites barques peuvent circuler. L'air est lourd, l'atmosphère moite, parfois oppressante. On craint de voir surgir d'énormes caïmans à chaque croisement de lagunes, et brutalement d'innombrables piliers de béton immergés et supportant une immense dalle apparaissent. La mise en place des infrastructures a commencé et, tout au bout de la dalle, sertie dans une végétation de mangroves et de cocotiers, la plage majestueuse s'offre à nous. Sans échanger un seul mot, Mexicains et étrangers passeront de la plage à la mer et de la mer à la plage, ivres de la lumière et de la transparence de l'eau.

C'est le début de ce qui va être la grande station de la presqu'île de Cancún. Il serait sage de s'en tenir là et d'essayer de s'y installer, mais Antonio a de grandes ambitions pour cette immense et superbe plage, et s'il est content de voir le Club participer au lancement de Cancún, il est assez nationaliste pour préférer voir une entreprise mexicaine sur ce site.

Nous pensons aussi qu'il faut continuer à parcourir toute la presqu'île, car cette plage risque de se retrouver enserrée par les hôtels et autres immeubles envahissants. Un peu plus loin, à peine dix kilomètres, nous découvrons enfin la merveille, cette Punta Nizuc presque en forme d'atoll, protégée par les alizés, la beauté caraïbe rêvée.

Le soir, entre Antonio et moi, commencera un marchandage de sable et de mer. Je sais qu'il veut garder le site de Cancún. Il sait que je veux celui de Punta Nizuc. Je lui dis que je veux celui de Cancún, car c'est le plus beau et le plus pratique. Aussi menteur que moi, il me rétorque que si je n'exige pas le site de Punta Nizuc, trop onéreux pour lui à aménager et surtout trop précieux pour ne pas être mis en réserve pour le développement futur, il pourra me trouver une petite place à Cancún, où il n'y a encore aucun projet concret. Jacques Giraud, Charly Benillouz et Don Marcos, qui jouent le jeu, essaient de nous mettre d'accord. Antonio doit accepter la charge d'infrastructures à réaliser à Punta Nizuc et moi m'accommoder de cet accès moins commode. Les verres de tequila accéléreront la négociation. Nous signerons pour Punta Nizuc en lui laissant Cancún. Courte nuit arrosée. Réveil brutal. Le DC 6 nous emmène sur la côte pacifique. C'est à Ixtapa qu'Antonio envisage la création d'une nouvelle station à moyen terme. Acapulco est saturée et il faudra beaucoup de lits neufs pour faire face au développement qu'Antonio, visionnaire, prévoit.

A nouveau, le bord de mer, à nouveau les plages en marchant et en nageant, en barque, et un survol en hélicoptère, outil irremplaçable de prospection systématique. L'utilisation des quatre moyens d'exploration, à moins d'être totalement incompétent, doit apporter la quasi-certitude de faire le bon choix.

Antonio et moi avons fait des progrès dans notre mutuelle connaissance. On reconnaît vite les deux plus beaux terrains : un pour toi, un pour moi à Ixtapa. Saut à Manzanillo. Visite par hélicoptère de Playa Blanca. Et à nouveau vol pour la Baja California et ses paysages lunaires, arides, violents et fiers. J'y croise une femme ridée et sauvage comme une héroïne de tragédie grecque. Mes collègues et moi aimons les plages douces et blondes, les arbres majestueux et les fleurs épanouies. Nous quittons la Basse Californie sans la comprendre ni l'aimer. J'y reviendrai quelquefois, et le souvenir de ce premier malaise ne s'estompera pas.

Il nous reste l'Etat d'Oaxaca à découvrir. Il y a, paraît-il, à l'extrême sud, Huatulco, quasi inaccessible, que seuls quelques amoureux connaissent, et je ne peux imaginer de repartir sans essayer de m'y rendre. Seul moyen d'accès, un petit monomoteur pouvant se poser court sur herbe. Et j'y découvre, dans un terrain d'une beauté aiguisant tous les sens, une langue de terre entre deux plages où l'on rêve de dîner en amoureux sous les étoiles. Nous y vivrons notre rêve dans un petit restaurant typique qu'on y construira.

Notre semaine-découverte s'achève chez le président de la République. J'ai apporté avec moi une note de deux pages, résumant notre intérêt ainsi que le potentiel touristique mexicain. Trois très grandes stations de vacances peuvent voir le jour : Cancún d'abord, à moyen terme Zihuatanero-Ixtapa, à long terme Oaxaca-Huatulco. Le Président a la gentillesse de dire qu'il a fait un bon investissement en nous invitant, mais me fait comprendre qu'il faut agir vite. Au Mexique, légalement, un Président n'a droit qu'à un seul mandat de six ans. Pour rester leader, nous créerons un Club par mandat.

Au moment de la conclusion de Punta Nizuc, je demande à André Regad, alors directeur général des Opérations, de nous rejoindre au Mexique. Le jour de son arrivée, une tornade d'une rare violence s'abattit sur la région. Jamais probablement il n'avait plu dans ce coin du Mexique avec une telle intensité. Nous serons plongés brutalement au cœur des ténèbres. Nous inspecterons dans un climat d'apocalypse ce terrain qui la veille était l'incarnation du Paradis et qui ce jour-là se transformait en immense marécage. André me prendra à part et me suppliera d'un ton inquiet de réfléchir. Bien entendu, je ne changerai pas d'opinion. Les Mexicains resteront longtemps persuadés que nous avions mis le ciel de notre côté pour faire baisser le prix de la location et diminuer les charges. Notre spontanéité était souvent prise pour du machiavélisme.

Au cours de notre tournée, j'aurai la chance de découvrir l'intérieur du pays, le monde des Mayas. Je serai invité à Tehotihuacán et je me retrouverai entre la pyramide de la Lune et la pyramide du Soleil. L'endroit était si fort que je n'ai plus eu envie de bouger. Il n'y avait rien, pas même un lit de camp. Mais je ne voulais pas partir, j'étais retenu, magnétisé par tant de beauté, espérant dormir là pour, au lever du jour, monter sur la pyramide du Soleil et le voir se lever, et, le lendemain soir, attendre la Lune du haut de sa pyramide. Mais il fallut décamper. Avant de nous séparer, le Président me demande si j'ai un vœu à exaucer. « Oui, je voudrais faire des petites villas sur les sites archéologiques, trente ou quarante chambres maximum, afin que les touristes puissent séjourner là où personne n'a jamais dormi sans pour autant porter atteinte au site. » Je lui dessine la structure du caravansérail, une sorte de quadrilatère dans lequel les fenêtres des chambres donnent sur un patio, un bar et un petit restaurant typique, un petit coin piscine. Le Président me dit : « Mais, c'est formidable, il faut en faire vingt ! Faites vite une prospection des sites. » Je donne donc au Président la liste de sept sites dont un formidable qui reste encore à découvrir aujourd'hui, vingt ans après, à Coba, à l'extrême sud du Yucatán, et deux sites complémentaires apparemment faciles, Palenque et San Cristobal de las Casas. Le dernier Président en exercice m'a même promis de réaliser mon rêve. D'autres reprendront mon idée et y parviendront. Nous avions l'obligation morale d'ouvrir, à chaque investiture d'un nouveau Président, au moins un village de vacances. Le dernier, Huatulco, avait pris du retard et nous risquions de ne pas pouvoir le faire inaugurer par le Président de l'époque qui y était tout à fait favorable. On nous demanda d'accélérer la construction et nous avons été contraints d'inaugurer en catastrophe pour obéir aux injonctions des politiques.

Ma passion pour la découverte d'endroits magiques à travers le monde demeure intacte. Tout dernièrement, nous avons fait une prospection un peu plus profonde en Australie, et on a trouvé deux très beaux endroits, mais trop évidents, à la portée du premier prospecteur venu. Cela m'intéresse moins que de découvrir des lieux miraculeux où l'on a envie de vivre, de respirer, de marcher, de chanter. Je crois qu'il y en a encore partout. Il faut l'espérer car comment ne pas être indigné par ce que l'on peut constater dans certains pays où, sur des côtes sauvages il y a vingt ans, se dressent maintenant le premier niveau bord de mer, le deuxième niveau en arrière bord de mer, le troisième niveau encore plus élevé pour apercevoir la mer. On arrive à des constructions en forme d'épée dressée. Seuls ceux qui ont le dernier étage ont vue sur la mer. Il existe un Club qui fut autrefois le premier établissement et qui aujourd'hui est enserré, enfermé, encerclé de béton de tous les côtés.

Dans notre métier, une théorie dit qu'on peut faire vivre cent personnes par hectare. J'ai longtemps été hostile à cette théorie parce qu'il y a des moments où il faut une seule personne par hectare et puis il y a des moments où on peut mettre deux cents personnes, cela dépend du sol, du site, des vues, de la respiration, de la force du vent. Mais aujourd'hui, cette règle permet de fixer des limites. A certains endroits, on n'hésite pas à installer trois cents ou quatre cents personnes à l'hectare. Vous avez des hôtels de mille chambres qui ont une emprise au sol de 4 000 mètres carrés. Sur un demi-hectare, l'on fait vivre deux mille personnes. Il existe dans notre métier une facilité de gains qui encourage ce genre d'aberrations. J'ai passé ma vie à me battre contre les promoteurs immobiliers. Certains terrains sont trop beaux pour être condamnés à devenir des espaces de promotion immobilière qui souvent ne servent qu'un mois, un mois et demi par an. La Côte d'Azur est gangrenée par des immeubles morts ou des ports de plaisance inactifs onze mois sur douze. Aujourd'hui nous ne voulons plus mourir. Auparavant la retraite était courte, et nous passions un an ou deux sur la Côte d'Azur, maintenant la retraite s'allonge, et l'on va y rester vingt ou trente ans. Si la société veut faire de nous des centenaires et qu'on nous met à la retraite à 55-60 ans, on va finir par vivre d'une façon insensée et dommageable, entre vieillards, ce qui n'est sûrement pas la bonne solution du bonheur pour tous, mais cela est une autre histoire.

Le Mexique étant notre prototype de développement à l'Ouest, il y a eu ensuite la découverte des îles dans la mer des Antilles : d'abord la Martinique et la Guadeloupe, bien sûr, cet ensemble de chapelets d'îles, avec la plus belle de toutes, Cuba, où le Club est depuis un an.

L'île Maurice demeure un de mes rêves permanents. C'est une île blonde, entourée d'une mer rose : quel mariage ! Si j'étais peintre j'essaierais d'exprimer l'île avec juste ce jeu de couleurs. L'île Maurice est un lieu attachant, avec probablement la population la plus belle que j'aie jamais vue, un peuple qui est un mélange de races. J'ai lié une forte amitié là-bas avec un aimable patriarche qui, me présentant sa famille, avait réuni devant moi à peu près à toutes les races qui constituent le monde : jaune, lui était indien, mais sa femme était noire d'origine africaine, ses enfants étaient d'une beauté incroyable, une de ses filles avait épousé un Anglais blanc comme un cachet d'aspirine et une autre un personnage fascinant d'origine chinoise. La fierté de ce vieil homme était de réunir sa famille de toutes les couleurs. Moi j'étais heureux d'être accepté comme un membre de cette famille, de parler avec eux, de manger avec eux. Le Club a engagé beaucoup de G.O. mauriciens, plus de garçons que de filles, même si les Mauriciennes commencent à pouvoir travailler dans l'hôtellerie. Ils ont une qualité de sourire, une attention, ils ont un œil d'une vigilance à nulle autre pareille et sont appréciés dans les villages du Club, partout à travers le monde. Il y a quelques mois, j'y suis retourné en vacances et c'est par bonheur toujours un ravissement, un enchantement.

Certaines gens cherchent de l'or, moi je cherche un emplacement où rêver. Dire de cet endroit, « c'est de l'or », m'a valu la réputation d'être un peu fou. Le jour où je suis rentré de Vittel et que j'ai dit à mes petits camarades : « Vous savez, on va s'installer à Vittel », ils ont eu du mal à me croire et j'ai eu du mal à les convaincre. La vérité est que j'avais raison d'idéaliser Vittel. Et que le moyen existe, de créer presque partout dans le monde quelque chose de merveilleux et de magique. A la nature, il faut ajouter l'intelligence des hommes, qui permet de se marier formidablement avec elle. Mais l'inverse existe aussi, nous sommes trop souvent des démolisseurs, nos constructions obéissent à des contraintes économiques et financières, ou pire, au désir de profits rapides et importants.

Et puis, camoufler le béton sous de superbes arbres, le faire envahir par d'odorantes fleurs qui nous seront toujours de fidèles complices. Roland Moroni, notre maître en paysagisme, a inculqué cette culture et en a imprégné de très nombreux G.O. Les jardins du Club sont, grâce à eux, entrés dans la légende.

J'ai convoité de par le monde plusieurs lieux que je n'ai jamais pu acquérir, mais celui qui reste encore, aujourd'hui, dans mon souvenir comme une cuisante défaite, c'est Tekirova. Tekirova est situé à l'extrême sud-est de la côte d'Antalya, en Turquie méditerranéenne. J'étais avec mon ami turc Fuat en train de visiter cette région quand on a découvert par hasard cet endroit. Les propriétaires étaient deux vieillards, ils me paraissaient très vieux à l'époque mais ils crapahutaient sur ce terrain comme des cabris. C'était fascinant de les voir arpenter leur terre. Nous étions en pleine force de l'âge adulte et nous avions du mal à les suivre. Je suis tombé amoureux de cette terre, mais ces vieillards n'ont jamais voulu céder.

A la pensée qu'on allait venir occuper leur territoire, amener des touristes, des étrangers, ils avaient des cauchemars. Ils ont dit non pendant cinq ans. Aujourd'hui encore, ils disent non. Ils sont centenaires, je pense, mais ils refusent toujours. Mes successeurs auront peut-être un jour la chance de tomber sur un terrain comme celui-là et de le récupérer, parce qu'il est fait pour le Club.

Chapitre 9

RÊVER

A une époque où tout se transmet, où Internet nous permet de communiquer en abolissant la distance, parler seulement de rationalité me semble un refus des voluptés de la vie. Une entreprise est un organisme vivant. Un chef d'entreprise doit savoir être un aventurier en même temps qu'un gestionnaire.

Je ne suis pas considéré comme un homme d'affaires de qualité, mais je persiste à penser qu'une entreprise ne peut être gérée sans une part de rêve, portée par l'ensemble des collaborateurs, partageant une espérance créatrice, une folie du don qui nous sorte de l'excès de rationalisation. On ne réalise jamais rien si les choses ne sont pas en germe. J'ai tenté de faire de la graine un arbre, et de l'arbre des fruits, et de donner aux gens l'envie de les consommer, donc de faire partager cette frénésie de vie, cette ivresse de la qualité, d'un parfum, d'une saveur. Faire en sorte que ce qui n'était qu'une envie devienne insensiblement un besoin. Le Club a su capter ces envies qui étaient aussi les nôtres. Nous aussi, nous avions soif de Méditerranée, de soleil, de ciel étoilé, du rayon vert. Nous avons su offrir une fois par an à ceux qui nous faisaient confiance ces odeurs, cette chaleur.

On a beaucoup jasé sur le mode d'hébergement du Club Méditerranée, son côté scout, voire son inconfort. J'en revendique fièrement la responsabilité. J'ai toujours pensé que le temps du sommeil était un temps perdu. Certes, il faut récupérer. Mais ne serait-ce que le temps des vacances, il faut jouir du dérèglement qui vous est accordé, oublier les horaires et vivre intensément, à la limite de vos possibilités. Le Club, donc, dès son origine, n'a accordé que peu d'importance au lieu et au cadre du sommeil. Après la période héroïque des tentes – une manière économe de loger les premiers adhérents avec du matériel qui n'était ni beau ni neuf – vint celle, magique, de la case. Ce fut une révolution initiée par Claudine Blitz qui nous en proposa l'idée après son coup de foudre au retour de Tahiti. Le concept fut adopté avec enthousiasme. Pendant ces mois de rêve d'été en Méditerranée, les cases nous permettaient, la nuit et le jour, de vivre sans rupture les odeurs et la respiration de la mer. Tout passait à travers les roseaux. La case était faite pour dormir et éventuellement pour rêver, mais pas pour vivre. On vivait dehors, on écoutait de la musique dehors, on mangeait dehors, on se baignait dehors, on s'aimait même dehors.

La mode actuelle du tourisme veut qu'au cœur des plus beaux sites, on construise désormais des chambres immenses où les touristes se perdent croyant s'y réfugier. Cela sonne le glas de la volupté de vivre. Je sais que je suis en désaccord avec presque tout le monde dans ce domaine, mais si on veut partager l'abondance, il faut profiter de ce qui s'offre à vous gratuitement, et ne pas essayer de vouloir imposer ce qui coûte si cher à créer, à construire, à entretenir, et qui, neuf fois sur dix, enlaidit l'espace.

La formidable beauté de la case polynésienne vient de sa légèreté et de sa quasi-transparence. Si la promiscuité commence à vous gêner, elle se démonte et se déplace en moins de trois heures : il suffit de porter les quatre poteaux pour les planter un peu plus loin sans risque et sans problème. Allez faire cela avec les constructions en béton, avec des chambres de quatre-vingts mètres carrés dans des hôtels de luxe... La case nous est apparue comme ce lieu où il était possible de vivre et de dormir dans l'éphémère, de marier le temps, l'espace, la climatologie et nos rêves. Avec l'arrivée de la case, nous avons incarné le symbole du rêve de l'amour, car la liberté sexuelle nous l'avons héritée de Tahiti. Bien sûr, l'époque inventait une conception des mœurs plus libérale et des méthodes nouvelles de contraception, mais la véritable inspiratrice de nos plaisirs sensuels et sexuels fut Tahiti. De Tahiti nous nous sommes imprégnés de toutes nos fibres grâce à la passion de Claudine. Claudine était comme Gérard une personne hors du commun. Elle ne parlait qu'avec les yeux, très peu avec la bouche, mais les quatre mots qui tombaient de ses lèvres étaient des vérités. Avec son œil et sa sensibilité à fleur de peau, elle savait qui la suivrait dans toutes ses aventures. Claudine a représenté pour nous une espèce de guide. Elle ne supportait ni le mensonge, ni la trahison, elle détectait immédiatement les fourbes et les envieux.

Le Club Méditerranée eut la chance de bénéficier du concours de femmes et d'hommes qui étaient des gens d'exception. Nous communiions tous dans la même volonté de vivre. On nous avait volé dans notre passé tellement de jours. Si la guerre ne nous avait pas dérobé notre vie, nous avions l'ardeur de la brûler en prenant des risques. Le Club a été la première entreprise à avoir des Chefs de village de tous pays et de toutes confessions. On attirait des musulmans et des juifs qui furent de formidables G.O. parce qu'ils éprouvaient la nécessité de donner. Etonnamment, on n'a pas hérité de gangsters, ni de soûlographes, mais parfois de gens qui se droguaient... La lutte contre la drogue a été l'un de nos grands combats ; réussir – quelquefois, hélas, car j'essuyais aussi quelques échecs – par la parole à démontrer à quelqu'un qu'il est idiot de se tuer en se droguant fut l'une de mes plus belles victoires.

Le mot même de village marque notre manière d'offrir du rêve : le village c'est l'origine, le village s'exprime par une espèce de triangle d'or : l'église, la mairie et le café. Dans cinquante ans, il n'y aura presque plus un Français, peut-être, qui se souviendra que ses aïeux étaient nés dans un village. On en parlera comme d'un souvenir. Nous avons donné une éternité à ce village de nos origines : nous avions transformé le café en bar, la mairie en restaurant et l'église en lieu de vie ! Dans tous les villages que nous avons construits, ce trinôme est respecté et installé le plus souvent face à la mer. Dans cet océan de cases collectives, une petite case, une chambre à soi simple, très simple, objet des soins amoureux de nos paysagistes et décorateurs. J'ai toujours considéré que la beauté était faite pour être offerte dans des lieux ouverts à tous. Dans cinquante ans, je finirai par avoir raison. L'éphémère constitue le seul moyen de sauver la qualité d'un style de vie, et de permettre l'évolution permanente.

Chapitre 10

PARTAGER

J'aime partager.

J'avais mis au point un système d'intéressement qui était en lui-même assez curieux. Au commencement, à l'époque où l'entreprise gagnait très peu d'argent, nos salaires étaient faibles ; le système fut conçu avec Edmond de Rothschild à partir d'une bonne répartition des résultats obtenus. Edmond m'avait dit : « Moi, ça ne me gêne pas de donner un intéressement important si l'affaire gagne de l'argent. Je souhaite d'ailleurs que tu gagnes très bien ta vie. »

J'avais donc proposé au Conseil un système qui faisait que, quand l'entreprise gagnait de l'argent grâce aux actionnaires qui y avaient placé leurs fonds – une certaine somme, pas très importante au début –, le Club s'engageait à leur assurer un revenu minimum de 6 % de l'argent qu'ils avaient investi ou laissé en dépôt. S'ils ne se distribuaient pas tous les bénéfices, il fallait bien que l'argent continue à rapporter. Une fois ce prélèvement opéré sur nos fonds propres, 20 % des bénéfices restant étaient affectés aux G.O. selon un système un peu complexe que j'avais bricolé et qui tenait compte de plusieurs indices : du salaire pour 70 %, des performances pour 20 %, de l'ancienneté pour 10 %. Plus tard, l'ancienneté sera intégrée dans la part du salaire. Cette méthode fonctionne dès 1961. Les bonnes années, cela représentait jusqu'à deux mois et demi de salaire.

D'autre part, Edmond m'avait généreusement octroyé à titre personnel 4 % du bénéfice net. C'était trop et, à mes yeux, injuste. J'ai d'abord accepté avant de décider, suivant une méthode que j'utiliserai souvent par la suite, que 1 % seulement me reviendrait, le reste étant distribué à l'équipe dirigeante. J'ai toujours tenté de rester honnête dans l'appréciation des résultats de chacun. J'ai essayé en tout cas, sans pouvoir garantir que l'on n'a pas, parfois, privilégié un gars que l'on aimait plus qu'un autre, et à qui on accordait un intéressement de faveur... même si je m'en défendais violemment à cette époque. Mais j'ai essayé de réfléchir à ces problèmes avec la distance que m'impose aujourd'hui le temps. On m'a souvent taxé – et cela sonnait comme une injure dans la bouche de certains – de paternalisme. C'est une étiquette qui m'a collé à la peau pour le meilleur mais souvent pour le pire.

Pour ma part, je la revendique aujourd'hui : je trouve que le paternalisme ne comporte pas que des inconvénients. Ce regard attentif sur l'autre, cette volonté de comprendre les raisons d'une décision, ce dialogue permanent qui permet quelquefois d'excuser une erreur, se révèlent souvent bénéfiques à long terme, non seulement en termes psychologiques mais aussi en termes de confiance professionnelle.

Ce système d'intéressement a fonctionné clairement

pendant de très longues années. Il est devenu l'objet d'études, il a été disséqué, analysé dans tous les sens. Le général de Gaulle avait fait de l'intéressement dans l'entreprise un de ses fers de lance... J'en avais fait une interprétation très personnelle et très paternaliste, à la fois cohérente et incohérente, à la fois rigoureuse et approximative. De ce cocktail assez étonnant, sont sortis des résultats que je n'ai cessé d'expliquer et de justifier à tous les membres de l'entreprise. J'avais mis au point un système de justifications si complexe et si diversifié que je pouvais raisonner le plus récalcitrant d'entre nous qui trouvait sa situation parfaitement injuste.

Ainsi, il y avait la répartition arbitraire des 3 % du Président lui-même, à la différence de l'intéressement statutaire. Elle était peut-être trop personnalisée mais il fonctionnait dans une grande lisibilité et une cohérence assortie de transparence. Le système a été mis en cause parce que, comme souvent, l'Etat s'en est mêlé, et en voulant codifier l'intéressement, lui a enlevé beaucoup de sa saveur, beaucoup de sa créativité au prétexte d'un rééquilibrage et d'un réajustement entre les salariés empêchant les responsables de toucher de trop gros dividendes. Aussitôt après, l'Etat a créé les « stock-options », un autre système d'intéressement des dirigeants, dont j'ai d'ailleurs bénéficié convenablement. Comment tenter d'être juste, et malgré tout récompenser le talent ou l'intensité, la qualité de productivité des uns et des autres ? Le système des stock-options vient d'Amérique. On voit vraiment les différences d'origine de concepts entre le système américain et ce qui était notre petit système français, un peu artiste, pas très rigoureux, mais quelque part inégalitairement collectif.

Tous les systèmes mènent à des débordements, et notre intéressement était sans aucun doute un peu trop favorable aux cadres, aux dirigeants, et à moi particulièrement. Le système des stock-options qui l'a en grande partie remplacé, présente à peu près les mêmes caractéristiques car les dirigeants perçoivent ainsi des sommes importantes.

Chapitre 11

NÉGOCIER

Je suis un négociateur incorrigible. J'ai tellement négocié qu'il ne faut pas me proposer une affaire qu'il ne faut pas réaliser, parce que je trouverai toujours le moyen de la faire. Je me retrouve quelquefois dans des situations abracadabrantes, où ma raison me dit qu'elle n'est pas intéressée mais où mon cœur insiste : « Vas-y. » Je ne peux pas me retrouver en face de quelqu'un sans négocier. Je ne sais pas faire. Cédant à ma raison, quelquefois, je dis : « Non cela ne m'intéresse pas. » Si le type en face me dit : « Ecoutez, je suis prêt à vous faire des propositions pour que cela vous intéresse », commence alors l'engrenage imbécile où je m'enferme moi-même et où j'obtiens tellement qu'à un moment donné je ne peux plus refuser puisque je suis parvenu à mes fins.

Eté 1978. Un promoteur immobilier a convaincu Gilles de Vilmorin, responsable du développement Ouest, qu'il fallait m'emmener faire une visite rapide dans l'archipel des Turks and Caicos et nous envoie chercher à Saint-Domingue. D'un saut de puce, nous sommes dans la capitale de l'archipel puis sur cette île, sans route, sans électricité, sans aéroport, une petite piste d'herbe peu rassurante d'ailleurs ; mais une île verte et blonde et des petites plages plus belles les unes que les autres. Un lieu exceptionnel.

Je retrousse mon pantalon, et marche comme souvent dans cette mer chaude et accueillante, je traverse la plage dans tous les sens, et je m'énumère les problèmes à résoudre pour y réaliser un village.

Serge est plutôt partisan de revenir dans dix ans. Gilles pense qu'il faut tenter d'obtenir des avantages sérieux et y aller, car la Couronne veut aider cet archipel britannique, le gouvernement tout entier est présent (!) et veut une grande réalisation, que le promoteur dans la foulée de la présence du Club, veut concrétiser.

On retourne dans la capitale, on entre dans la salle du Conseil où le promoteur a réuni autour du représentant de la Couronne tout le gouvernement : Premier ministre en tête, entouré des ministres des Finances, du Tourisme, du Travail, de l'Immigration, des Travaux publics. Nous sommes nombreux dans cette minuscule salle du Conseil.

Je remercie les autorités de leur accueil, je chante les louanges de l'archipel et celles de Providenciales et je commence à énumérer les actions que nous pouvons mener.

On peut financer la construction, créer deux cents emplois et garantir cent mille journées de touristes, mais il faut un grand terrain, et j'indique l'endroit avec un bord de mer important.

Il faut une exonération fiscale globale, taxes et séjours, impôts fonciers, et bien sûr une longue période d'exonération d'impôts sur les bénéfices.

Il nous faut un permis de travail pour cent G.O., il nous faut une route, l'alimentation en eau, en électricité, le téléphone, tout cela à la porte du village, le Club assurant la distribution intérieure. Et me tournant vers le représentant de la Couronne, je dis que, naturellement, rien n'est possible s'il n'y est pas construit un aéroport international, avec une piste équipée d'un balisage permettant l'utilisation de jour et de nuit, et une taxe aérienne minorée pour nos adhérents.

Conscient que les sourires ont disparu et que le climat s'est tendu, je dis que, bien sûr, ces propositions sont valables sans limitation de délais, que je comprends qu'elles sont lourdes, mais que le Club fera, si elles sont acceptées, un investissement considérable. Et si les conditions peuvent être réunies, nous achèterons le terrain pour un coût de 300 000 dollars US.

Le Premier ministre convient qu'il ne s'attendait pas à d'aussi importantes demandes, mais cet inventaire est très lourd et il ne peut répondre. Le représentant de la Couronne ajoute qu'ils vont discuter ensemble et qu'ils se tourneront vers Londres pour obtenir les aides nécessaires.

Nous quittons nos interlocuteurs, et il y a tout lieu de penser que j'ai beaucoup trop demandé et que nous ne sommes pas à la veille d'y implanter un village. Mais Gilles de Vilmorin est l'homme le plus persévérant que j'aie connu, et quand il a accepté une mission il ne conçoit pas d'échouer.

Après des mois de palabres, des aller-retour sur Londres, un beau soir, il revient tout heureux, il a obtenu du gouvernement anglais le financement de l'aéroport. En ce temps-là, je crois bien qu'il a été le seul Français à se faire payer quelque chose par les Anglais.

Je suis fier de nous et un peu de moi.

Dix ans plus tard, l'île connaît un développement prodigieux, avec hôtels et « condominium » (nom local d'ensembles immobiliers). Le terrain que j'ai payé 5 000 dollars US l'acre (4 047 m^2) se négocie à 60 fois ce prix. J'aurais dû acheter 200 acres de plus, le club aurait fait une superbe opération financière.

Je m'étais pris pour un malin. Je l'avais été beaucoup moins que le promoteur ami et que les responsables de l'île.

J'ai mis longtemps à comprendre qu'il fallait que je n'intervienne dans les négociations que si une majorité de responsables du Club s'était déjà dégagée en faveur de l'opération. Ce n'est pas réussir une négociation que de la mener à une fin que je crois positive et qui, quelquefois, aboutit à une impasse. Je suis sans doute devenu l'un des négociateurs qui savent le mieux ce que veut l'autre. Plus c'est difficile, plus ça m'excite. Je me demande d'abord ce que l'autre désire, pourquoi il veut parler avec moi et quelles sont ses raisons. Petit à petit, je tente de m'approprier ses raisons et de les intégrer dans ma propre négociation. Il apparaît ainsi dans mon offre qu'en fait, les conditions essentielles qu'il veut me voir remplir, je m'apprête à les lui donner, ce qui me permet bien souvent d'obtenir les autres avantages que je désire.

Mon meilleur souvenir se situe en Egypte, à la fin des années 60. Nous étions installés dans un hôtel du Caire, sur le plateau de Mokathan, assez laid, lorsque le gouvernement égyptien, soucieux des pertes accumulées par l'Egoth, la société étatique qui gère ses hôtels, décide d'en louer quelques-uns. Le Palais Manial est de ceux-là : situé en plein cœur de cette ville fascinante, il est entouré d'un des plus beaux jardins du monde, riche de plus de mille sortes de palmiers et de banians tricentenaires. Le Club postule très vite, mais un très gros et richissime concurrent d'origine anglaise fait connaître sa candidature. Il a l'honneur de visiter le premier. J'attends patiemment mon tour. Son Excellence Okacha, vice-Premier ministre et ministre de la Culture, m'accueille aux portes du Palais. Les chambres ont déjà dix ans, elles sont en préfabriqué, le sanitaire est pauvre, les couleurs sales, mais les senteurs de cette végétation et de ces fleurs envahissent tout et cachent la misère des constructions. Nous visitons le Palais Doré, et parvenons jusqu'à l'appartement dont la chambre avait été occupée par un véritable prince... Elle est magnifique, le Palais offre la possibilité de fêtes superbes.

S.E. Okacha me questionne.

— Qu'allez-vous faire de la grande salle du Palais... ?

— On va essayer d'y organiser des fêtes où nos adhérents et nos amis cairotes passeront des soirées ensemble. En alternance, nous y convierons des chanteurs traditionnels égyptiens et français.

— Et la chambre du Prince ?

— Oh, ça... Excellence, elle est si exceptionnelle qu'elle doit être réservée à des circonstances particulières ! Vous savez, souvent de jeunes mariés choisissent le Club, pour fêter leur mariage. Cette chambre sera celle de la nuit de noces, elle sera aussi pour d'heureux mariés d'hier fêtant leurs noces d'argent ou de vermeil. La chambre de l'amour.

Okacha me regarde, étonné mais ravi :

— Et vous ? Vous n'en profiterez pas ?

— Si elle est libre, je viendrai avec ma femme, le soir de mon anniversaire de mariage, j'y dormirai avec elle une nuit avec joie.

— Et les autres nuits ?

— Eh bien elle sera réservée aux autres, naturellement...

Deux jours plus tard, le Club devenait locataire du Manial où il restera trente ans. Depuis, le ministre de la Culture a récupéré le Salon Doré et la Chambre Nuptiale, au grand malheur des amoureux du monde entier qui s'étaient passé le mot. Mais nous avions été vainqueurs de l'Anglais qui, lui, avait averti qu'il garderait cette chambre à son unique usage, et qu'elle devrait être disponible toute l'année au cas où il déciderait de venir.

Ma méthode m'amenait souvent, en conclusion, en fin de négociation, à dire à mon interlocuteur : « Bon alors, c'est pas 9 millions de dollars, c'est 8 millions et demi, et 500 000 dollars pour moi. Alors on est d'accord ? » Le type, épuisé mais content, acceptait à tous les coups, jusqu'au jour où je suis tombé sur un bec. Je négociais avec un Grec du nom de Spyro. Même technique, même procédé, même approche et même conclusion : tout fini, « O.K. Spyro, alors c'est 14 millions de dollars et 1 million de dollars pour moi. – Non. – Quoi non ? Il est normal que vous me donniez quelque chose. – Non. – Ecoutez Spyro, c'est 1 million de dollars pour moi. – Non Gilbert, c'est non parce que je sais que lorsque vous me dites 15 millions moins un, ça signifie que c'est 14 millions de dollars, et ça j'en ai marre de votre méthode. Si j'étais sûr que le million de dollars ira dans votre poche, je vous donnerais 1 million et demi, mais comme je suis sûr que cela ira dans la poche de la société, il n'est pas question que je cède. » On est restés deux jours fâchés. « Spyro, vous êtes prêt à me donner 1 million de dollars si je le mets dans ma poche, et vous me le refusez au bénéfice de ma société, je ne veux pas de votre affaire. – Vous serez obligé de la prendre parce que vous la voulez », me répond-il. Il n'avait pas entièrement tort, on a négocié encore pendant deux jours : « Je vous affirme que je ne la prendrai pas parce que vous devrez me donner ce million. – Encore une fois, si j'étais sûr que cet argent ira dans votre poche, je vous le donnerais tout de suite, et même un peu plus, mais j'en ai marre que vous nous preniez tous pour des imbéciles, et qu'à la fin du compte ce soit votre société qui bénéficie des efforts que nous vous consentons à titre personnel. – Mais qu'est-ce qui vous gêne ? – Ce n'est pas la bonne manière de faire des affaires, il y a un prix convenu et il y a une commission convenue, et il faut que chaque part soit respectée. » Je rétorque que la commission est respectée, que c'est seulement le prix qui baisse. « Je suis à la fois celui qui va vous payer le prix et celui qui va encaisser la commission, je ne fais que déduire la commission du prix. » On ne s'est pas parlé pendant quatre jours, le cinquième il m'a dit : « Tu m'embêtes, mais puisque je n'ai pas de moyen de faire autrement, d'accord, c'est 14 millions de dollars. »

Je n'ai plus jamais négocié de cette manière, j'avais perdu le goût de cette méthode, il me fallait trouver autre chose. Après dix ans de bons et loyaux services, mon système s'essoufflait... J'ai tenté de le renouveler avec plus ou moins de bonheur, mais... quelle nostalgie !

Chapitre 12

LES ANNÉES EUPHORIQUES

La presse dithyrambique chante les louanges du Club, sa manière de savoir faire la fête, les compétences d'une équipe d'hommes et de femmes survoltée parce qu'ils se sentent créatifs, imaginatifs, inventifs. Edmond nous avait apporté la crédibilité, la pérennité d'une certaine manière, dans un contexte formidablement porteur. Nous vivions une époque où l'on pouvait tout tenter avec trois chances sur quatre de réussite. Chaque erreur commise se trouvait corrigée assez vite par la vitesse de l'inflation. Ce qui était dramatique pour beaucoup de gens devenait, pour des entrepreneurs comme nous qui n'avions pas de capitaux, un atout. Il se révélait presque avantageux d'avoir des dettes et de se décider vite, parce que lorsqu'on voulait rembourser, cela coûtait moins d'argent.

J'aime bien compter, j'aime bien l'argent. Je n'ai pas honte de l'affirmer. Mais pas pour le posséder, pour l'utiliser. Aujourd'hui, je peux me permettre d'entrer chez un libraire et de choisir un livre sans me demander comment je vais faire pour le payer. Pour moi, c'est la quintessence de la volupté. Certains vous diront que je suis très fautif de n'avoir pas su faire une vraie fortune. Ce n'était ni mon objectif ni celui de Gérard.

Le roi du Maroc nous avait pourtant beaucoup aidés. En nous donnant son appui et sa bénédiction pour nous installer à Agadir, il a permis au Club de trouver un élan financier important. Le loyer était tout à fait supportable. Nous avons fait d'Agadir ce village qui deviendra la pierre angulaire de notre culture parce qu'il a marqué encore plus que Corfou, que Baratti, que Cefalu. Il a donné au Club ses lettres de vie permanente. Avec Agadir, le Club commençait enfin à devenir adulte. On savait qu'il allait pouvoir vivre, avec des employés qui pouvaient y travailler toute l'année. Nous avions enfin un lieu où pouvaient se personnaliser toutes les ambitions, tous les rêves, toutes les folies, toutes les créations. Agadir fut le tournant de la vie du Club, un moment tout à fait magique.

Et pourtant, avec ce village devenu le fétiche et le chouchou du Club, tout avait failli mal commencer. L'ouverture est tombée au même moment que l'affaire Ben Barka, au pire moment de tension entre la France et le Maroc. J'ai tenté de reporter la date de l'inauguration officielle. J'appelle un ami, le ministre du Tourisme du Maroc, Hassan Ababou, et lui dis : « Hassan, on va vivre des moments très difficiles. Je peux faire venir dans ton pays un certain nombre de grands chefs d'entreprise, y compris publiques, à condition que le personnage officiel, le seul interlocuteur, ce soit toi et personne d'autre. » Il accepte et son entourage politique l'admet. Nous préparons une fête officielle, plus modeste que celle que nous avions prévue avant le début de l'affaire. J'obtiens l'assurance du roi que le seul représentant officiel du pouvoir marocain sera le ministre du Tourisme. Les chefs d'entreprises marocaines et les grands chefs d'entreprises françaises, publiques et privées, arrivent. L'inauguration peut débuter. J'ai à peine commencé mon discours d'accueil que je vois une énorme Mercedes blanche s'avancer et s'arrêter. Un homme tout de blanc vêtu en descend et s'avance. C'est Oufkir. Les invités étaient censés m'écouter et ne l'ont pas vu. Je les lâche brutalement, comme un dingue, et stoppe Oufkir. Je lui dis : « Général, vous ne pouvez pas rester, c'est impossible, je vous propose que l'on aille boire un verre tous les deux. Revenez vers deux heures du matin et je vous ferai visiter le village. » Oufkir me regarde et d'un ton glacé me répond : « C'est un ordre, ou un souhait ? – C'est ce que je souhaite, mon général, je n'ai pas d'ordre à vous donner, mais c'est une prière que je vous formule. Nous sommes dans une tension très vive, je ne cherche pas à fuir mes responsabilités mais j'ai besoin de ne pas augmenter les difficultés. – Eh bien, je serai là à deux heures du matin. » Oufkir tourne les talons et disparaît dans sa Mercedes. Je pousse un immense soupir. Seules deux personnes ont vu un homme énigmatique arriver et repartir. Oufkir est revenu et ne m'a pas lâché jusqu'à l'aube. A cinq heures, il m'a dit : « Je vous emmène faire un tour en avion. » On a survolé la ville d'Agadir et ce qui était encore le Sahara espagnol. J'en profitais pour admirer le lever du jour. Oufkir me quitte à l'aéroport, une voiture m'accompagne au village. Je ne le reverrai jamais. Le drame a été évité.

J'ai commis beaucoup de fautes. A Agadir, j'ai souhaité qu'on ne s'isole pas dans les chambres sauf pour dormir et aimer, mais que ce ne soit pas notre lieu de vie, je n'ai donc accordé ni l'importance ni le soin que ce lieu de vie privée aurait mérités. En revanche, tous mes investissements servaient à améliorer ce qui pouvait servir la collectivité, l'aménagement du lieu, les fleurs, les arbres. A Agadir, tout était beaucoup plus luxueux que l'espace de la chambre. Agadir fut d'ailleurs le premier club de mer avec des chambres. Nos adhérents qui ne connaissaient que nos cases trouvaient ces quatre murs au début tout à fait formidables, et puis avec le temps, j'ai compris que je m'étais trompé, qu'il fallait aussi savoir accorder de l'importance à l'espace privé. Tous les grands hôtels offrent maintenant des chambres immenses. J'avais pris le contre-pied de cette idée et je l'ai fait payer assez cher au Club. Je reste persuadé que nous avons plus besoin de partager que de nous isoler, pourvu que nous ayons un bon lit pour bien dormir, une bonne lampe de chevet pour lire, pas de baignoire mais des jets d'eau qui jaillissent du sol, qui arrivent en haut, sur les côtés et dans tous les coins du corps, depuis le crâne jusqu'à la plante des pieds. Quel plaisir ! J'ai donc construit mon prototype pour essayer de supplanter la vieille baignoire, sans grand succès, je l'avoue.

A l'époque, tous les membres du Club se félicitaient de cette vie collective, personne ne me faisait grief de ces chambrettes simples, modestes, agréables à vivre avec leurs couleurs gaies, vives, et leurs petits balcons devant des hibiscus ou quelques cocotiers... Cette notion de village nous a apporté une légende, une réputation, de l'argent aussi. Nous avons franchi une étape essentielle, en passant de la comédie au grand spectacle dans un cadre de fête ininterrompue. Les années magiques du Club commençaient.

En 1966-67, tout en effet nous réussit. Nous avions

créé une présidence tournante avec Gérard, je deviens insensiblement le Président, Gérard étant de plus en plus partagé entre sa sagesse zen, son bouddhisme naissant et sa volonté de vivre à la tahitienne. La beauté du ciel de Tahiti compte autant pour lui que la réussite du Club. Il y vit de plus en plus, pêchant son poisson, atteignant une sobriété, une sagesse exemplaires. Donc il me laisse de plus en plus faire. Je deviens responsable non seulement de la vie quotidienne, mais de la vie globale du Club. En toute immodestie, je crois alors que le Club peut devenir une entreprise mondiale. Le Club n'est pas une organisation de petit francophone, même pas de petit Européen, non, le Club est le rêve de beaucoup de gens à travers le monde. L'Europe nous paraît un peu étroite, Gérard me dit : « Moi ce qui me fascine, c'est l'Amérique. » Je lui réponds : « On partage, vous, vous prenez l'Amérique, moi je prends l'Asie. » Nous voilà partis à la conquête de ces deux continents. Je décide de saisir l'opportunité des Jeux olympiques japonais pour aller vendre là-bas mon idée. Me voilà à Tokyo, en train de proposer ma folie aux Japonais, où je suis reçu par le président du Long Terme Development Bank. Je leur débite mon discours bien rodé sur l'avenir des vacances, l'importance que cela va avoir sur leur vie. On m'écoute très gentiment, puis le président me dit : « Si vous étiez japonais, je vous mettrais quelques jours à l'hôpital, pour contrôler votre état mental, parce que vous nous parlez de quelque chose qui ne peut pas exister. Nous, Japonais, sommes sur terre pour travailler, et nous pensons que nous détenons la vérité. – Mais, monsieur le Président, vous ne pourrez pas travailler tout le temps, il faut que l'homme se repose, fasse la fête. – Mais nous faisons la fête, à sept heures du soir, à huit heures du soir quand nous avons fini. – Pourtant votre pays est superbe et vous pourriez en profiter. » Il ne m'a pas laissé continuer : « Ecoutez, monsieur Trigano, je suis vieux et je n'ai pas de temps à perdre. » Je l'ai supplié de m'autoriser à recevoir quatre cents Européens pendant les Jeux olympiques, de me permettre de louer un petit hôtel, ou un terrain sur lequel je puisse mettre des tentes, de me procurer des places d'entrée pour nos adhérents. Il m'a donné son accord sur un ton goguenard.

Puis Gérard trouva un site en Guadeloupe, celui de Fort-Royal, que nous avons gardé une douzaine d'années. Nous étions deux cinglés partant à la conquête du Nouveau et du Futur. Pendant que Gérard crée Fort-Royal, je tente d'acquérir l'île des Pins en Nouvelle-Calédonie, avant de me tourner vers la Malaisie. J'ai la chance de découvrir, sur la côte Est de ce pays, une région superbe où il n'y avait rien, pas d'eau, bien entendu pas d'aéroport. Les Malaisiens n'étaient pas tellement pressés de nous la vendre. Norbert Segard, qui était ministre du Commerce extérieur et devait se rendre en voyage officiel en Malaisie, accepte de m'écouter et part avec nos croquis et nos plans. Ce sont les Malaisiens qui m'ont raconté la suite. Segard arrive et demande à survoler cette région en hélicoptère. « Bien entendu, monsieur le Ministre. » Segard fait la côte en hélicoptère, et comme je lui avais donné de vrais repères sur les cartes, il retrouve facilement l'endroit, Cherating. Après s'être posé dans deux ou trois endroits, il s'arrête à celui-là et dit : « C'est superbe, vous savez je suis très ami avec les gens du Club Méditerranée, ils étaient en mission il y a deux mois. » Il chante nos louanges : « Je les connais bien, c'est vraiment le type d'endroit qui leur convient. – Mais monsieur le Ministre, l'accès est difficile... – Oh, ce sont des gens qui s'accommodent de ce genre de situation, ils ne sont pas compliqués. » Grâce à Norbert Segard, quelque deux ans plus tard nous nous installions dans cet endroit de rêve. Pendant les négociations à Cherating, j'avais remarqué un lot de bois gigantesque qui avait été laissé à quai par un bateau. Je me renseigne et apprends que l'acheteur n'en voulait plus. Je me prends à rêver de construire un village avec ce bois magique. Je fais venir des associés de notre banque française qui me donnent leur accord pour ouvrir un crédit nous permettant d'acheter ce bois. Vingt ans après, ce bois est encore plus beau et donne un charme particulier à ce village du bout du monde.

Le Club bénéficiera alors d'un engouement sur le marché américain. Le hasard déclenche cette tornade. Un journaliste américain était venu interviewer Gérard Blitz sur le Club. Après lui avoir tenu le discours officiel et classique, celui-ci l'avait envoyé à l'agence pour s'inscrire à destination du premier village disponible. Ce brave homme s'était retrouvé quelques heures plus tard à Agadir. Il parlait peu de mots de français. Le Chef de village de l'époque, Didy, avait peu de temps à lui consacrer mais, apparemment, il avait dû y prendre goût et trouver le concept suffisamment intéressant pour que, de retour aux USA, sa rédaction lui accorde des moyens plus importants pour approfondir son enquête. Et, sans que personne le sache, une équipe de journalistes américains s'était inscrite dans différents villages du Club. Ils avaient discuté avec les G.M., ils avaient essayé de comprendre le métier de G.O... et le résultat allait être étonnant.

Dans son numéro de février 1968, en pleine guerre du Vietnam, *Life Magazine*, le plus grand magazine de l'époque aux USA, consacre un reportage de quatorze pages au Club Méditerranée. Agrémenté de photographies plus belles les unes que les autres, l'article donnait à chaque Américain l'envie de découvrir cette formule de vacances extravagante, créée par ces Frenchies que l'on méprise certes un peu mais dont on sait qu'ils savent cultiver l'art de vivre. Les agences de voyages vont être submergées d'appels. Des centaines, des milliers d'Américains veulent partir dans cette entreprise au nom imprononçable dont l'hébergement ferait sourire les adeptes des Hilton et Sheraton, mais où l'on sent que la fête est omniprésente. Le village de Fort-Royal en Guadeloupe sera repris, et le village des Boucaniers en Martinique sera construit à toute vitesse. Les Américains n'ont plus qu'à débarquer. A l'époque, peu de G.O. parlent anglais, mais leur gentillesse, leur présence et leur savoir-faire compenseront ces lacunes, et le succès sera au rendez-vous. Les futurs G.M. américains feront les efforts nécessaires pour essayer de nous comprendre. René Hallemans organisera à Fort-Royal, tous les soirs, des cours d'anglais accélérés à faire trembler l'état-major de Berlitz. Les G.O. doivent apprendre deux phrases par cœur pour faire face à l'accueil des G.M. : *Where is your blue ticket ?* et *Where is your suitcase ?* Jusqu'au jour où un G.M. récalcitrant, dès sa descente du car, demandera : *Where are the toilets ?* et se verra répondre : *Where is your blue ticket ?* puis, insistant pour redemander les toilettes, il s'entendra répondre : *Where is your suitcase ?* Il se plaindra auprès de la direction que le Club Med soit le seul endroit du monde où l'on ait besoin de sa valise et d'un ticket bleu pour avoir accès aux toilettes ! Pour pallier ce genre de mésaventures, nous installerons des laboratoires de langues dans les villages et G.M. et G.O. pourront à leur guise s'initier aux langues étrangères.

L'année 1968 sera une année fertile pour le Club. Nous aussi, comme tant de manifestants, avons vécu des jours mais aussi des nuits agités. La plus belle et qui restera dans ma mémoire sera celle du 8 mai. L'immeuble de la Bourse servait d'accueil pour les adhérents qui se préparaient à partir en vacances et qui venaient de tous les coins de France. En ce début de soirée, ils sont venus attendre que les événements se calment pour pouvoir monter dans les cars qui les emmèneront en vacances.

On assistera à des séances mi-burlesques, mi-dramatiques, au cours desquelles il faudra tout à la fois négocier avec les responsables des manifestations estudiantines et ceux des forces de l'ordre, pour laisser passer les autocars du Club chargés de récupérer les G.M. et de les déposer dans les aéroports militaires, à l'abri des curieux, d'où les charters supplémentaires pourront les acheminer vers les villages. Tant du côté des policiers que des leaders de la contestation, nous trouverons sympathie, aide et solidarité.

Policiers et manifestants sont face à face et le Club au milieu. Les barricades se multiplient dans tout le quartier, et bientôt, la Bourse est en feu. Jean-Pierre Elkabbach me propose de faire son journal télévisé à l'intérieur de nos locaux, face à la Bourse en flammes. J'étais heureux de pouvoir apparaître symboliquement comme le patron d'une entreprise qui revendiquait la contestation et qui soutenait ceux qui, dans la rue, faisaient notre révolution à la fois sur le plan des mœurs et de la légitimité de l'autorité. Vers cinq heures du matin, les événements se calmeront et nos adhérents pourront, les yeux rougis par les gaz lacrymogènes, monter dans les cars. Ils iront raconter la révolution dans les villages du Club, à travers le monde, et contribueront, par le récit de leurs exploits, à propager l'esprit de Mai pendant tout l'été. *Sous les pavés, la plage...*

Le Club vivra les conséquences de Mai 68 de façon complexe. Une réflexion, une remise en question naîtront qui auront des implications sur le siège. Dans la rue, les slogans fusent, le ras-le-bol du « métro-boulot-dodo » s'amplifie, et certains soirs, on entendra même sous nos fenêtres des manifestants crier : « Métro-boulot-dodo-Trigano, ça suffit ! » Ce slogan sera remplacé par d'autres mais le Club demeure une cible privilégiée pour attaquer la société de consommation dont nous sommes l'une des plus belles incarnations. Les contestataires remettent en cause le mode de vie que nous offrons, une évasion qui peut apparaître comme une fuite devant les vrais problèmes de société. Il y aura ceux qui nous reprocheront de perpétuer le système en empêchant les travailleurs de réagir, en les aidant à se satisfaire de leur sort grâce à notre semaine de contre-poison ou d'antidote illusoire. Et les autres qui revendiqueront, quelle que soit la situation, le droit à la paresse, au plaisir, à la différence.

A l'intérieur du Club, les équipes elles-mêmes sont partagées. Les plus nombreuses n'ont qu'une préoccupation en tête : sauver la saison d'été qui se présente bien mal. Les barricades, les grèves générales ne créent pas un climat particulièrement propice aux vacances. Mais certains vont estimer que le Club doit, lui aussi, sous la pression de la révolution, changer son mode de fonctionnement. Ils vont critiquer ma direction paternaliste, remettre en question la hiérarchie, favoriser la création d'un syndicat. La contestation naîtra dans le bureau d'études du Club. Les discussions s'animent dans les couloirs. L'entreprise, comme beaucoup en France, est à moitié paralysée. Des assemblées générales de G.O. s'organiseront et donneront lieu à de véritables débats d'idées. J'accepte le principe à condition de pouvoir y participer. Je donnerai mon accord pour la création d'un syndicat autonome et la préparation d'un livre blanc qui devra être réalisé dans le courant de l'été. Il nous sera utile puisqu'il nous permettra d'établir une nouvelle charte pour le fonctionnement du Club. En parallèle, la vie continue pour les G.M. qui entendent passer de bonnes vacances.

Les équipes du Club, qui s'étaient scindées en deux par rapport aux événements, retrouveront dès l'automne leur cohésion, mais le Club a été sérieusement secoué. A la fin de l'année, mes discussions avec Gérard Blitz s'accélèrent. En effet, l'arrivée d'Edmond a modifié nos relations de travail. Avant, il était le seul patron et j'étais son adjoint. Notre nouvelle structure, avec la mise en place d'un Conseil d'administration, prévoyait une Présidence et une Direction Générale tournant tous les ans. La passion de Gérard pour le Club est plus profonde encore que la mienne, je crois, mais les contraintes pratiques, dévoreuses de temps et d'énergie, le rebutent un peu. Tahiti et l'Inde, avec le yoga puis le zen, sont entrés dans sa vie ; ses retraites annuelles en ashram, sa découverte d'Aurobindo et son amour pour son petit faré font que je ne lui ai pas proposé de mettre en place l'alternance prévue. Il m'offrira alors de nous partager le monde : lui gardant la zone américaine et le Pacifique, moi tout le reste de l'empire. Mais cette répartition des rôles en dérange plus d'un. Les difficultés qu'éprouve le Club pour ouvrir le village des Antilles, dont Gérard est théoriquement responsable, ne font que renforcer auprès d'Edmond de Rothschild et des autres administrateurs l'idée que je dois assumer plus clairement mes responsabilités.

C'est vrai que je me suis rendu omniprésent, envahissant. J'ai presque physiquement installé le Club dans notre lit, entre Simone et moi, à table avec elle et nos enfants, pour les quelques repas que je prenais en famille. Où que je sois, je suis avec le Club et pour le Club. Edmond, les conseils, les dirigeants, les G.O. s'amusent de cette passion. Et puis, année après année, Gérard est devenu le philosophe des vacances, le zen prenant dans sa vie une place centrale. Je crois aussi qu'il acquiert peu à peu la certitude que je ne vais pas les trahir, ni lui ni le Club, et que je tente tout simplement de trouver un juste milieu entre les contraintes imposées et notre idéal. Gérard Blitz quitte définitivement la place de la Bourse. Nos relations resteront excellentes, je serai toujours aussi proche de lui et je partagerai la même passion pour cette maison. Je ne cesserai jusqu'à sa mort, vingt ans plus tard, d'entretenir avec lui un dialogue passionnant et affectueux.

Gérard est devenu homme de légende. Même malade, quand il arrivait dans un village et parlait aux adhérents, tous avaient l'impression de recevoir des messages. Gérard a été véritablement un porteur d'infini. Son parcours personnel est fascinant. Nous avons découvert un jour Eva Ruchaupol, et Eva Ruchaupol nous a découverts. Elle était à l'époque la grande prêtresse du yoga. Elle a formé toute une génération de moniteurs et a permis à Gérard de découvrir le yoga, puis la philosophie zen. Gérard a été le meilleur disciple et, plus tard, le meilleur porteur du message, à ce point qu'il est devenu prêtre bouddhiste. Elu secrétaire général de la Fédération internationale de yoga, il en a organisé et dirigé tous les ans à Zinal les rencontres internationales. Gérard possédait en lui une part de spiritualité. C'est un vrai disciple qui a rejoint le Ciel. Cet enfant d'Anvers à moitié juif, à moitié catholique, quelque part un peu athée apparemment, pour l'extérieur, avait rejoint une religion qu'il a redécouverte, qu'il a portée et dont il est devenu un élu. J'ai essayé de comprendre les concordances et les cheminements, mais je ne suis pas assez spiritualiste pour être envoûté.

Pour le cinquantième anniversaire de Gérard, nous nous étions tous cotisés et nous lui avions offert un petit faré à Tahiti, un petit faré les pieds dans l'eau, un petit faré très modeste. C'était son rêve. Gérard, le matin, allait chercher son poisson. Il était respectueux de l'écologie, de la faune et de la flore qui lui étaient offertes, et il ne prenait que ce qu'il lui fallait. Je ne l'ai jamais vu, à l'inverse de moi, ramener quatre poissons quand il n'avait besoin que d'un. On refaisait le monde tous les matins, on sortait de la parole pour passer à un acte en permanence, on passait de l'acte à la réflexion, de la réflexion à la parole et de la parole à l'acte, tout cela était brassé avec intensité. Il a su passer du monde contemplatif et jouisseur que représente Tahiti, à ce monde totalement contemplatif, pas du tout jouisseur, qu'est le bouddhisme.

Cela reste une énigme pour moi. J'ai l'impression que cela s'est fait comme une espèce de maturation impressionnante. A la fin de sa vie, quand le cancer le tenaillait, Gérard avait accepté, le jour de son anniversaire, de venir parler aux G.O. à Opio, ce village de la Côte d'Azur qui nous avait donné tant de soucis. Il s'adressait à l'ensemble de ces milliers de G.O. Le film existe, mais l'ovation infinie que ces garçons et ces filles lui ont faite, les mercis qui ont été transmis par les applaudissements, les lumières qu'il y avait sur ces visages, restent dans ma mémoire comme l'une des plus belles soirées que j'ai vécues dans ma vie.

Chapitre 13

GRANDIR

Les années 60 s'achèvent. Elles ont été pour le Club d'une grande fertilité, des années heureuses. Le concept s'est affiné au fil du temps. Les G.O., parfaitement épanouis dans leur rôle, l'ont amélioré un peu chaque jour. Jusque-là, les G.M., moins nombreux, trouvaient par eux-mêmes toutes les clés du bonheur à l'intérieur des villages. La vie était toute douceur, toute tendresse, les soirées empreintes d'une grande simplicité. Une fois par semaine, la sacro-sainte soirée d'adieux au cours de laquelle l'équipe donnait le meilleur d'elle-même clôturait le séjour. Cette époque s'achève, pour donner naissance à une décennie au cours de laquelle le Club va plonger dans l'ère industrielle.

Au début des années 70, tout va changer : la taille du Club, les attentes de la clientèle, le comportement des G.O. Les nouveaux G.M., attirés par un niveau de confort plus convenable, deviennent de plus en plus exigeants. L'amateurisme bon enfant du début va progressivement disparaître. Les régisseurs commencent donc à faire leur apparition. Là où il suffisait de réunir G.M. et G.O. autour d'un feu de bois sur la plage, ou d'un orchestre dans un amphithéâtre mythique, il faudra progressivement trouver ceux qui « mettront l'ambiance ».

On parle donc de gestion, d'ambiance. La donne a changé. Les affectations deviennent plus délicates. Certains ne feront plus l'affaire et il faudra s'en séparer en douceur. Ce sera l'arrivée d'une nouvelle génération. Les célibataires endurcis du début laissent progressivement la place à des maris, pères de famille fiers de montrer leur progéniture. Les temps ont changé, les mœurs commencent à évoluer et le profil des G.O. aussi. On s'engage dans une espèce de course au succès, on commence à parler de carrière. Les Chefs de village vont être formés de façon plus professionnelle. La formation sur le tas sera progressivement remplacée par des concepts plus rigoureux. En effet, après Mai 68, nous essayons avec André Regad de définir avec plus de précision les besoins, les profils et les natures qui pourront le mieux y répondre. Il faut, plus que jamais, que nos Chefs de village soient disponibles et curieux, mais il nous faut aussi déterminer le bagage qu'ils doivent acquérir pour assumer ce poste. Oui, ils peuvent être charismatiques, extravertis, imaginatifs, mais ils doivent aussi se montrer organisés, réfléchis, et nous essayons d'en faire de véritables gestionnaires sachant peser les risques. Même si on s'efforcera en permanence, tout en leur apportant plus de professionnalisme, de maintenir notre culture et notre différence.

Le Club, qui aime fêter ses anniversaires, a décidé d'organiser, durant l'été 1970, une grande fête aux Floralies de Vincennes. Les fêtes parisiennes étaient devenues une tradition, du Moulin de la Galette aux bateaux-mouches, ou du Cirque d'Hiver à l'incroyable fête d'Orly à l'occasion de nos dix ans. Pour les vingt ans, on a décidé de donner une cérémonie champêtre, avec en prime un gigantesque buffet. Malheureusement, le système va dévoiler ses limites : la gentillesse, la convivialité, l'humour, tout cela est dépassé et balayé par une marée humaine qui se rue sur les buffets non pas pour faire la fête et partager avec les autres, mais bien pour prendre et ramener à la maison les jambons, les gâteaux ou les meules de gruyère. Le spectacle sera affligeant, on a frôlé la catastrophe.

On entre effectivement dans une décade où les mutations seront profondes.

Agadir, ouvert quelques années auparavant, avait par son confort, ses bungalows, son Tout-Paris, déjà apporté des changements par rapport à l'époque des cases. Dès lors, les G.O. et les Chefs de village commençaient à être obsédés par l'idée d'en faire toujours plus. Le joli mois de mai 68 est passé par là. On n'a plus honte d'aller au Club, le Club est en passe de devenir une institution, le Club change avec son temps, les animateurs, inexistants pendant les premières années, deviennent indispensables, on a besoin d'eux pour s'amuser. Les G.M. deviennent de plus en plus exigeants : encore plus de buffets, de spectacles, plus de tout, ce qui, ajouté à l'apparition d'une nouvelle race de Chefs de village, va compléter le tableau. Soucieux de réussir, de plaire aux G.M., à la place de la Bourse nous relancerons la course aux Oscars. L'Oscar du Club, qui date du tout début, mais qui était plaisanté par les uns et les autres, devient un critère implacable de jugement. On entre dans l'ère de l'audimat. C'est à celui qui gagnera les quelques dixièmes de seconde ou de point au sport, à l'animation ou à la table, et qui coiffera ainsi ses concurrents. Le Club perd en spontanéité ce qu'il gagne en professionnalisme. Certains se plaindront qu'il a changé. Ils oublieront trop rapidement qu'eux aussi ont changé, qu'ils ont vingt ans de plus, et qu'ils ne viennent plus au Club pour trouver ce qu'ils y avaient cherché auparavant et ne lui apportent plus ce qu'ils lui avaient donné.

C'est en absorbant le CET que le Club va changer de taille, et basculer définitivement dans le monde des affaires et de la rentabilité. Deux hommes, François Huet et Marcel Lesur, ont créé quelques années plus tôt un club qui est la copie conforme de l'original, avec une différence anodine en apparence mais en réalité considérable : les hébergements ne sont plus des cases mais des bungalows. Sur le thème « Fini les villages de Papous » inventé par Léo Piétri, ce duo va avoir le don de contrarier considérablement les responsables du Club. Leurs méthodes sont simples : ils vont dans chaque pays où le Club est implanté pour demander aux gouvernants les mêmes conditions que nous avons obtenues, et installent ensuite leurs villages à côté des nôtres. On trouvera Malabata près de Tanger, à quelques kilomètres de Smir, on trouvera Kusadasi à côté de Foča, ou Djerba Carthago à côté de Djerba la Fidèle. Ils débaucheront quelques G.O. du Club et le cocktail prendra assez bien.

Certes, leurs villages n'offrent ni le bien-être ni la qualité du Club, mais les clients, attirés par le concept du « tout-compris » et freinés par l'idée de dormir dans des cases sans sanitaires, trouveront là le produit de leurs rêves. Ils réussiront d'autant mieux qu'ils vont s'adosser très rapidement à la banque Paribas, présidée par M. Jean

Reyre. C'est un personnage assez extraordinaire et qui supporte mal le succès d'Edmond avec le Club. Il soutiendra à fond le CET et François Huet, son dynamique président. Chiffres en main, cette concurrence m'apparaît comme stupide. Ils vendent systématiquement 10 % moins cher que le Club, et ont un coût de gestion plus élevé que le nôtre. J'essayai de faire toutes les simulations possibles pour convaincre François Huet et ses actionnaires que, unis, nous passerions à 15 % de frais au lieu de 17 % pour le Club et 22 % pour le CET. Ainsi, le Club verrait ses profits s'améliorer et les opérations du CET seraient enfin bénéficiaires. Rien n'y fit. Jean Reyre, par jeu, restait insensible à mes danses et barcarolles. Il a donné de gros moyens au CET, et veut absolument le voir gagner contre le Club.

Mais Jean Reyre, âgé, doit céder la place au très exceptionnel Jacques de Fouchier qui, lui, n'avait d'autre attachement particulier pour le CET que d'être sensible à la vérité des chiffres. Aussi, l'idée de devenir l'actionnaire conséquent d'une affaire à laquelle on prédisait un bon avenir, et d'endiguer du même coup un îlot de pertes récurrentes, l'amena à accepter nos propositions. Le Club absorbe les villages du CET et devient actionnaire du tour-opérateur que François Huet va présider quelque temps. Assez vite, il vendra confortablement ses actions du Club et montera une entreprise de sapins de Noël qui connaîtra un beau succès. Jacques Giraud et François Becker, que cette guerre stupide des prix de séjours et de transports rendait furieux, retrouvent le sourire.

L'affaire est bouclée en ce début d'année 1970, et permettra de baisser les frais généraux, d'obtenir un pouvoir de négociation encore plus fort auprès des fournisseurs, et de nous ancrer plus profondément auprès des gouvernements des pays où nous sommes installés. Les G.O. sont fiers, leur maison a absorbé son plus dangereux concurrent. Yves Coudry, qui représentera longtemps Paribas au Conseil du Club, apportera une collaboration efficace, et les liens avec Paribas seront très longtemps solides et chaleureux.

Les avions gros porteurs vont modifier les enjeux du tourisme. La France peut et doit jouer un véritable rôle dans la bagarre du tourisme international. C'est ce que je plaiderai avec ardeur devant le Premier ministre, le ministre du Tourisme et un pool de banquiers à qui je propose de m'aider à créer des installations en France pour accueillir les innombrables étrangers que ce pays est en droit d'attendre. L'hôtel de Neuilly est construit à cette intention. Tout est calculé en fonction des sacro-saints gros porteurs aériens. On y ajoutera l'esprit du Club, avec les buffets et quelques responsables soigneusement triés sur le volet. La deuxième installation verra le jour à Pompadour, situé en Corrèze, dont la vocation sera d'être dévolu à l'équitation. Deux autres projets devaient voir le jour, l'un en Bretagne, l'autre sur la Côte d'Azur, mais les autorités françaises changèrent d'avis et l'opération s'arrêta à mi-chemin.

Pendant l'hiver 1971, inauguration d'un nouveau village en Côte-d'Ivoire, j'aurai l'honneur d'être reçu comme un chef d'Etat : ministre à la descente de l'avion, cortège officiel avec motards pour se rendre à l'hôtel Ivoire, rencontres avec toutes les autorités y compris le président Houphouët-Boigny. Celui-ci nous reçut dans son palais. Il nous expliqua qu'il croyait à l'arme du tourisme. Il y voyait le moyen d'un nouveau développement économique pour son pays, un moyen qui lui permettrait de sortir du risque permanent du prix des matières premières, et bien évidemment, de créer des emplois.

Le village du Club était le premier vrai gros investissement, et il y accordait la plus grande importance. Je tentai de trouver les mots pour le sécuriser et le passionner. J'obtins si fortement sa confiance que je me retrouvai avec la gestion du village d'Assinie, mais aussi, un peu plus tard, de celui d'Assouindé, avant de prendre en charge la chaîne hôtelière Sietho qui possédait toute une série d'établissements à travers le pays. On partit visiter le village qui était, fait assez rare, déjà terminé à plusieurs semaines de son ouverture. Situé entre mer et lagune, il se développait avec ses deux cents chambres sur la langue de terre où, autrefois, les expatriés d'Abidjan construisaient leur bungalow de week-end. Le cœur du village, un vrai petit bijou, incluait le triangle d'or de la piscine, du restaurant et du bar. Un night-club construit sur la lagune contribuait à renforcer la magie du lieu.

Le Club avait envoyé pour l'inauguration la célèbre équipe de formateurs : Alex le cuisinier, Mimi son épouse, Dudule le sportif. Le reste du personnel avait été recruté sur place. On fut vite étonné de découvrir des personnes qui, non seulement assimilaient rapidement les enseignements, mais savaient y ajouter leur sensibilité et leur note d'humour. Quelques années plus tard, les pâtissiers et boulangers ivoiriens dépasseront leurs maîtres, et se retrouveront à leur tour formateurs à l'ouverture du Club de Cap Skirring, au Sénégal.

Le président Houphouët-Boigny avait confirmé sa présence à l'inauguration, fin 1971. Il fit savoir qu'il serait accompagné de son Conseil des ministres et de quelques troupes folkloriques. Je décidai de me déplacer avec quelques administrateurs et financiers et de profiter de cette occasion pour remodeler le tour de table du Club. Les équipes avaient travaillé sans relâche pour préparer le buffet du déjeuner. Etaient attendus le Président, son épouse, une vingtaine de ministres, trois cents G.M., une centaine de personnalités de Paris, deux cents invités d'Abidjan, cent G.O., deux cents employés ivoiriens, les chauffeurs, gardes du corps, la Garde républicaine, et les troupes folkloriques : soit environ mille à mille deux cents personnes selon les prévisions. Le protocole ivoirien s'était montré, lors de ses repérages, très pointilleux. Le Président arriverait dans un hélicoptère qui se poserait sur la clairière aménagée à cet effet, puis se rendrait au centre du village, visiterait l'ensemble avant d'entrer dans une chambre où il se reposerait quelques instants, puis assisterait à la cérémonie officielle et au déjeuner. Chaque détail était étudié sur le plan de la sécurité, certes, mais en tenant compte de la fatigue, de la chaleur, du bruit. Le responsable du protocole était un homme exceptionnel, qui veillait à tout, prévoyait ce qu'allait ressentir le Président, mais qui décidait également des axes de prise de vues des caméras de la télévision ivoirienne.

Tout se déroula conformément aux prévisions. Le Président arriva à la minute prévue au village, effectua son circuit. Les discours furent moins longs et ennuyeux que d'habitude. Le ministre du Tourisme prôna le développement ivoirien. Je tentai ensuite de trouver les mots pour exprimer ma sincère émotion face au Président. Sa présence, celle de son épouse, ce véritable attachement de toutes les populations avoisinantes, avaient créé une atmosphère exceptionnelle. J'essayai de la communiquer et d'établir le parallèle entre ces villages africains et les villages du Club.

A la fin du discours, un vent de panique souffla dans le Club. Nos équipes virent avec stupeur débarquer les troupes folkloriques – on dénombra plus de mille cinq cents danseurs et danseuses venus témoigner leur sincère attachement à leur Président –, voulant tout de suite visiter le village. Ils semblaient ébahis. Ils entraient dans les chambres – il n'y avait pas de clef – et regardaient tout avec incrédulité. La plupart d'entre eux découvraient, pour la première fois, des habitations « en dur », sans parler de la climatisation. On frôla l'incident diplomatique, après avoir traversé des moments évoquant à la fois *Tintin au Congo* et *les Vacances de Monsieur Hulot.*

Le Président déjeuna tranquillement, les G.M. ravis prenaient des photos, les G.O. étaient aux anges, et moi je profitai de tout cela pour discuter avec mes invités du nouveau tour de table. Les sentiments d'Edmond étaient contradictoires et toujours chaleureux. Il avait pour moi beaucoup d'affection, de confiance, je crois mais aussi d'inquiétudes. Il était l'actionnaire de référence, les chiffres d'engagement s'amplifiaient considérablement et sa responsabilité financière devenait même pour lui très lourde. Son alternative obligée était soit de me faire chapeauter par un financier averti, soit de réduire son engagement en réalisant une belle plus-value. Naturellement, je préférais la seconde solution. J'avais bâti avec Olivier Michel tout un plan qui consistait à essayer de réussir un tour de table puissant et équilibré. Il faudrait un livre pour expliquer comment nous étions arrivés à réunir avec Edmond et Paribas, le baron Alain de Gunsbourg du groupe familial Seegram, le fascinant Gianni Agnelli, le célèbre et génial Avvocato, l'UAP au prestigieux et rigoureux président et l'American Express avec son très amical directeur général Jimy Jean Robinson III. Comment étions-nous arrivés à les convaincre d'accepter d'avoir chacun 11,40 % du Club et de nous garder ? C'est dans l'euphorie de cette superbe inauguration qu'ils décideront d'accepter cette nouvelle donne, et nous aurons ainsi une longue et belle période de stabilité capitalistique.

A la fin de cette superbe inauguration, 4 nouveaux actionnaires détiennent donc chacun 11,40 % du Club : CEMP (les Canadiens de Seegram), Agnelli, American Express et l'UAP. Nippon Life les rejoindra bientôt.

En 1975, on s'installera à Marbella avec le fameux Don Miguel, on s'implantera à Hawaï, à la demande de nos partenaires japonais de l'époque, dans l'endroit le plus pluvieux de l'île que l'on quittera peu de temps après. Et puis, ce sera les Almadies, à Dakar, et Château Royal en Nouvelle-Calédonie.

Quelques mois auparavant, nous avions été contactés pour la reprise d'un hôtel situé à Dakar, à la pointe des Almadies. Il s'agissait d'une superbe installation hôtelière qui architecturalement parlant possédait une véritable originalité. Un peu la proue d'un bateau dirigée vers l'océan, à l'endroit le plus à l'ouest de l'Afrique. Il appartenait à un curieux personnage dont la rumeur disait qu'il était le marabout du Président Mobutu. Il était très riche, très étonnant, très caractériel et, selon son humeur du jour, nous accordait la location de l'hôtel ou décidait de le garder. Le président Diouf qui était à l'époque Premier ministre du Sénégal estimait, lui, qu'il était temps que des professionnels prennent enfin la gestion de cet établissement en main et, constatant le succès cap Skirring, avait choisi le Club.

On se retrouva ainsi, lors d'une nuit mémorable, dans la villa de ce marabout nous répétant pour la dixième fois que son hôtel était le plus beau de toute l'Afrique et qu'il n'était pas prêt du tout à en céder la gestion. J'étais à court d'arguments. Lorsque Abdou Diouf, s'invitant à la réunion, pénétra dans le salon, je tentai de lui faire un compte rendu aussi fidèle que possible des réticences du propriétaire et lui fis savoir que, dans ces conditions, il était préférable d'arrêter là nos discussions et temps pour nous de rentrer sur Paris. C'est alors que le Premier ministre, qui doit mesurer pas loin de deux mètres, se leva de son fauteuil et s'adressa au propriétaire dans une langue que l'on ne comprenait pas, mais sur un ton qui laissait percer une brutale fermeté. Après une demi-heure de palabres entre eux, Abdou Diouf nous fit savoir que le propriétaire était très heureux de traiter avec le Club et nous félicita pour notre nouvelle implantation au Sénégal.

En 1978, l'UTA (la compagnie aérienne qui volait vers l'Afrique et la Polynésie) possédait un hôtel à Nouméa, en Nouvelle-Calédonie, et son président, Antoine Veil, s'intéressait à une reprise en gestion de son établissement par le Club. Cet hôtel pouvait nous convenir non pour la clientèle européenne (plus de vingt heures d'avion séparaient Paris de la Nouvelle-Calédonie) mais pour la clientèle japonaise que nous cherchions désespérément à séduire.

Je décidai donc d'envoyer sur place une équipe de grands spécialistes du Club : Shalom, Charly et Serge.

La visite de l'hôtel fut une véritable déception. Bien que situé sur la plage au demeurant très belle, l'hôtel était un cube d'une conception très classique et d'une décoration assez laide. On étudia la taille des chambres, les salles d'eau, les restaurants, les cuisines. On parla avec les dirigeants politiques, on alla écouter les nationalistes. C'était l'époque où la tension commençait à se faire sentir dans ce territoire français du bout du monde. L'ensemble des facteurs semblait plutôt négatif. Les dirigeants locaux proposèrent alors à notre équipe d'aller visiter une île située à environ trente minutes de vol de Nouméa et nommée l'île des Pins.

Ce fut le choc. La plus belle plage qu'il leur avait jamais été donné de visiter, me dirent-ils au retour, enthousiastes. Le sable blanc, la mer d'un bleu de carte postale, et des pins qui arrivent jusque sur la plage. L'ensemble idyllico-paradisiaque. Une petite tribu vit sur cette île qu'il leur semblait facile de séduire en échangeant les bienfaits de la civilisation des loisirs. Hélas, nous n'aurons jamais ce site.

J'écoutais patiemment et poliment mes émissaires. Ils revenaient rompus par quarante-huit heures d'avion et trois jours de voyage. Comment leur dire que j'avais déjà signé et que l'accord était conclu avec UTA ? L'île des Pins restera dans mon souvenir comme un éblouissement. Impossible de trouver, réunis dans le même regard, une telle plage d'une paix et d'une harmonie divines, un îlot aussi vert que blond, presque au centre, légèrement décalé à main gauche, comme un miracle posé par un architecte génial. L'homme fort de l'île est le grand chef Ilarion. Il eut bien du mal à accepter de nous recevoir, et encore plus à admettre que le Club fût capable d'honorer ce site de l'équipement discret et respectueux qu'il lui fallait. Mais j'ai fait tout ce que j'ai pu pour obtenir que d'autres que moi puissent s'agenouiller en ce lieu magique où j'ai vécu un jour le Paradis sur terre...

L'hôtel fut donc transformé en village-club, et les premiers clients japonais arrivèrent. Ils furent installés dans leurs chambres, et quelques minutes plus tard, la réception de l'hôtel était avertie de fuites à un étage, puis sur l'ensemble de l'hôtel. L'équipe de maintenance chargée de la rénovation et de l'entretien n'y comprenait rien. Toutes les tuyauteries, toutes les étanchéités avaient été vérifiées, les contrôles avaient eu lieu, la situation était inexplicable. En fait, elle existait cette explication, elle était seulement d'ordre culturel : les Japonais ayant pour coutume de se laver avant d'entrer dans la baignoire, ils avaient tout simplement pris leur douche à l'extérieur de celle-ci, inondant complètement les sols, et l'eau s'était propagée à travers tout l'hôtel.

Chapitre 14

TOURISME ET POLITIQUE

On est passé en dix ans de 250 000 G.M. au début des années 60, à plus de 700 000 en 1979. La croissance s'est réalisée tant par acquisitions externes que par croissance interne. Le prix de cette belle réussite fut que la bande de copains du début du Club a fait place à une équipe différente. Certes, il y a toujours beaucoup de joie de vivre mais on commence, aussi bien dans les villages qu'à la Bourse, à sentir une pression croissante. Pression des G.M., pression des chiffres. Le Club doit grandir, grandir toujours plus. Il va maintenant se préparer à la conquête du monde.

Le Club, c'est bien, répète-t-on alors, mais il se comporte trop comme un acteur économique et ne s'engage pas assez dans la politique du pays. Mais pourquoi le Club aurait-il un tel culot ? Le touriste ne doit pas rentrer dans la vie sociale des gens qui l'accueillent. Mes amis d'Indonésie, à Bali, m'en ont donné le plus bel exemple. Beaucoup de membres du Club, quand ils allaient en Indonésie, souhaitaient connaître la manière dont vivait une famille balinaise. Pour ne pas porter atteinte à leurs coutumes, nous sommes tombés d'accord avec certains Balinais pour qu'ils deviennent acteurs, qu'ils montrent aux touristes la mise en scène de leur mariage, mais en aucun cas leur mariage. On organisa donc des séances où l'on invitait des touristes au mariage de personnes déjà mariées, qui reproduisaient le mariage balinais, avec la plupart des rites, exception faite des rites religieux profonds. Je trouve l'idée ingénieuse parce que les gens payaient pour voir une comédie, et la vie même est une comédie, le tourisme une part de cette comédie ; mais la vie de famille, la vie d'un foyer est autrement plus intime, et je considère qu'un touriste n'a pas le droit de s'immiscer comme un intrus. Les Balinais ont su conserver leur identité en ne donnant à voir que ce qu'ils voulaient en montrer. Ils ne croient pas du tout à la comédie qu'ils jouent pour nous, touristes, et nous, touristes, savons que l'on ne nous donne pas un spectacle, mais une tranche de vie balinaise. D'autres sociétés n'acceptent pas du tout de se donner en spectacle. Ainsi, la famille mauricienne, dans sa structure multiraciale, multiconfessionnelle, reste secrète. Elle est ainsi. On ne peut pas entrer d'emblée dans une famille mauricienne et comprendre la force de ce panachage, de ce brassage, et la richesse que cela donne à la famille. Il faut le temps d'y vivre un peu, de se lier d'amitié avec le patriarche, ou avec la petite-fille du patriarche, ou avec le fils du patriarche, et de comprendre progressivement comment ces apports tissent le lien familial.

Pour le Club, le moyen le plus sûr de se faire accepter d'un pays c'est avant tout de faire comprendre à ses habitants que nous pouvons devenir leur propre instrument de promotion. On nous a souvent reproché d'arriver avec une équipe de G.O. qui remplissait tous les rôles. En réalité, nous formions des jeunes hommes et des jeunes filles – plutôt des jeunes hommes parce que dans ces pays-là, l'évolution sociale de la femme reste encore à gagner, elle vit surtout au foyer – de jeunes Tunisiens, Marocains, Turcs, Yougoslaves, Italiens, Mauriciens, Japonais, Brésiliens, etc., ont bénéficié de notre action formatrice, sans oublier bien entendu les Français. C'est par l'accession ouverte à tous à des responsabilités au sein du Club que nous nous sommes fait admettre et intégrer. Dans certaines villes, le Club est considéré comme une expression de la vie, la raison d'être de la ville. Ainsi ce petit village de Yougoslavie, Biograd, est devenu un « village de millionnaires » parce que la plupart de ses habitants ont travaillé au Club très longtemps. Certains y travaillent encore, et cela a représenté pour eux une révolution économique et sociale tout à fait considérable. Boris, qui fut le chef de cuisine de Biograd, est maintenant considéré comme le sage de cette petite région de Yougoslavie. Le Club lui a permis d'acquérir une culture sociale suffisante pour devenir à son tour un formateur de chefs de cuisine dans de nombreux pays à travers le monde. Il a conquis le Maroc, la Turquie, l'Espagne, l'Italie, et il continue à former de jeunes Yougoslaves. Ce que le Club et Jo Bouillon, le chef formateur des chefs, ont apporté à Boris, Boris l'a redonné aux jeunes de son pays d'origine, comme il le donne d'ailleurs à d'autres jeunes à travers le monde. Le Club a été le canal de transmission du savoir. Tant par la tradition orale que par l'accès à la pratique.

Le Club a formé à Biograd plus de deux cents personnes. Vivait dans ce village un type formidable du nom de Zatopek, qui avait été en France régisseur de cinéma mais qui se fera tromper par des petits malins et mettre en prison à Paris pour un truc qu'il n'avait pas commis. L'avocat du Club m'appelle en me disant que ce type est un honnête homme, trompé par des filous qui se sont servis de sa naïveté pour lui faire signer des chèques en bois. L'avocat avait tout à fait raison, ce type était innocent. Je fais donc savoir au juge que je vais embaucher cet homme. On lui a donné rapidement de l'avancement et il est devenu le directeur des personnels saisonniers du Club en Suisse. Zatopek, par sa fidélité et sa compétence, a rendu au Club au centuple ce que le Club lui avait donné.

Le véritable adage, c'est : « Je vais te montrer comment il faut faire. » Après quoi, l'autre apporte au savoir-faire sa propre trajectoire, sa propre initiative, sa propre pensée et, année après année, de chemin en chemin, la transmission s'opère de mieux en mieux et inclut l'autocritique. Ainsi la formation devient-elle d'une efficacité redoutable dans ce mélange perpétuel de réflexion et d'action. Dès que la décision de s'implanter en un lieu était prise, on commençait simultanément la formation de la main-d'œuvre locale. Là résidait la raison du succès du Club. Je leur disais : « Le Club apporte une promotion sociale et professionnelle. » A partir du jour où les gens du pays d'accueil comprenaient que, eux aussi, pouvaient devenir Chefs de village, nous étions intégrés.

La moitié des Chefs de village sont originaires des pays d'accueil. Ainsi que les cadres, et quelquefois des cadres très importants comme Alexis Agnello, ingénieur et dirigeant de talent qui a débuté en culottes courtes à Cefalu. Il était devenu, avant qu'il ne quitte le Club il y a très peu de temps, un des trois ou quatre principaux dirigeants du Club Méditerranée à travers le monde, le « Monsieur Opérations ». Il n'est pas le seul. En tout, quelques centaines d'anciens G.O. assument aux quatre coins de la planète des responsabilités considérables. Ils sont nés du village, sortis du village, formés sur le terrain dans le village. Cette première formation concrète a un effet tout à fait crucial. Je ne crois qu'au mélange de la pratique et de la théorie. En permanence, il faut apprendre et faire, et le Club dans ce domaine peut s'enorgueillir d'un succès total. Malgré les calomnies, le Club a su s'intégrer dans les pays. Antonio Enriquez Savignac, le ministre du Tourisme mexicain, improvisant un jour un discours devant les G.O. du Club, les a appelés *« la raza del Club »*, la race du Club.

C'est l'une des trois plus grandes fiertés de ma vie ; nous avons contribué à fabriquer une nouvelle race de garçons et de filles dans ce métier du tourisme. Les pays nous ont d'autant plus intégrés que nous leur avons apporté non seulement l'économie, mais la promotion sociale. Il m'arrive de temps à autre de rencontrer un homme qui a de très hautes responsabilités et qui au bout d'une demi-heure me dit : « Tu sais, j'ai été G.O., il y a vingt ans. » Je lui demande s'il en a gardé un bon souvenir et la réponse me rend chaque fois un peu plus heureux.

J'ai appliqué cette politique partout, y compris aux Antilles, et là j'ai essuyé un échec qui m'a incité à réfléchir. J'ai proposé à un homme de grand mérite de devenir un cadre de l'entreprise. Au bout d'un certain temps, il est venu me voir et m'a dit : « Moi je ne commanderai jamais à mes compatriotes. – Attends, en même temps tu les formes, tu leur démontres que tu peux assurer des responsabilités dans une société multinationale. – Ah, non, non, ce sont vos arguments, pas les miens. » J'ai obtempéré en l'admirant. Il est rentré dans le rang.

Le Club m'a permis des coups de cœur, des foucades, des passions, et d'assouvir des curiosités personnelles. Ainsi, l'Union soviétique. Longue et étrange histoire. Ce pays, son immensité, ses hommes toujours en quête d'absolu et d'exagération tragique, sa culture du malheur ; je n'avais de cesse que le Club, par un moyen ou un autre, y soit présent. Les Russes avaient lancé quelques très grands bateaux de croisière et je rêvais depuis toujours de faire vivre ces villages flottants. Bien sûr, j'obtiens d'eux des prix de location très discountés par rapport aux offres françaises, italiennes et nordiques – les Américains ne sont pas encore bien présents sur ces marchés naissants.

En 1965, je loue l'*Yvan Franko*, immense paquebot tout neuf, pour l'hiver qui vient. Malheureusement, comme cela va m'arriver quelquefois, je tue une bonne idée par une exécution inadaptée. La Méditerranée est douce l'été et violente l'hiver ; tout le monde le savait... sauf moi sans doute. Le résultat fut rapide et désastreux : peu d'adhérents bien sûr, et malades de cette mer démontée. Les résultats économiques sont très mauvais, le Conseil d'administration s'énerve. Jacques Giraud, qui sent et sait qu'un immense marché va s'ouvrir et qu'il faut s'entêter, souhaite absolument faire la saison d'été. Le Conseil refuse : il me faut renoncer aux bateaux, mais pas à l'URSS.

Le grand patron Ankoudinov nous convie, Simone et moi, à une découverte de la mer Noire, et nous visitons Odessa, Yalta, Sotchi. C'est le printemps, encore rude à Moscou et à Leningrad (Saint-Pétersbourg), doux au sud.

Les vacanciers, nombreux, sont des retraités qui bavardent et jouent aux cartes sous les rayons déjà tièdes d'un soleil encore un peu pâle. Ils sont russes pour la plupart, quelques-uns des pays de l'Est, aucun d'Europe occidentale.

On visite à Sotchi un immense bâtiment comprenant deux très grands hôtels avec une grande plage de galets commune. Naturellement, je vais tenter d'obtenir l'un des deux. Il sera très difficile de négocier un contrat car sur le papier les Russes doivent garder toutes les responsabilités, et l'hypothèse du Chef de village tout-puissant n'est pas acceptable dans leur système. Mais nous allons payer en devises nos amis russes qui en sont très friands, et à partir de là ils accepteront plus facilement de conclure un accord.

A cette époque, un rouble vaut onze francs nouveaux, mais on peut, comme toujours, négocier. Puisqu'il ne nous est pas permis d'établir une parité correcte, on va ignorer le rouble et négocier en francs. Ankoudinov sait mieux que moi qu'en valeur d'exportation, un rouble vaut au plus trois francs. Je lui offre de tout payer, plus ou moins sur la base de quatre francs pour un rouble, et sans plus aucune référence à cette monnaie ; on convient de payer les salaires en francs, l'économat en francs et tout à l'avenant. Tout le monde est content et la machine se met en route. La viande est le plus grand souci, car elle est dure et mal préparée. Avec le Club, elle deviendra savoureuse.

Tout simplement, le G.O. boucher, en échange de quelques cadeaux, obtient de choisir son bœuf dans les entrepôts frigorifiques. Il sait, bien sûr, celui qui sera le plus goûteux, le plus tendre, et qu'il suffit de le laisser rassir quelques jours avant de le cuisiner.

Jamais personne ne pourra croire qu'il obtenait ce résultat avec le bœuf local de sinistre réputation ; le pain fait par le boulanger du Club était meilleur que les gâteaux soviétiques, parce qu'il savait tamiser sa farine et laisser monter sa pâte.

C'était tout à fait impressionnant d'aller du restaurant du Club à celui d'Intourist dans l'hôtel jumeau.

Un repas au Club était facile, rapide, gai et varié ; pendant ce temps, à côté, même si les huit touristes prenaient tous le même plat pour tout choix, la préposée faisait pour chacun un bon de commande en huit exemplaires, et ils étaient servis avec une lenteur qui les exaspérait.

Et Ankoudinov, qui est alors ministre, me convoque à Sotchi. Sans rien dire, nous parcourons les deux établissements jumeaux, le bureau d'accueil, le bar, la cuisine, le restaurant, la plage.

A l'Intourist, tout est terne, gris, un peu sale, même le soleil semble un peu voilé ; au Club, tout est gai, fleuri, respire la convivialité, le soleil brille dans les yeux moqueurs et heureux de nos adhérents.

Le ministre me dit :

— Alors ?

— Alors, nous devons partir, je pense.

— Oui.

Et nous sommes partis. Simplement un peu tristes de n'avoir pu réussir à créer un partenariat auquel je croyais. Un peu fiers d'avoir pu faire la preuve de la qualité et de la force des équipes du Club.

Nous sommes restés très amis.

Quand, pour Hélène Lazareff, nous organiserons le jubilé de *Elle* à Moscou et à Leningrad, de l'Ermitage au

Nos parents : Raymond
Blanche Trigano.

2. Gilbert et Simone
Trigano lors de leur mariage.

Premières vacances de rêve à Venise en famille.

4. Les enfants : Serge, Lydie,
Sylvie et Brigitte.

. Gilbert et Simone Trigano, Gisèle
t Serge, et leur fils Benjamin.

6.
Serge et Gisèle avec leurs fils Jéremy et Benjamin.
Simone et Gilbert avec le fils de Lydie, Julien.

7. Gilbert au Club.

8. Gérard Blitz et sa femme Claudine.

9. Gilbert Trigano et Gérard Blitz.

10. Dans les années soixante Edmond et Nadine de Rothschild avec Gilbert et Simone Trigano.

11. Dans les années soixante-dix, Gilbert Trigano, Irène Dayan et Edmond de Rothschild.

12. En 1986 avec Daniel Gélin, Serge Reggiani et Roger Pierre.

RAISSANT TOUS LES DEUX MOIS — Décembre 1950

LE TRIDENT

BULLETIN DU **CLUB MÉDITERRANÉE**, 9, RUE BUFFAULT, PARIS - TRU. 04-

LE TRIDENT

Nous avons le plaisir de vous présen-
er le n° 1 du TRIDENT.
Son objet principal est d'établir un
en entre nos adhérents et, par la suite,
e les tenir au courant des projets du
lub.
D'une présentation simple, ce numéro
este dans la limite de nos moyens
ctuels.
Nous espérons que sa parution vous
era tout de même agréable et vous rap-
ellera quelques bons souvenirs de
acances, ma foi assez extraordinaires,
assées dans une pinède au bord de la
ner, sous la tente, quelque part au fin
ond de l'Ile de Majorque...

Le Comité du C. M.

LE "MAITRE SOUS L'EAU".

...Marcel Contal et un superbe mérou !...

LE CLUB MÉDITERRANÉE EST NÉ...

13. Le premier numéro du Trident.

GILBERT TRIGANO

Directeur des Ets Trigano
44-46, Avenue Jean-Jaurès
PARIS — NOR 97 - 70

VOUS PARLE :

« J'ai eu la joie de participer aux efforts du Club en fournissant depuis le 1er jour tout le matériel de couchage et en prenant ma part dans la mise au point de votre nouvelle formule de vacances. Je tiens à faire connaître maintenant à tous les membres du Club que je peux leur fournir à titre personnel tout le matériel dont ils pourraient avoir besoin pour se rendre dans les villages du Club.

14. Gilbert Trigano fournit le matériel.

15. Quelques principes de base.

France-soir — ÉDITION SPÉCIALE — 7e ÉDITION

COTISATION GÉNÉRALE

Le Club Méditerranée lance un appel
SOUSCRIVEZ A L'EMBRUN !

Il n'avait pas payé sa cotisatio

16. La formule de souscription.

7. 2 mars: Les inscriptions des nouveaux membres
rovoquent, rue de la Bourse, l'état de siège.

18. Du soleil et de la neige.
Que demander de plus ?

19. Où vont-ils ?

21. 22. 23. 24. Les couvertures du *Trident*.

20. Les villages et les chefs de village.

25.
1er séminaire avec tous les G.O.

26. 27. 28. 29. Serge au début de sa carrière de chef de village.

30.
Serge et ses G.O.

31. En 1978, élu manager de l'année.

32. En 1985, avec Baudis et Platin

33. En 1987, décoré par François Mitterrand.

34. En 1991, avec César et Jack Lan

35.
Avec
Leila Chahid.

36.
Avec le Pape.

7. Gilbert Trigano à son bureau avenue Hoche.

38. Il fume encore.

9. Les nouveaux locaux de la place de la Bourse.

40. Toute une vie de complicité.

41. Gilbert et Serge.

42. Serge à Agadir.

43.
Gilbert sur
le *Club Med 1*.

44. A Agadir avant son départ.

45. Gilbert et Serge à Djerba.

Palais Tetrakov, du Kirov au Bolchoï, nos amis russes nous permettront de réaliser pour tout le monde un séjour quasi surréaliste en URSS, avec limousines à disposition, de l'arrivée jusqu'au retour, avec cadeaux et impressionnante boîte de caviar. Et en ce temps, le caviar russe – celui-là en tout cas – était le meilleur du monde.

Nous ne reviendrons en URSS qu'une seule fois, à la chute du mur de Berlin et à la libération des pays satellites.

En sept jours, avec un avion affrété, nous ferons, jour après jour, Berlin, Prague, Sofia, Bucarest, Budapest, Varsovie, Moscou. Et bien sûr, tandis que tous avaient donné leur accord, je n'obtins le feu vert de Moscou qu'une heure avant le décollage, programmé depuis un mois.

Je crois que ce circuit de l'espoir, tout chargé d'une émotion intense, a été et restera, pour les cent cinquante témoins de ce moment tant espéré, un grand souvenir.

Une fois de plus, parce que le téléphone portable n'existait pas encore, il m'a fallu rester devant le téléphone du bureau, des heures durant, pour résoudre les objections que les Russes soulevaient sans fin. Etait-il vrai que l'avion était parti ? et qu'il s'était posé là, puis là ?

Les Russes m'ont permis de réaliser une belle aventure et m'ont refusé le bonheur d'en être un participant. Mais que demain un esprit nouveau naisse en Russie et nous invite à fêter chez eux, avec eux, pour eux et pour nous, une nouvelle aventure, je crois qu'il faudra encore et toujours la tenter.

J'avais fait une espèce d'inventaire mondial de ce que je croyais être l'avenir du tourisme. Je sentais combien il était orgueilleux et impudique de ne considérer le monde que par rapport à son métier, mais j'aimais ce petit « guide du futur ».

Après la Méditerranée du Nord, nous avions assuré notre présence en Méditerranée du Sud : Tunisie, Maroc, l'Algérie retrouvée et perdue, Israël, l'Egypte et la Turquie.

L'Ouest s'ouvrait à nous, nous y avions fait nos premiers pas en Guadeloupe et pensions qu'il nous fallait nous implanter en Afrique francophone. Deux pays nous attiraient plus que les autres après les premiers contacts avec les présidents Léopold Sédar Senghor, du Sénégal, et Houphouët-Boigny de la Côte-d'Ivoire.

Répondant à une invitation du président Senghor, je me rends à Dakar et, naturellement, je tombe amoureux du site de l'île de Gorée, et sa légende et son histoire me sont aussi un symbole.

J'explique au ministre du Tourisme ce que j'imagine dans cette île ; il me conduit chez le Président et j'obtiens de signer un contrat nous permettant de nous y installer.

Je rentre à Paris assez fier à l'idée de transformer cette île de douleur en village d'espoir et d'amitié.

Très vite, hélas, j'apprends que M. Augier, président-propriétaire du palace de la Côte d'Azur, le Négresco, s'est rendu à Dakar, qu'il a expliqué au Président qu'il serait dommage de donner le site de Gorée au Club Méditerranée, qu'en ce lieu, ses associés américains et lui veulent construire des villas de luxe pour Américains noirs et riches qui rêvent d'avoir une résidence sur les lieux de leurs ancêtres. Bien sûr, le président Senghor, homme de parole s'il en fut, se déclare engagé avec nous, mais il est évident qu'il est séduit par cette nouvelle proposition.

Je m'étais promis de passer quelques jours au Sénégal pour y lier des contacts en vue de notre installation.

Augier me fait savoir combien notre projet est dommageable pour le Sénégal, sa femme, décoratrice talentueuse, ne décolère pas contre l'installation du Club à Gorée.

Dès mon arrivée, le président Senghor me reçoit et me confirme qu'effectivement ce nouveau projet lui semble tout à fait intéressant.

Devant la franchise et la cordialité de cet entretien, je décide qu'il est libéré de notre accord, et je le déchire devant lui. Je lui explique néanmoins que si j'étais américain, noir et originaire d'Afrique Occidentale, je ne ferais sûrement pas l'acquisition d'une villa à Gorée. Je ne bâtirais pas l'avenir de mes enfants sur ce terrible passé. Sur ce, j'exprime clairement que le Club maintient son désir de s'installer au Sénégal.

Au côté de Senghor, il y a un homme jeune, d'autant plus grand que Senghor et moi sommes petits, au regard vif, pétillant d'intelligence : Abdou Diouf, jeune ministre qui deviendra Premier ministre, puis Président, et avec qui je continuerai et élargirai le travail commencé avec son Président.

En tout cas, le président Senghor me dit : « Prospectez mon pays, le lieu que vous désirerez vous sera accordé. »

J'ai retrouvé à Dakar Simone et Antoine Veil, et Jacqueline Auriol, l'aviatrice, la femme alors la plus rapide du monde et qui a fait preuve, après son terrible accident, d'un courage et d'une volonté de vivre extraordinaires : je l'admire et je l'aime.

Et nous partons plein sud, eux trois, Simone et moi.

Le deuxième soir, nous arrivons au Cap Skirring et nous sommes tous les cinq parmi les premiers Français à camper sur cette plage, à nous baigner et à pêcher sur ce lieu qui deviendra le village de Cap Skirring. Il nous apportera d'immenses joies, et j'y subirai le plus grand drame que le Club ait connu, qui me poursuit encore aujourd'hui. Au petit matin du 9 février 1992, l'avion de Cap Skirring s'est écrasé.

Il a été prouvé que c'était une faute humaine, contre laquelle je ne sais comment on aurait pu se prémunir. Il n'existait aucun moyen de se protéger ni de protéger nos adhérents.

Ce drame m'a marqué à jamais. Si après cet événement j'ai connu d'immenses joies et quelques vrais douleurs, tristesses et chagrins, jamais plus je n'ai vécu de journée totalement heureuse.

Chapitre 15

RENCONTRER

Mon métier m'a permis d'approcher et quelquefois de devenir ami avec ceux qu'on appelle les grands de ce monde. J'ai appris à leur parler, à leur inspirer confiance et, par miracle, à me faire accepter par certains. Avec le roi du Maroc, un long dialogue commença avant même qu'il ne prenne le pouvoir.

J'avais trouvé un site dans le Rif, à Al Hoceima, plusieurs dizaines d'hectares dans une forêt domaniale, face à un fort qui servait de prison. Le village pouvait être doté d'une capacité de cent lits, installés dans des cases qui, depuis Corfou, sont devenues l'habitat de référence du Club. Je suis contacté au mois de juin 1960 par le Palais Royal de Rabat qui m'annonce la visite du Prince héritier. Je saute dans un avion pour Casablanca, d'où je prends une voiture et couvre en une nuit cette route interminable, aussi pénible que dangereuse, qui mène à Al Hoceima. Le Prince arrive, visite le village, et s'étonne que sur une propriété aussi grande, le village qui est installé soit si petit. Je lui rappelle les difficultés d'accès et les longues heures de route que les G.M. doivent supporter entre l'aéroport de Tanger et le village d'Al Hoceima. Seul un aéroport pouvant accueillir des Caravelle permettrait d'améliorer le nombre de visiteurs et nous donnerait la possibilité de doubler la taille du village. Le futur roi Hassan II promet une piste d'atterrissage pour l'année suivante, et je m'engagerai à multiplier la taille du village. Le Prince héritier aura à cœur de tenir sa parole et, un an plus tard, inaugurera officiellement le village. L'avion princier arrivera en même temps que le charter des G.M., à bord duquel j'aurai pris place. Au moment de l'atterrissage, un dialogue surréaliste s'établira entre la tour de contrôle, l'avion du Prince et le charter du Club, pour savoir qui se posera le premier, le Prince tenant à ce que ce soit notre avion, le protocole insistant pour que le Prince se pose le premier. De plus et année après année, j'ai toujours été reconnaissant au Roi de son soutien. Le Maroc est pour le Club le pays où il a pu tenter ses expériences. L'appui de Sa Majesté a toujours été efficace et c'est peut-être à Marrakech qu'il s'est avéré être le plus déterminant.

Sur la magique place Djemaa el-Fna, nous négocions avec le gouverneur l'achat d'un petit terrain qui sert en fait de dépotoir. Lucien Cohen, génial et modeste architecte, y conçoit une « médina de tourisme » discrète. C'est le déchaînement, non pas des autorités religieuses car elles savaient ce que nous allions faire, mais de la presse culturelle française et *le Monde* nous assassine sans savoir. Une fois construit, le village disparaît sous la végétation et même, sur la place, sa discrétion surprendra et recueillera l'accord de tous.

En 1985, nos relations deviendront plus compliquées : depuis de longs mois, le Club est sollicité pour reprendre la gestion de deux hôtels à Layoume, situés dans la partie récupérée du Sahara. A l'époque, le Polisario, mouvement révolutionnaire appuyé par les Algériens, revendique haut et fort sa souveraineté sur ce territoire. Les autorités marocaines contestent ces prétentions et décident, pour renforcer l'autorité du Royaume, d'investir lourdement dans la ville de Layoume. Le roi avait confié la construction de deux hôtels de luxe à André Paccard, décorateur très en cour à l'époque, et le projet avait été réalisé en quelques mois. De nombreux émissaires du Royaume étaient venus nous solliciter place de la Bourse pour que le Club reprenne en gestion ces deux hôtels. Le Club gérait déjà sept villages au Maroc, et le côté politique de l'affaire nous préoccupait un peu.

Un jour, un message du Palais nous confirme que le roi s'impatiente, que je suis attendu dans les jours qui viennent pour une audience au Palais Royal de Marrakech, et qu'un avion du Palais nous transportera à Layoume. Nous voilà donc avec quelques collaborateurs du Club dans cette ville de garnison, sans grand charme, sans accès direct à la mer, avec deux hôtels à visiter, certes de belle qualité mais dans lesquels on imagine difficilement installer de nombreux G.M. On visite, on tourne en rond, le gouverneur de la province est là pour nous vanter les charmes d'une ville où plus de cinquante pour cent des habitants sont des militaires... Tout ce qu'on aime, tout ce qu'il faut pour attirer des vacanciers !

On se retrouve dans le Mystère 20 royal, de retour à Marrakech, essayant de réfléchir à ce que l'on pourra dire à Sa Majesté et ce qu'on pourrait éventuellement faire de ces deux hôtels, qui sont tout sauf des villages de vacances. A bout d'arguments, on se dit que de toute façon il faudra s'engager en tentant de limiter les dégâts et en ne choisissant qu'un seul hôtel. Le roi nous recevra un peu plus tard dans l'enceinte du Palais Royal. Très bien habillé, souriant et décontracté, il nous installe sous une petite tente où certains de ses ministres patientent depuis longtemps. Après quelques mots d'accueil, Sa Majesté me demande comment j'ai trouvé le site. Fidèle à mes habitudes, je brosse un tableau assez élogieux de Layoume, de son architecture, de ses habitants, de la proximité de la mer... Serge m'adresse un regard amusé : il doit se demander si nous avons visité la même ville. J'explique au roi que nous avons visité un magnifique hôtel et que je serais très heureux que le Club en assume la gestion. Le roi, toujours vif et malin, me rétorque : « Mais Trigano, vous avez visité deux hôtels. » Ma méthode a lamentablement échoué : le Club se retrouvera en l'espace de quelques secondes avec les deux hôtels sur les bras. Comble de l'ironie, ce sera certainement sur le plan financier une des plus belles affaires du Club... L'ONU sera chargée d'une mission d'observation, les hôtels seront réquisitionnés, le taux d'occupation avoisinera les cent pour cent, les autorités marocaines, certes avec un peu de retard, finiront par nous payer.

Les relations seront plus compliquées et plus tendues avec les autorités algériennes. Le contact avec le président Boumediene aura tant de mal à s'établir que nous irons vers la rupture. Un jour de 1971, Bouteflika, son ministre des Affaires étrangères, me dit : « Monsieur Boumediene est fou de rage contre vous. Vous vous comportez comme un propriétaire terrien dans un pays libre et indépendant. » Je le regarde, ahuri, sans comprendre. « Il veut vous rencontrer », ajoute-t-il. C'était la période du rapprochement entre la Tunisie et l'Algérie. J'appelle à la rescousse Mohamed Masmoudi, à l'époque ministre des Affaires étrangères de Tunisie, et lui demande de venir avec moi à ce rendez-vous. La réunion se déroule à Djerba où Boumediene avait des entretiens avec Bourguiba. Je suis reçu. Commence une longue dissertation de Boumediene à mon usage : « Vous comprenez qu'il n'est pas acceptable que quelqu'un puisse se comporter comme un propriétaire. – Si je fais des prestations de services, c'est bon aussi pour l'Algérie. – Oui, mais il y a une chose que j'exige, c'est que les touristes s'en aillent quand j'invite mes gens à Tipasa. » Je lui explique que cela me paraît envisageable si j'en suis informé dans un délai raisonnable. Le cas s'est déjà présenté plusieurs fois et n'a posé aucun problème. « Oui, mais moi je ne veux pas décider avant, je veux pouvoir dire et disposer du Club de Tipasa tout de suite. » Je lui explique que je ne peux pas faire partir du jour au lendemain des vacanciers qui ont le droit eux aussi à un minimum de considération. « Mais enfin, me répond-il, si je décide de recevoir trois cents personnes du jour au lendemain, je veux les recevoir chez moi, et le Club, c'est chez moi. » La conversation s'est envenimée. J'ai dû lui rappeler que je louais cet emplacement dont il était le propriétaire mais dont il nous concédait l'usage. Commence alors le grand marchandage : « Si je vous le dis avec un jour de délai, cela suffit ? –Non, Monsieur le Président, ce n'est pas possible, si vous me donnez un mois ça va. – Alors, trois jours ? » La négociation s'éternisera jusqu'à l'aube. On évoquera le sens de la fête, l'amitié entre les hommes, avec des interventions de Masmoudi, de Bouteflika. A l'aube, il me propose un délai de quinze jours. Je lui ai dit : « Monsieur le Président, quinze jours, je me débrouille, le village sera prêt pour recevoir vos invités, et nos touristes seront ailleurs pendant la durée que vous aurez déterminée. » Je me sauve, épuisé, quand Bouteflika me court après et me demande de revenir. Le Président vient de changer d'avis, il veut quatre jours. « Monsieur le Président, ça je ne peux pas, je ne sais pas faire et je ne veux pas faire. – Alors vous partirez. » Je n'ai pas cédé. Je suis rentré au village. Au Chef du village, à l'époque Gilbert Stevanin, j'explique qu'on doit plier bagage dans les plus brefs délais avant d'aller annoncer aux adhérents qu'on va leur offrir d'autres vacances. Je commets un péché qui nous coûtera cher : je décide de payer le personnel algérien jusqu'à la fin de la saison. Je ne trouvais pas normal que ces garçons et ces filles perdent leur salaire de l'été par la faute de mon désaccord avec Boumediene. Je paye les fournisseurs, bien entendu, et l'équipe du Club rentre en France. M. Bouteflika vient me voir quelques mois plus tard et m'avoue : « Il ne te pardonnera jamais, d'abord que tu sois parti, mais que tu sois parti en payant, en te donnant le beau rôle auprès des Algériens qui travaillaient avec toi, ça, il ne pourra jamais te le pardonner. » Et il avait raison, Boumediene ne me l'a jamais pardonné.

Boumediene est mort et j'ai essayé de retourner en Algérie avec Monsieur Chadli, mais il subsiste une espèce de contentieux moral difficile à expliquer et à vaincre. J'espère que mes successeurs réussiront à contourner les obstacles et à se réinstaller dans un des plus beaux pays du monde, le jour où il pourra enfin recommencer à vivre en paix.

Des chefs d'Etat, y compris parmi les plus capricieux de la planète, j'en ai rencontré beaucoup. J'ai pu constater que même dans des pays où ils sont considérés par certains comme des dictateurs, leurs souhaits les plus forts ne sont pas pour autant toujours exaucés. Ainsi de Fidel Castro que j'ai rencontré au tout début de mes investigations à Cuba, en 1975. Il m'a fait l'effet d'un homme exceptionnel, hors normes, souhaitant développer le tourisme dans son pays et prêt à consentir beaucoup d'efforts pour réussir ce pari. Le peuple cubain possède un véritable sens de la fête, une sincère convivialité, et donc on pouvait s'attendre à ce que tout se passe bien dans cette île où on avait loué dès 1977 un hôtel modeste, mais agréable. Un beau jour, le responsable du Tourisme cubain accepte qu'un orchestre vienne passer quelques jours au village. La musique cubaine, avec la brésilienne, symbolise à mes yeux la fête et les vacances. Arrivent au Club deux camions énormes remplis d'instruments. On décharge les instruments et on attend l'orchestre. Dix jours, quinze jours, trois semaines ; au bout de trois semaines, le camion revient à vide et recharge les instruments. Quatre jours plus tard, les musiciens arrivent, les instruments étaient repartis. Les musiciens restent là huit ou dix jours, et puis ils en ont marre d'attendre leurs instruments. Ils repartent. Cinq jours après leur départ, les instruments reviennent. Toute notre première saison à Cuba fut axée sur ce « happening » burlesque, mais désespérant. Ce qui s'était passé avec les instruments pouvait s'appliquer au boulanger, au boucher. Nous étions obligés de vivre sur une espèce de corde raide, avec des adhérents que cela faisait rire au début, mais bientôt grincer des dents. Tout devait arriver le lendemain... Mais les lendemains déchantaient toujours. Ainsi se passa notre première saison à Cuba, en discussions avec les responsables cubains qui nous promettaient que tout irait mieux la saison prochaine. Allan Bahuet, le Chef de village, tente l'aventure de la seconde année. Elle se passe presque plus difficilement que la première. Plus encore de bureaucratie et moins de charme.

L'expérience s'acheva après deux saisons. Et ce n'est qu'à la fin des années 80 que les autorités exprimèrent leur désir de voir le Club s'implanter à nouveau chez elles. Le gouvernement, confronté à de nouvelles difficultés économiques, avait décidé de jouer à fond la carte du tourisme, et les grandes organisations cubaines souhaitaient toutes signer « l'accord » avec le Club.

Il est en effet impossible pour une société étrangère de travailler de façon indépendante, et les implantations passent obligatoirement par une *joint-venture* qui débouche sur des contrats de management et de commercialisation, par lesquels l'opérateur étranger reçoit un pourcentage plus ou moins élevé du chiffre d'affaires ou du résultat, en échange de sa contribution au tourisme cubain.

Le Club étant alors dans la zone Caraïbes sous la juridiction de la société américaine Club Med Inc., nous soumettions périodiquement le sujet au Conseil d'administration. La réponse était toujours la même : « Il n'est pas question pour une société américaine de faire du business avec Cuba, c'est totalement interdit et nous ne prendrons aucun risque. »

Quelques missions issues du siège parisien avaient toutefois lieu de temps en temps, et nous fîmes connaissance d'un des groupes locaux à fort potentiel et qui chaque année prenait un peu plus d'envergure, le groupe Gaviota. Il s'agissait en fait de la branche civile de l'armée cubaine. Les autorités avaient compris avant bien d'autres qu'il n'y avait plus d'avenir dans le secteur militaire, et que la grande industrie du XXIe siècle serait le tourisme. Les responsables sont des généraux qui ont fait de fréquents séjours en Afrique – en Angola surtout –, les avions sont pour la plupart des avions militaires repeints avec des couleurs de vacances, et les sites choisis d'anciennes bases militaires.

En 1994, le Club sort de la Bourse américaine et devient *ipso facto* libre de réétudier son implantation. Les missions se multiplient. Dudule, notre talentueux découvreur qui a pendant vingt ans dirigé les Sports, est envoyé sur place. Fidèle à son habitude, il part avec sa petite valise, son équipement sportif, et revient dix jours plus tard avec des notes parfaites de précision (c'est un ancien horloger !). Les autorités lui ont montré tous les sites. Il en a retenu quelques-uns dont le plus intéressant est situé à Varadero, sur une plage fermée. Mais un hôtel est déjà en construction et deux autres sont prévus sur cette plage, soit un ensemble de plus de deux mille chambres. Serge ira voir, quitte à négocier la taille du complexe si nous estimons que la bataille en vaut la peine.

Au début, nous arriverons les bras chargés de chocolats, de foulards et de parfums. On comprend vite qu'à Cuba ces articles de luxe sont déplacés. Le pays vit difficilement son expérience socialiste, le blocus implacable des USA a pour résultat une pénurie quasi totale de tous les produits de première nécessité. Les foulards et parfums seront vite remplacés par des pots de Blédine Premier âge et par des médicaments.

Le site se révèle superbe. S'engage la négociation avec le ministre du Tourisme, mais aussi avec l'homme qui monte à Cuba, le responsable principal des réformes économiques : un certain Carlos Laage. Le ministre, M. Cienfuegos, fait lui partie du premier cercle, le clan des historiques. Son frère fut un des très proches de Fidel durant la conquête du pouvoir, et il occupe lui-même aujourd'hui et depuis très longtemps un des postes clés du régime. Il a éternellement son cigare à la bouche, parle de façon directe, exprime ses critiques sans ambages : une fois le contrat signé, il ne ménagera pas sa peine et suivra le chantier de très près.

Carlos Laage est jeune, il n'a pas participé à la conquête du pouvoir et il est là pour aider à remettre le pays sur les rails. C'est le premier vice-ministre du gouvernement, il est en fait le numéro trois après Fidel et son frère Raúl. Il reçoit dans son bureau à toute heure du jour et de la nuit, et sept jours sur sept. Il essaie de concilier le socialisme cubain et les contingences économiques, il sait que le tourisme représente une véritable opportunité pour Cuba et que la présence du Club peut amener d'autres opérateurs ou investisseurs à s'intéresser à cette destination. De toute évidence il connaît son dossier, il a été briefé. Il souhaite ardemment notre arrivée et fera en permanence tout son possible pour nous faciliter la vie et nous permettre de contourner les méandres de l'administration cubaine, modèle de souplesse et d'efficacité. Les choses sérieuses commencèrent quand il fut question de la taille de l'hôtel. Le « Plan » avait prévu deux mille chambres, avec une esthétique bulgaro-socialiste datant au mieux des années 60 et en aucun cas ni cubaine ni confortable. Serge leur proposa les services de sa femme pour les assister. Ils n'osèrent pas refuser. Ils pensaient de toute façon que « leur » hôtel serait comme ils l'avaient décidé. Ils ne savaient pas encore à quel point on allait changer leur projet et faire d'un banal hôtel un lieu de référence pour une nouvelle hôtellerie cubaine.

Benites, le général-président de la société, vint en personne préparer l'accord final. Il accepta l'ensemble de nos demandes. La légende dit qu'il alla une nuit parler, au Leader Maximo, des G.O., du métier de Chef de village, et que celui-ci accepta de jouer une nouvelle fois la carte du Club. La légende est belle. J'en fis la version officielle de l'histoire.

Faut-il, alors qu'un pays vit sous un régime de dictature, accepter de s'y implanter ? Les opinions sont tranchées. Moi-même, il m'arrivera de beaucoup hésiter. En 1980, après bien des atermoiements, le Club décida de s'implanter à Haïti. Le pays subissait alors le joug de Baby Doc, le président Jean-Claude Duvalier, fils de Papa Doc, décédé.

Il n'y avait pas de grandes entreprises de construction dans l'île, et les plus importantes avaient toutes refusé le projet qui les dépassait par son ambition. Les responsables de la construction du Club avaient donc modifié les systèmes contractuels et divisé le projet en sept sous-projets, chacun d'eux étant attribué à une petite entreprise d'Haïti. L'opération était lourde, compliquée, mais permettait une bonne implantation locale. Le chantier avançait bien, le calendrier était respecté. Je décidai d'aller inspecter le site en compagnie de Serge et de Gilles de Vilmorin qui avait balisé les différents problèmes de taxes et de fiscalité. La visite devait être de routine, agrémentée d'une audience auprès de Baby Doc dans la cour du palais à Port-au-Prince.

La température est chaude, l'atmosphère moite. Un officier tiré à quatre épingles nous fait pénétrer dans l'antichambre avec vue sur les garages où s'entassent pêle-mêle Ferrari, Rolls-Royce et Mercedes. Nous sommes invités à entrer dans le bureau du Président. Il nous semble tout jeune et est doté d'un certain embonpoint. Le président Duvalier s'aventure dans un discours qu'il a dû préparer ou qu'on lui a préparé avec soin. Il parle, heureux d'avoir un auditoire attentif. Il parle très doucement, faiblement presque, avec lenteur mais sans articuler ses phrases. Je suis déjà assez sourd et, même penché, je ne saisis que quelques mots : son pays est beau, son peuple est travailleur, tout le monde est honnête... C'est du moins ce que je crois comprendre et que je traduis à Serge et Gilles qui ne semblent ni entendre ni comprendre. Comme ma surdité m'y contraint parfois, je surenchéris sur les propos que je lui prête ; je lui dis que nous sommes d'accord sur tous les points : pas de taxe bien sûr, cent permis pour les G.O., pas d'impôts présents ni futurs. Serge et Gilles sont ahuris de me voir si bien entendre et comprendre. En fait, je tentais de donner à ce gros petit jeune homme le sentiment que, pour une fois, un homme d'âge l'écoutait. Nous sommes sortis de cet entretien picaresque, lui content de moi et moi, amusé de lui.

Et nous avons fait le village. Nous y avons vécu de longues années de troubles, et il a fallu le fermer longtemps. Le personnel haïtien protégea le village et se montra d'une fidélité exceptionnelle. De son côté le Club a continué de leur verser, tout au long de cette terrible période, un revenu qui leur permettait de vivre, ce qui hélas ne résolvait pas tout. Ce peuple émouvant, d'une gentillesse incroyable devrait enfin avoir droit au bonheur.

A côté des hommes politiques, il y eut parfois des rencontres avec des gens d'un tout autre milieu. Ainsi, Charly Benillouz avait été amené à rencontrer des patrons de casinos qui voulaient absolument installer des machines à sous dans l'ensemble de nos villages. J'étais, tout comme Charly, totalement réfractaire à cette idée, mais en bon diplomate j'avais néanmoins accepté d'organiser un rendez-vous à Paris. Ce jour prévu tombait mal. Nous étions en plein conflit syndical à l'île Maurice, le personnel était en grève, et nous avions tous la tête ailleurs. Je maintiens le rendez-vous.

La délégation arrive, trois hommes très bien habillés, cigare au bec, souriants, charmeurs, certains d'apporter une manne à ces braves Frenchies qui ont tout à apprendre du vrai business. La discussion commence : « Les casinos seront demain la vraie source de revenus des hôtels de vacances. Regardez Las Vegas. Le Club, avec ses quatre-vingts villages, a de formidables opportunités. Nous voulons faire quelque chose avec vous. — Oui, vous avez sûrement raison, mais que vont penser les responsables politiques des pays qui nous accueillent ? Les casinos peuvent présenter des impacts sociologiques néfastes, ils peuvent aussi contrarier les sensibilités religieuses. Et puis vous savez, la philosophie du Club, c'est un monde sans argent. Regardez les colliers-bar. Non, je ne crois pas que nous soyons prêts à franchir le seuil. »

Nous sommes tenus au courant heure par heure de l'évolution du conflit à l'île Maurice. Les choses ne s'arrangent pas. Charly sort de la salle, part téléphoner au Chef de village, revient, fume encore plus que d'habitude et, malgré son flegme légendaire, son inquiétude devient palpable. Nos interlocuteurs s'en aperçoivent et demandent ce qui se passe. Charly leur explique le conflit, la dureté des syndicats, l'inquiétude du Chef de village. Eux : « Ah, vous savez, nous avons de bonnes relations avec les syndicats un peu partout dans le monde. On pourrait voir ce qu'on peut faire. » Charly : « Vous êtes gentils mais le conflit se passe à l'île Maurice, on est bien loin de Las Vegas, et je vais y descendre ce week-end pour tenter de régler le dossier. » Nos interlocuteurs nous demandent s'ils peuvent téléphoner. Charly les accompagne dans un bureau. Ils ferment la porte.

Au déjeuner, l'ambiance est chaleureuse, nos bonshommes racontent leur expérience, leurs relations avec le monde des syndicats, leur pouvoir et l'argent qu'ils brassent. Grand numéro de séduction. Cigare au bec toujours, ils entrent dans mon bureau pour boucler la négociation. C'est à ce moment-là que le téléphone sonne. C'est un appel pour Charly en provenance de l'île Maurice. Il prend la communication, reste muet. Ahuri, il raccroche, et m'explique que le Chef de village vient de lui annoncer que les employés ont décidé de reprendre le travail sans qu'aucune nouvelle ouverture dans les négociations ait été envisagée. Inexplicable. Je me retourne vers mes visiteurs. Ils me sourient d'un air entendu... Aucun commentaire ne sortira de leur bouche. A des milliers de kilomètres, nos charmants visiteurs, sur un simple coup de fil, avaient arrêté un conflit syndical qui durait depuis une semaine. Nous n'en ouvrîmes pas pour autant leurs casinos. Les trois hommes disparurent à tout jamais. Au Club, nul n'en entendit plus parler...

Avec les réseaux d'influence, les clans, les luttes intestines, les premiers cercles, les Présidents, j'ai appris à être prudent, en tentant de les contourner sans jamais les affronter ou les vexer. Mieux vaut se montrer courtois avec celles et ceux qui peuvent faire et défaire des projets et des réputations. Mieux vaut faire semblant de les écouter sans pour autant les croire.

En 1982, le Club inaugure le village d'Ixtapa. C'est une réalisation des architectes mexicains, financée par la Fonatur, fonds d'Etat destiné à promouvoir le tourisme dans les lieux vierges.

L'inauguration se présente bien. La liste des invités comporte à la fois des personnalités américaines et européennes. De Bob Crandall, le patron d'American Airlines, à Steve Ross, patron de la Warner au sommet de sa gloire, en passant par Merv Griffin venu pour m'interviewer, le ministre du Tourisme de Côte-d'Ivoire... et tant d'autres.

Le président de la République du Mexique a fait annoncer sa venue pour le dimanche à l'occasion de la cérémonie officielle. L'événement sera couvert par l'ensemble des chaînes de télévision mexicaines.

Le ministre du Tourisme de l'époque est une ravissante jeune femme, dotée d'un charme ravageur et d'une forte autorité. Le Président n'est, paraît-il, pas insensible à sa séduction. Lorsqu'elle arrive le vendredi avec ses collaborateurs, très belle, très souriante, il est difficile d'imaginer le message qu'elle va nous adresser. A sa demande, est organisée une réunion au cours de laquelle elle annonce que, devant l'importance que le gouvernement mexicain accorde au tourisme, et devant le succès du Club, elle a tout simplement proposé au Président, qui l'a accepté, de procéder à la nationalisation des activités du Club au Mexique... Le Club sera bien sûr indemnisé et conservera néanmoins le pouvoir de nommer les Chefs de village, d'assurer la gestion des installations, mais pour le compte de l'Etat et selon ses propres instructions. Elle nous présente ensuite le protocole d'accord qui devra être signé le dimanche, en présence du président de la République, des officiels et de la presse mexicaine.

Un moment interloqué, je lui fais savoir que sa proposition est totalement inacceptable, et que je préfère fermer toutes les installations plutôt que de me soumettre à un tel diktat. A partir de ce moment se dérouleront les heures les plus tendues qu'il m'ait été donné de vivre dans un cadre aussi idyllique. D'un côté, les mariachis, les danseurs, les belles G.O., les cocktails, la fête, et moi tout sourire, comme si de rien n'était, et de l'autre, trois fois par jour, des réunions âpres, insupportables, où je me bats pied à pied pour bloquer le deal, sans rompre totalement.

La ministre explique que si je refuse l'accord, le Président, avec qui elle est en relation permanente, annulera son voyage. Je négocie, argumente, plaide, et récrit, pendant la nuit du samedi au dimanche, un nouvel accord qui semble avoir la faveur des autorités, mais qui en réalité est totalement creux, et devrait nous permettre d'assurer nos activités en toute liberté jusqu'à la fin du mandat présidentiel.

On est dimanche, il est 11 heures 45, la ministre accepte mon papier. A-t-elle compris que je n'ai pas cédé d'un pouce ? Croit-elle avoir gagné ? On ne le saura jamais. Le Président arrive à midi, et la cérémonie débutera un quart d'heure plus tard. Le discours sera parfait, l'accord conclu. La jolie ministre partira, comme c'est l'usage, dans le cortège du Président.

Le ministre du Tourisme du gouvernement suivant considérera tous ces accords comme nuls et non avenus, et me proposera de nouveaux sites, de nouveaux hôtels, comme si rien ne s'était jamais passé !

Toutes les inaugurations comportent leur lot d'anecdotes. L'ouverture de Djerba la Douce, pendant l'hiver 1971, fut fêtée en présence de hautes personnalités sous des trombes d'eau qui durèrent tout le week-end, et le village fut rebaptisé « Djerba la Douche » par les invités, et surtout par le petit poète du *Canard Enchaîné*, Roland Bacri.

A l'occasion de l'ouverture de Louxor, en Egypte, on frôla l'incident diplomatique. La femme d'un très haut dignitaire français interpella, à la stupéfaction de certains, un homme noir de belle allure, près de la piscine, pour lui demander de lui servir un thé, ce qu'il fit avec beaucoup de classe. Le soir, au dîner de gala, elle faillit tomber de sa chaise lorsque je fis asseoir à sa droite le « serveur » de l'après-midi, le ministre du Tourisme de Côte-d'Ivoire en personne. Ce dernier, sans la moindre rancune, sut par sa culture, son humour et sa simplicité, mettre les rieurs de son côté.

A Da Balaia, en 1986, le président Mario Soares reçut au village quelques hautes personnalités politiques, Simone et Antoine Veil, Laurent Fabius et Jack Lang, pratiquant à l'occasion un très bel exercice de cohabitation politique.

Bali, quelque temps plus tard, fut l'une des plus belles et des plus fastueuses inaugurations. Le président Suharto était venu personnellement, entouré des grands dignitaires du régime, et les troupes de danse balinaises donnèrent à cette occasion un inoubliable spectacle. Seul Jacques Attali, arrivé le matin de Paris après quinze heures de vol, manqua la fête sur un coup de téléphone de l'Elysée l'invitant à rentrer le soir même auprès du président Mitterrand.

A Rio das Pedras, en 1987, les invités passionnés de football, et ils étaient nombreux, comme Santo Versace, faillirent s'étrangler de bonheur lorsque le Club organisa un tournoi, et que Pelé – jouant le G.O. footballeur – s'intégra à leur équipe.

Chapitre 16

L'AMOUR AU CLUB, L'AMOUR DU CLUB

L'esprit de famille règne au Club. On me l'a assez reproché. Tous mes enfants se sont mis à travailler au Club, je ne vois pas comment ils auraient pu y échapper. Seule Brigitte, la plus jeune, a su le faire. Dès leur réveil, à la maison, ils entendaient parler du Club. Ils rentraient de l'école ou du lycée, et à la maison la famille ne savait parler que du Club, le téléphone ne sonnait que pour le Club, je racontais un voyage ou un autre, et ils ont été conditionnés à vivre avec le Club qui était devenu une sorte de personnage doué d'une existence. Ma femme était persuadée que l'on faisait l'amour à trois, elle, le Club et moi, sans savoir si le Club était masculin ou féminin. Ce personnage est presque plus vivant que les vivants et possède une force propre. Il chantait mes nuits et mes jours. A deux heures du matin, on m'appelait en me disant : « Il y a un cyclone qui est en train de passer sur la Martinique. Que faut-il faire ? » D'un seul coup, je me réveillais, je téléphonais dans tous les coins du monde, j'essayais de trouver un avion. Le Club était devenu le personnage central de notre vie, de notre famille.

Les vacances sont un temps de liberté pour tous. Quand j'étais un tout jeune homme, nous surveillions ce que nous appelions le train des cocus. Le vendredi soir, le mari arrivait au lieu de vacances, il venait rejoindre sa femme et ses enfants. A ce moment précis, nous on allait traîner ailleurs, et on revenait voir les dames à partir du lundi. C'était une très grande époque de liberté des mœurs. Le nombre de femmes qui ont trompé leur mari – physiquement ou par la pensée, pour moi c'est la même chose – est considérable et notre génération est sortie de ces faux-semblants pour fabriquer une nouvelle vérité. Je ne suis pas persuadé qu'on aime une seule fois, une seule femme, ou un seul homme toute sa vie.

L'amour au Club, c'était formidable. Vous êtes libre dans votre tête parce que disponible et prêt à l'amour. J'ai assisté à des moments magiques : quand le regard d'un homme se posait sur une femme, l'éblouissement surgissait. J'ai vu sa peau devenir plus douce, son œil s'irradier de bonheur et de plaisir. Quel formidable cadeau, quel don du ciel ! On appelle cela un amour de vacances... c'est assez tendre, ça vous apporte quinze jours de soleil et de lumière dans la grisaille de l'année. Et puis cet amour de vacances devient parfois l'amour de votre vie, d'autant plus fort que ses premières heures ont été marquées par le soleil, par ce contexte de tendresse qui ne va peut-être jamais s'éteindre. J'ai été très amoureux de l'amour que le Club nous donnait aux uns et aux autres. Le Club m'a permis d'aimer l'amour. Certains Chefs de village ont permis des mariages, des anniversaires extraordinaires, exceptionnels. La fête que nous avons préparée pour le départ de

Gérard reste probablement l'une des plus belles dans nos mémoires. Quand Gérard est apparu devant ces mille G.O. et a commencé à parler, tous se sont levés pour lui faire une ovation inimaginable.

Dès les premières années, les problèmes de santé ont tenu une place importante dans nos préoccupations. Tout le monde sait aujourd'hui combien les vacances peuvent être perturbées et parfois gâchées par des imprudences banales : s'exposer trop vite et trop longtemps à un soleil trop brutal, plus encore boire glacé en consommant trop de melon et de pastèque, et la « turista » peut mettre sur le flanc souvent pour deux ou trois jours une population vacancière insouciante et imprudente.

Toutes les recommandations, et Dieu sait combien les Chefs de village les dispensaient abondamment, ne vous conduisaient pas à un minimum de sagesse.

Année après année, enfin un peu de précautions commencera à produire des effets positifs et les ravages de la turista diminueront sensiblement. Mais la santé a été et reste je crois une préoccupation majeure des responsables que nous étions. Très vite, le Club a constitué auprès de lui un assez extraordinaire rassemblement du monde amical et médical autour de lui.

D'abord parce que, des étudiants jusqu'aux médecins confirmés, la profession où le Club dès l'origine eut la plus forte pénétration a été et reste je crois le monde médical, et puis parce que le Club avait besoin d'apporter au nomadisme structurel de la vie de ses G.O. la sécurité d'une logistique alliée à une disponibilité sécurisante. Notre réseau était articulé autour des trois fléaux qui nous frappaient le plus : protections et actions contre les maladies tropicales et africaines, lutte contre le cancer, et un support chirurgical pour faire face aux accidents de la route et des sports. Le Club a pendant longtemps pu bénéficier de talents que nous savions tous exceptionnels et qui souvent nous ont permis d'éviter l'accident ou de guérir la maladie. Je pense plus particulièrement à quatre d'entre eux, aux professeurs Gentilini et Schwarzenberg, à Henri Garnier, qu'on surnommait le Prince de la chirurgie, l'homme des miracles, et à Bernard Aix, celui qui veillait sur nous tous, G.O. de Paris et des villages, qui agissait comme notre protecteur permanent. Nous sommes nombreux à leur garder une reconnaissante tendresse.

Le Club avait acquis une telle réputation de lieu magique, de bonheur, que nombreux étaient les médecins qui prescrivaient une cure-Club, peut-être pour notre Méditerranée de Jouvence dont l'action pour certains symptômes leur semblait aussi efficace que les cures thermales pour les rhumatismes.

Il y a très longtemps, une de nos adhérentes, amie fidèle, vient me voir avec le médecin de son mari, dont le cœur usé va bientôt cesser de battre. La greffe cardiaque n'est pas encore une pratique maîtrisée, et son mari se refuse à toute intervention lourde qui comporterait de gros risques. Elle m'explique qu'il a eu la vie qu'il voulait, qu'il n'a aucune amertume ni peur, mais qu'il veut que la mort vienne le chercher dans la pinède de Caprera, en Sardaigne, dans le village du Club, où il a éprouvé quelques-unes des plus belles joies de sa vie.

Cette sagesse et ce renoncement me sont incompréhensibles, je propose que nous nous battions tous ensemble, mais je finis par accepter sa décision. Il partit pour Caprera où j'allai les retrouver ; j'ai passé avec lui et sa femme plusieurs journées où j'ai cru approcher le mystère de la vie et de la mort. Je revois sa faiblesse extrême, son regard tendrement heureux, et cette dernière soirée où l'échange affectif nous enveloppait tous, et où l'amour que le couple se vouait a permis d'accompagner le passage d'une intensité mystique.

Cet étrange souvenir lié à ce couple hors du commun, seul le Club a pu le créer, et je lui dois plus que tout ces heures hors du temps qui ont illuminé ma vie par la magie et la sérénité du départ de cet homme.

Ce n'est pas par hasard qu'une telle littérature est née sur le Club. Il n'a jamais été considéré, ni fondé, comme une entreprise ordinaire. Parlant de telle ou telle organisation, on disait : « C'est comme un village du Club » ; « Il se comporte comme un G.O. du Club. » Cela se référait à un style de comportement, de mentalité. Serge a rencontré sa femme au Club, mes filles Lydie et Sylvie, leur mari au Club, qu'elles ont parfois perdu par le Club. Cela semble infantile et stupide de considérer qu'une entreprise puisse avoir une telle vie propre, être dotée de ce pouvoir d'influencer considérablement la vie des gens qui la servent ou s'en servent. Le Club est devenu cette entité qui dépasse les hommes. Il est au-dessus de nous, il est au-delà de nous. Et moi, même aujourd'hui, sevré du Club, je vis mal. Je ressens quelquefois, devant certains comportements qu'on me rapporte, un sentiment de regret et même d'amertume, et la sensation que certaines choses sont indignes du Club, de ce qui lui est dû, comme s'il était un organisme supérieur, une divinité vivante, ou disons-le : un mythe. Nous avons tous créé quelque chose qui nous dépasse. Quelquefois, d'anciens G.O. m'accusent avec une violence et une intensité inimaginables d'avoir dénaturé le Club, de ne pas lui avoir gardé sa taille d'origine de trois, quatre ou cinq villages et de lui avoir ainsi enlevé sa pureté. Mais le Club ne pouvait que grandir, l'époque nécessitait que rien ne se sclérose, que tout soit sauvé, continué, transmis et modifié en permanence, ce qu'ont bien compris des générations de femmes Chefs de village.

On m'a souvent posé la question de savoir si l'on pouvait rester longtemps Chef de village. Les femmes le restaient plus longtemps que les hommes parce que, pour la plupart, elles étaient des femmes sans foyer, avec ou sans mari, peu importe, car leur compagnon c'était le Club, le seul avec qui elles rêvaient, dormaient, bâtissaient. Elles sont heureuses encore aujourd'hui. Elles ont bénéficié d'une telle incubation de force d'amour, qu'elles rayonnent. Je ne sais même pas si elles vieillissent, on ne le voit pas, on ne le lit pas sur leur visage. Elles gardent cette espèce d'étincelle dans l'œil, de générosité et de chaleur. Les femmes Chefs de village étaient les meilleures, car seule une femme sait recevoir tout le temps, pas seulement pour un repas, seule une femme sait accueillir, intégrer, incorporer dans la famille.

Nous avons probablement enfanté une entreprise insensée, burlesque, stupide et géniale en même temps, capable de transformer ses consommateurs en fidèles, en supporters. Un nombre considérable de femmes et d'hommes regrettent d'être arrivés aussi tard au Club. Plus ils arrivaient tard, plus ils adhéraient au Club en éprouvant le regret de ne pas l'avoir connu plus tôt. Nombreuses étaient les femmes de 40-50 ans, qui faisaient un complexe vis-à-vis des femmes du même âge adhérentes depuis quinze ou vingt ans. Elles avaient l'impression d'avoir du bonheur à rattraper, et un désir fou de compenser ce manque. Si on avait présenté le Club aux élections, il aurait été élu par 87 % de votants. Alors peut-être suis-je fou, probablement... Mais je l'ai vu vivre pendant quarante ans, s'épanouir, s'élargir, être confronté à des drames épouvantables et les surmonter avec une force vitale puisée en lui-même. Cette fascination que provoquait l'entreprise nous a amenés à la servir peut-être un peu plus intensément que nous ne l'aurions fait ailleurs, avec ce que cela comportait de dangers pour elle. Tant pis ! Que c'est bon d'être fou d'amour pour la maison dans laquelle vous travaillez ! Cela vous donne la sérénité indispensable pour risquer, aller de l'avant, même si vous échouez. Je suis la preuve de quelques revers douloureux, mais si c'était à refaire, je recommencerais, en essayant cette fois d'éviter les échecs.

A un moment, j'ai pris conscience que je vieillissais, moi et les personnes qui m'entouraient, et que la retraite approchait. Que pouvait-on faire découvrir à nos adhérents durant cette retraite ? Je suis un empiriste, j'ai acheté une page dans *Paris-Match*, où j'ai annoncé que le Club lançait l'Age d'or, et où je proposais aux gens de venir au Club de Cargèse, en Corse, et de cocher eux-mêmes la somme qu'ils voulaient y consacrer : 100 francs/200 francs/500 francs/800 francs. Nous avons reçu un nombre considérable de candidatures. Notre but était de réussir un brassage aussi varié que possible : il y avait des enseignants, des ouvriers, des employés, des mineurs qui sont retraités plus jeunes, mais qui ont, hélas, une espérance de vie très courte, un sous-préfet séduisant, tricheur comme pas un – il avait avoué soixante-cinq ans alors qu'il en avait soixante-treize –, une dame de soixante-cinq ans, qui ne savait pas nager et à qui on a fait découvrir la plongée sous-marine, deux veufs et deux veuves qui se sont découvert une autre vie et m'ont demandé d'être le témoin de leur mariage, et bien d'autres encore... Je me suis vite aperçu que ces femmes et ces hommes, disposant d'une retraite à peu près convenable, étaient débordants d'activité. J'ai compris leur besoin de faire et de transmettre. Ce fut une superbe aventure de les voir pour la plupart se lancer dans le sport, apprendre le théâtre, la comédie, le chant. Ils ont même fait un spectacle... J'avais l'impression de savoir donner du bonheur à ceux qui n'espéraient plus. Un beau jour, en présence de représentants des ministères du Tourisme du Maroc, de la Tunisie et de l'Algérie, je leur ai proposé d'échanger leur savoir contre du soleil, et leur ai demandé de vivre quelques mois dans ces pays, pour recevoir et former des jeunes. Un tiers s'est engouffré avec allégresse dans cette nouvelle expérience. Mais, on ne pense jamais à tout. J'avais oublié qu'un retraité qui quitte la France pendant plus de trois mois perdait sa garantie de Sécurité sociale. Ils étaient nombreux dans ce cas, j'ai commis, pour prolonger leur expérience, une faute. Je les ai domiciliés chez moi et certains y sont restés longtemps. Mais l'aventure n'a duré qu'une seule année et, bien plus tard, Mme Simone Veil, ministre, a officialisé ce droit pour un retraité d'apporter son savoir sans pour autant perdre ses acquis sociaux.

Ce mouvement a continué. L'Age d'or est un terme qui a été retenu par d'autres, le pays le plus enthousiaste fut le Canada, suivi par la Belgique. Il existe encore aujourd'hui, y compris en France, des échanges quasi institutionnalisés. A soixante-cinq ans, maintenant, on se sent, et on est, moins vieux qu'avant, on a toute une vie devant soi.

Chapitre 17

MES TENTATIONS HORS DU CLUB

Au cours de la campagne présidentielle de 1974, je me positionne plus que jamais en patron de gauche à l'occasion d'une table ronde organisée par *le Nouvel Observateur*. Jacques Giraud, homme loyal s'il en est, n'appréciera que très peu ma prise de position en faveur de Mitterrand, estimant qu'elle va à l'encontre de l'apolitisme du Club. Il estime en outre – et il n'a sûrement pas tort – que le Club reflète la situation électorale du pays et que grosso modo un G.M. sur deux est de gauche, mais que l'autre est de droite et qu'il ne peut qu'être contrarié par la position du président du Club. L'élection de Valéry Giscard d'Estaing à la présidence de la République mettra un terme à ce début de querelle interne, et ce même Giscard d'Estaing m'offrira un siège au Conseil économique et social. Je n'oublierai jamais une telle élégance. Les créations de villages s'accélèrent.

Un beau matin, au printemps 1982, je reçois un coup de téléphone de M. Gaston Defferre, alors ministre de l'Intérieur : « Gilbert, j'ai besoin de vous voir tout de suite. » J'arrive à son ministère. Defferre, homme que j'adorais, me dit : « Voilà, je veux coûte que coûte dédramatiser cet été chaud, débrouillez-vous, faites-moi une proposition. » Nous étions vendredi, il ajoute : « Je souhaiterais l'avoir lundi matin sur mon bureau. » C'était tout Gaston Defferre, cette façon de faire confiance et de ne pas perdre de temps. Le lundi matin, je lui propose de prendre des jeunes des trois coins les plus difficiles de France : la banlieue de Paris, la banlieue de Lyon, la banlieue de Marseille, d'aller les chercher au cœur des quartiers réputés difficiles, de ne sélectionner que des gosses en état de prédélinquance, puis de les faire vivre ensemble dans un endroit que l'on va aménager. Il faut trouver un maire qui nous héberge tous. Je compte sur l'appui de certains G.O. qui accepteront de passer leurs grandes vacances à s'occuper de ces gosses. Il me faut aussi des CRS, des éducateurs sociaux, et l'accord des gens du village où l'on va s'installer. Gaston Defferre me dit : « L'expérience doit démarrer en juillet, on n'a pas de temps à perdre. Que vous faut-il d'autre ? – Un fonctionnaire de très haut niveau pour s'occuper de l'argent, car il s'agit de l'argent de l'Etat et je ne veux pas m'en mêler. » Defferre me parle d'un jeune sous-préfet très brillant en Corrèze, un certain Franck Perriez, qu'il convoque pour le lendemain matin. Perriez s'embarqua immédiatement dans l'aventure en créant une association et en faisant équipe avec moi. Nous voilà partis tous les deux à chercher le coin de France qui voudra bien nous héberger. Tous les maires rencontrés se montraient enthousiastes pour faire une opération avec M. Defferre, mais ils nous disaient tous en guise de conclusion : « Votre idée est formidable mais pas chez moi, allez chez les autres. »

On a fini par trouver, à Lamastre, en Ardèche, un maire plus chaleureux mais assez inquiet des réactions de sa population. Il organise une réunion avec les habitants. La plupart m'ont prévenu : « On vous écoutera à peine et on vous traitera comme des gens qu'on veut mettre à la porte, des saltimbanques, des fauteurs de troubles. » J'ai passé trois heures à les convaincre. Au bout d'un certain temps, ils ont lâché : « D'accord, mais attention, pas le moindre problème, sans ça on arrête. »

Nous nous équipons avec des tentes de la Protection civile, et les enfants arrivent par autocar et par train des trois banlieues. Franck Perriez, assisté de deux jeunes énarques qui avaient pris leurs grandes vacances pour venir travailler avec nous, les accueille, avec une chaleureuse équipe de G.O. et son solide Chef de village. A l'époque, je fumais trois paquets de gitanes sans filtre. J'arrive, je m'installe et je mets dans ma tente deux cartouches. Deux heures après je reviens, bien entendu, plus l'ombre d'une cigarette. Le soir, avant le dîner, je m'adresse à tous les gosses et je leur dis : « Ecoutez, vous fumez, c'est pas tellement grave, mais moi il me faut au moins un paquet de cigarettes pour cette nuit, demain j'irai en ville en acheter d'autres. » Quand je suis rentré à minuit les cartouches étaient revenues. C'était gagné. On a fait de l'initiation à l'informatique, du rugby, tout un mélange d'activités diverses. Tous insouciants, disponibles et heureux. Seuls les éducateurs sociaux transportaient leur mal-être, ce qui était angoissant car ces gosses avaient besoin de gens bien dans leur peau. Alors je leur ai demandé de laisser leurs problèmes au vestiaire et de s'oublier un peu pour ne penser qu'aux jeunes. Ils l'ont fait gentiment. On a aussi réussi avec les CRS qui étaient heureux, non de sanctionner mais pour une fois d'aider des jeunes avec qui ils se battaient le reste du temps. Ils se sont montrés d'une grande ouverture d'esprit. On a vécu un moment magique. Franck Perriez, impressionnant d'efficacité, est devenu mon ami. Ce test, accueilli avec bienveillance par beaucoup, violemment critiqué par d'autres, a été prolongé, amplifié, structuré par le commissaire D'Andréa. Comme ces gosses étaient attachants, nous avons prolongé l'opération en créant dans leur cité d'origine des ateliers où ils purent continuer à apprendre de nouvelles technologies et à faire beaucoup de sports. Le président Mitterrand, intéressé par cette action, leur avait rendu visite, et nous avons baptisé cette action « les Ateliers du Président ».

En 1984, Laurent Fabius, Premier ministre, me propose de devenir ministre dans son cabinet. Ma femme réagit, comme souvent, avec clarté, bon sens et violence : « Tu as un superbe métier que tu aimes. Tu gagnes maintenant bien ta vie et nous avons acquis une aisance qu'un salaire de ministre ne peut pas te donner, et puis cela va durer un, deux, trois ans au plus, et ta place au Club ne t'attendra pas. Enfin moi, je ne serai pas la femme d'un ministre. » Et moi, naturellement, je dis non à Laurent Fabius après une longue discussion. Ministre ou pas, j'ai une immense envie de travailler avec cet homme jeune, talentueux, et qui veut changer les choses. Il me prend finalement dans son cabinet comme délégué non rétribué en charge des Nouvelles Formations.

Depuis l'arrivée de la micro-informatique, j'avais essayé d'y sensibiliser nos équipes et nos adhérents. Les villages offraient des activités d'initiation et d'application que jeunes et vieux pratiquaient avec succès. L'enseignement à tous les stades s'ouvrait à ces disciplines. Le ministère de l'Education nationale avait lancé certains marchés et créé une cellule importante, dirigée par Xavier Greffe, recteur d'université et auteur de traités économiques.

J'ai la chance alors de constituer une équipe restreinte et motivée. Franck Perriez accepte d'être le délégué adjoint, entouré de Jacques Beer Gabel, de Jean-Marc Borello et d'Eric Moniot. Xavier Greffe et son équipe travaillent étroitement avec nous. Je découvre que l'apprentissage, d'une durée de trois ans en période de plein emploi, est ramené à deux ans alors que le chômage avait brutalement pris un développement inquiétant. En deux ans les jeunes recevaient une formation qui ne les rendait pas assez opérationnels pour être utilement embauchés. Angoissante lenteur d'une administration décalée par rapport aux réalités du terrain.

Cette requête d'allonger la durée d'apprentissage était partout identique et répondait aux vœux des fédérations. Elle me semblait facile à satisfaire et de bon sens. Laurent Fabius était aussi de cette opinion, mais le secrétaire général du gouvernement nous expliquait que cette mesure nécessitait un vote des Assemblées. Le délai nécessaire pour l'examiner rendait difficile une mise en application rapide. Je prenais conscience qu'agir vite était illusoire, j'apprenais la relativité du pouvoir. Pour toute notre équipe, le défi était de réaliser le plan Informatique pour Tous. Jean-Jacques Servan-Schreiber animait à l'époque le Centre mondial qu'il avait créé, et s'appuyait sur les technologies et l'avance considérable qu'avaient les Américains. Son audience auprès du président de la République le conduisait à défendre le projet Apple qui consistait à équiper les établissements scolaires de leur micro-ordinateur. J'y voyais deux inconvénients majeurs : si Apple devenait le seul bénéficiaire des commandes, il n'y avait plus aucun espoir de sauver une fabrication française.

Plus grave encore était le danger énorme – au cas où l'on équiperait les élèves du même ordinateur que les enseignants – de voir les jeunes passer très vite maîtres dans l'utilisation des équipements. Nous nous battions avec d'autant plus d'énergie que l'Université de Lille avait mis au point avec talent ce qu'elle avait nommé le « nano-réseau », où, à partir d'un PC largement produit, étaient connectés de tout petits micro-ordinateurs. Le professeur disposait du PC et ouvrait pour les élèves la connexion sur les tout petits ordinateurs, produits très bon marché et de grande série. La connexion donnait au réseau une puissance égale à celle du PC. Déconnecté, chaque petit micro avait une autonomie modeste, mais une faculté de répétition permanente plus que de création. L'élève pouvait ainsi continuer à apprendre mais le système protégeait un peu le professeur de l'inévitable et heureux talent créateur des enfants. Cet outil, base de l'équipement du plan Informatique pour Tous, allait équiper les écoles et les collèges. Bien entendu l'Enseignement supérieur recevait une dotation qui lui donnait les moyens de choisir ses équipements et ses logiciels. Une logistique lourde et complexe avait été étudiée en liaison avec Greffe qui avait, en outre, la charge de donner à trois cent mille enseignants une rapide et première formation.

Le président de la République s'intéressait activement à la mise en place du projet, il m'avait donné rendez-vous à l'Elysée, un matin, pour l'évoquer.

La veille, Jean-Jacques Servan-Schreiber m'appelle : « Gilbert, ne vous dérangez pas et n'allez pas à ce rendez-vous. Tout est décidé, j'ai dîné hier soir à l'Elysée avec Steve Job, le patron d'Apple. Le Président a tranché : ce sera Apple. De plus, Apple va construire des usines en France. » Je lui fais remarquer que nous devons livrer nos appareils dans un délai de quelques mois. Servan-Schreiber me dit qu'Apple va faire très vite et s'est engagé à tout livrer en huit mois. A l'époque, tout le monde chantait les louanges de la « pomme », qui paraissait plus que d'autres très conviviale. J'affirme que l'on ne peut pas prendre ce risque. Servan-Schreiber me fait remarquer que les enseignants sont très doués. J'objecte que 98 % des enseignants n'ont jamais eu un *computer* entre les mains et ne savent pas pianoter. « On va au massacre », lui dis-je. « De toute façon, je vous dis que le Président a pris sa décision », conclut-il.

J'irai, bien entendu, à l'heure à l'Elysée. Connaissez-vous quelqu'un capable d'annuler un rendez-vous que lui a donné le président de la République ? Pas moi en tout cas. Christian Sautter, Jacques Attali et Jean-Louis Bianco m'attendaient. Bianco me dit : « Gilbert, il faut vous battre, c'est quasi foutu, c'est vrai qu'il y a eu ce dîner, mais tout n'est pas perdu. » Je rentre dans le bureau du Président et je lui explique mon histoire. Il m'interrompt : « Enfin, Trigano, ces petits computers que vous avez choisis ne sont pas très performants. – Non, Monsieur le Président, mais c'est largement suffisant pour des gosses de sept à douze ans, et quand ils sont branchés sur le PC et sur le nano-réseau, ils acquièrent la puissance du PC. Pour moi, il n'est pas question de laisser des enfants devant un PC tout seuls car le professeur va être écrasé. »

Il m'écoute, pose encore trois ou quatre questions et me dit en guise de conclusion : « Trigano, vous êtes en charge. – Monsieur le Président, est-ce à dire que je peux réaliser mon projet ? – Mais Trigano, je viens de vous le dire, vous êtes en charge. – Oui, mais Monsieur le Président, je vous ai exposé mon plan, je crois qu'on peut respecter les délais si l'on dispose de trois ans, car on aura fait rentrer les computers à tous les niveaux, et chaque université pourra choisir ses réseaux. – Oui, j'ai compris », rétorque Mitterrand qui, agacé, m'interrompt : « Je vous répète que vous êtes en charge. – Monsieur le Président, cela veut-il vraiment dire que vous m'autorisez à mettre en route le plan que je vous ai exposé ? – Trigano, combien de fois faut-il vous le répéter ? Vous êtes en charge. Au revoir, Trigano, à bientôt. »

Je sors de là complètement assommé. J'explique à Bianco : « Il ne m'a pas dit grand-chose, il m'a dit " vous êtes en charge " quatre fois, pas une phrase de plus, pas une phrase de moins, il m'a dit au revoir, comme il m'avait dit bonjour, mais c'est toute notre conversation. – Mais tu es resté longtemps. – Oui, je suis resté longtemps. – Eh bien vas-y, ne te casse pas la tête, fonce. »

Je souhaitais donner aux gosses l'accès à une méthode informatique relativement puissante mais transmise par le professeur et uniquement par lui. On met donc en production le « nano-réseau » permettant un tel échange et désangoissant les enseignants sur ces nouvelles technologies. Xavier Greffe s'arrange pour que trois cent mille enseignants suivent une formation qui aurait dû être plus longue, mais quand un Etat décide de faire quelque chose, il faut le faire tout de suite. Nous avions besoin d'un an pour préparer le projet et de quatre ou cinq ans pour l'ancrer. Or nous n'avons disposé ni du temps de l'apprentissage ni de celui de l'expérimentation. L'appel d'offres à toutes les sociétés françaises et étrangères, installées en France, qui pouvaient fournir des micro-ordinateurs, fut lancé. Parmi celles-là, il y avait bien entendu IBM, que nous retenons. Lors de la dernière discussion, pour mettre définitivement au point les prix et les délais, son président, Lemonier, vient avec un contrat déjà préparé. Je lui dis : « Pas question. » Il me répond : « Mais IBM n'a jamais signé un contrat différent de ses propres contrats. Tous les pays du monde, tous les Etats signent le même contrat d'IBM. – Oui, mais nous, on ne pourra pas le faire. – Comment, vous ne pourrez pas le faire ? Tout le monde accepte nos conditions. – Pas moi, on ne donnera pas à IBM un traitement différent des autres fabricants français, italiens. » J'ai passé un après-midi voluptueux. Je me réfugiais derrière mon statut temporaire de fonctionnaire de l'Etat. « Je ne peux pas faire autre chose que de respecter les règles de l'Etat. » Lemonier a finalement craqué : « Je peux téléphoner ? » Je sors de mon bureau et le lui laisse. Lemonier appelle son siège social. La conversation dure vingt minutes. Il revient et dit : « Je vais signer mais il faut pas que ce contrat sorte de France, personne ne doit le savoir car cela pourrait provoquer une catastrophe en boule de neige. »

Il a fini par signer. C'était la première fois au monde que IBM agissait ainsi. Quelle formidable leçon que de voir cette puissance obligée tout à coup d'accepter des règles qui ne sont pas les siennes. C'est un souvenir très valorisant du pouvoir que donne l'Etat quand il vous confie la charge de le représenter.

Je suis resté fonctionnaire un peu plus d'un an. Je menais

une double vie qui commençait à six heures du matin. Après le sandwich du midi, une nouvelle journée commençait à quinze heures avec l'équipe du Club. Puis de nouveau, dans la soirée, je rejoignais jusqu'à minuit l'avenue Franco-Russe où siégeait la Délégation. J'avais deux existences, deux chauffeurs. J'adorais cette vie intense, de plus, les expériences de l'une enrichissaient l'autre. L'opération s'est soldée par 50 % d'échecs. Il y eut un changement de gouvernement, M. Monory est arrivé et, bien entendu, comme c'est la tradition en France, on a changé de méthodes et d'interlocuteurs. Monory était probablement le président de Conseil général le plus attaché à la pénétration de l'informatique, et il l'a montré dans son département, un modèle sur le plan des installations et de la créativité, avec notamment le Futuroscope. Monory est un homme attachant avec qui j'aurais aimé m'entendre, mais nous étions de deux bords différents, et c'est le très brillant Thierry Breton qui reprit la mission. Et j'ai été débarqué. J'étais dans le train de Fabius, un des tout petits wagons, et quand le train a été mis sur la voie de garage, je redevins un G.O. à temps complet.

J'ai toujours eu envie de passer du privé au public. Et d'aider à changer la vie. J'ai bénéficié souvent de cette possibilité. Dix ans au Conseil économique et social m'ont permis d'évoluer dans un milieu ouvert où, si chacun se croit obligé de défendre les thèses de son groupe, l'agressivité est presque toujours absente, la tolérance règne. J'y commis deux rapports en dix ans. Si ma productivité fut loin d'être exemplaire, j'ai mieux appris mon métier grâce à ces ouvertures sur le monde, sur la politique.

Quelque temps plus tard, la France ayant obtenu l'organisation de l'Exposition universelle à Paris, le président

Mitterrand a confié à M. Bordaz une mission de préfiguration. Il me convoque et me charge d'une mission de conception de cette expo, dont je devrais devenir le Commissaire si le projet débouche sur une conclusion positive. J'ai beaucoup de mal à me souvenir aujourd'hui des sentiments qui m'agitèrent, orgueil sans doute, conscience des risques de tous ordres aussi, mais plus que tout l'espoir de laisser une empreinte.

M. Bordaz a réuni autour de lui une équipe performante : Jean-Pierre Weiss, Jean-Philippe Saint-Geours, et les talents de Renzo Piano, Bofill, Schoen et bien d'autres. Avant tout, il faut résoudre le problème des sites : Marne-la-Vallée, ou bien s'établir sur deux sites unis par la Seine, les anciennes usines Citroën et Bercy. Pour moi comme pour toute l'équipe, c'est seulement Paris, ce ne peut être que Paris. Le pré-budget est considérable : quatorze milliards de francs qui viendront s'ajouter aux coûts des Grands Travaux du Président.

Mais avant de me pencher sur les projets et les budgets, je découvre enfin ma ville. Ligen, responsable de l'équipement de Paris, me la fait découvrir par hélicoptère. Je savais que ma ville était belle, je savais le parcours de la Seine langoureux et poétique, mais tout est infiniment plus beau que je ne l'imaginais et que je ne peux le dire. Puis, en ce petit matin de printemps, je vais flâner, me baguenauder le long des berges. Je ne supporte plus que le parcours soit discontinu, que certaines parties des berges ne permettent pas la totale circulation piétonnière. Et je me promets que mon action essentielle sera de restituer la Seine et ses berges aux Parisiens et aux visiteurs. Dans un dossier aussi considérable, la multiplicité des problèmes et des acteurs nécessite une analyse attentive. Jean-Philippe

Saint-Geours et Jean-Pierre Weiss connaissent parfaitement chacun des problèmes financiers et techniques. Il ne faut pas céder sur Paris, le site de la Marne n'aura en aucun cas la force d'appel de Paris. L'opposition exerce de terribles pressions pour que la Marne soit choisie. Je suis convoqué à la Mairie de Paris, Jacques Chirac m'exposera courtoisement que Paris ne pourra pas supporter d'être en chantier à l'ouest et à l'est, et que ce serait prendre de graves responsabilités que d'imposer une telle gêne aux Parisiens. La circulation, déjà extrêmement difficile, deviendrait quasiment impossible. D'autres élus n'auront pas la courtoisie du Maire, et des menaces de désordre, de troubles sérieux, m'inquiètent et m'émeuvent. L'un d'eux et non des moindres m'assure assez violemment que les Parisiens refuseront les gênes insupportables qu'ils devraient subir pour la seule gloire du Président. La complexité et les pressions sont d'autant plus attristantes que Renzo Piano a conçu des berges flottantes et amarrées qui compensent la rupture entre les berges et vont assurer la liaison entre elles, permettant cette circulation ininterrompue que nous rêvons de réaliser.

Et puis la question du financement justifie qu'on s'y penche sans illusions. Le coût des Grands Travaux augmente et va dépasser les prévisions. Nous essayons de restreindre celui de l'Exposition proprement dite, mais au mieux nous pourrons réduire les charges d'un milliard de francs.

Marquer le bicentenaire de 1789 par cette exposition est une chance que je ne veux pas laisser passer, mais exposition ou pas, de toute façon est prévu un important programme de fêtes sur tout le territoire, avec Paris en point d'orgue. Alors nous dressons, Saint-Geours, Weiss et moi, les listes des coûts et des problèmes. J'ai compris depuis un certain temps que le Président sollicitera en 1988 un second septennat. Il est probable que le peuple français le lui accordera, mais je crois qu'il faut veiller à calmer le jeu, et ne pas déchaîner tous les incroyables et parfois justifiés reproches qui pourraient lui être faits. Il n'est pas sûr qu'un Louis XIV républicain puisse présider aux fastes qu'une partie du peuple refuse violemment.

Nous essayons de bien cerner les problèmes : l'Exposition hors Paris ? Il est clair que même si nous arrivons à des pavillons de qualité, il ne peut y avoir d'avenir pour des pavillons thématiques, et seuls Paris et son fleuve méritent un tel investissement et le justifient. Déjà deux sites parisiens sont lourds à équiper parce que notre chance exceptionnelle est de donner, de redonner à la Seine une place essentielle, et d'en faire l'âme de Paris.

Je tente d'ultimes démarches, toutes se heurtent à une opposition farouche et menaçante. J'en déduis que s'entêter risque de lui faire perdre son second mandat auquel il tient, pour réaliser entre autres les travaux qu'il veut laisser. L'architecture est une empreinte plus sereine et plus forte que les lois. L'architecture marque le temps et le perpétue. Là est la priorité absolue.

Toutes les fêtes du Bicentenaire doivent avoir lieu et les Grands Travaux être menés à bonne fin. Je demande audience au Président, lui expose mes craintes et mes soucis. Naturellement, il n'est pas heureux de ma proposition de renoncer à ce considérable projet. Tout à la fois, il m'en veut, et il a raison, mais il devine aussi combien ce renoncement m'est cruel. Je lui confirme par un long courrier ma conclusion, hélas négative.

Un communiqué de la Présidence rendra officiel ce

renoncement. Je retournerai triste et malheureux le long des berges. J'ai renoncé à ce qui m'était le plus cher. J'ai privé mes collègues de ce merveilleux défi.

Lâcheté ou courage? Je m'interroge encore.

Fin 1992, Jean-Michel Baylet contrôle en tant que ministre de tutelle le groupement d'intérêt économique qu'est Maison de la France, structure récente et élargie de l'ancien Office National du Tourisme. Cet organisme est composé d'un directeur général statutaire et d'un conseil d'administration qui a été présidé pendant six ans par Roger Godino et qui doit élire sur proposition du ministre son futur président. Jean-Michel Baylet et moi sommes de bons amis, et il m'offre de me présenter à cette élection. Je trouve amusant de devenir représentant de commerce du tourisme français à travers le monde. J'ai travaillé à vendre la découverte du monde, aux Français d'abord puis à bien d'autres pays. Je vais tenter d'aider à vendre la France à tous les pays du monde.

Les administrateurs, et cela m'émeut, m'élisent unanimement fin 92 et me réélisent à nouveau pour trois ans fin 95. J'ai éprouvé de grandes joies dans cette fonction plus de réflexion et de représentativité que d'opérationnel : travailler avec son premier directeur général Jean-Marc Janaillac, intelligent, infatigable et toujours disponible, a été une joie permanente. Et aussi, mieux connaître nos régions et leurs dévoués responsables, être présent un peu partout, faire aux expositions de grandes rencontres. Comprendre les styles différents et apprécier la finalité commune propre à nos responsables de gauche ou de droite, de Jean-Michel Baylet à Bernard Bosson, chaleureux et efficace, et Bernard Pons, à la confiance généreuse, et depuis un an ce ministre de plein exercice se vouant et se dévouant avec talent et charme au meilleur futur pour le tourisme, dont aucune expression ou action ne la laisse indifférente : Mme Michèle Demessine. Cet ultime « emploi » sans doute m'a permis de rester actif jusqu'à cet âge où l'on ne vit plus en général que de souvenirs. Merci la vie, de m'avoir donné le bonheur de vivre dans l'angoisse et dans le devenir.

Chapitre 18

LE CLUB ET LES GUERRES

Certains analystes financiers ou administrateurs se sont souvent inquiétés des risques politiques du Club. Ils avaient souvent le sentiment que nos zones d'implantation comportaient beaucoup d'incertitudes. Mais dans le monde actuel, avec l'apparition du terrorisme, des conflits ethniques, avec la folie des hommes, il devient de plus en plus difficile, sinon impossible, de trouver des zones sûres à cent pour cent. Alors le Club a choisi d'être présent partout, en restant bien évidemment très vigilant sur la sécurité de ses G.M., de ses G.O., et de toutes ses équipes.

La guerre des Six Jours a été pour le Club non seulement une mise à l'épreuve physique des lieux où nous étions implantés – l'Egypte, Israël –, mais elle a retenti dans l'ensemble du Bassin méditerranéen que nous venions de conquérir. Elle a été aussi un des moments de la plus intense solidarité dans la vie du Club et, particulièrement dans la vie des G.O. du Club.

Juste avant qu'elle n'éclate, j'avais pris l'habitude de voyager entre l'Egypte et Israël. Je vois circuler sur la route des sacs de sable. J'ai la chance de pouvoir parler aux uns et aux autres et je pense que la guerre est imminente. Assez vite, je décide qu'il faut évacuer les villages. En Egypte, le Club est installé au Palais Manial, un superbe hôtel au cœur du Caire avec un jardin d'une beauté comparable au jardin du Luxembourg. Pour ne pas affoler les membres du Club qui n'étaient guère nombreux – car la période était assez tendue –, je leur propose de faire une petite croisière de quelques jours. Je loue à cet effet un bateau qui va les emmener en Méditerranée où ils retrouveront des membres du Club en vacances en Israël. Je repars en Israël et j'explique aux adhérents du village d'Arziv qu'ils vont continuer leurs vacances sur un bateau. Je me fais recevoir comme un chien dans un jeu de quilles : ils étaient en maillot de bain sur la plage dans un climat idyllique et n'entendaient pas en bouger. « On n'en veut pas de ton bateau, me disent-ils. On est très bien ici. » A force de négocier, je les convaincs de s'embarquer avec la promesse de revenir le plus vite possible. Bien entendu, je ne leur parle pas de mes craintes politiques. Avant de fermer le village, je vérifie qu'aucun adhérent n'est resté. Je peux enfin pousser un soupir de soulagement, ils sont tous désormais en sécurité. Je laisse au village trois Israéliens qui prennent des dispositions pour l'entretien. J'arrive à l'aéroport difficilement. Le pays vit dans un état de tension générale. Un de mes plus proches amis se précipite vers moi et me met sa petite fille de neuf mois dans les bras en me suppliant : « Emmène-la en France, j'ai très peur, sauve ma fille. » Je ne réfléchis pas, je prends cette gosse. On m'appelle pour prendre l'avion. J'ai la petite fille dans les bras. Un officier vient vers moi et me dit : « Monsieur Trigano, vous avez les papiers de cette enfant ?

– Non, c'est la fille de mon meilleur ami que j'emmène quelques jours. – Vous savez dans quel état se trouve le pays ? – Oui, tout à fait. – Savez-vous que ce que vous êtes en train de faire s'appelle un crime contre l'Etat d'Israël : vous êtes en train de faire déserter une citoyenne israélienne de façon illégale et de risquer de créer la panique dans la population, vous êtes un criminel. Nous allons prendre les mesures nécessaires. » J'essaie d'expliquer, de justifier : « Quand un père a peur pour son enfant, on peut imaginer ses réactions. Je porte une part de responsabilité, je comprends que vous deviez me punir mais je souhaiterais que ce père qui a agi comme un père ne subisse pas les conséquences de son geste. » Un général viendra me délivrer : « Votre comportement s'explique par une générosité stupide, mais vous allez quand même rester deux jours ici. » Ils avaient tous raison, mon ami avait raison de me donner sa fille, j'ai eu tort de la prendre, l'officier avait raison de dire que je n'avais pas le droit de l'emmener et de créer ainsi la panique dans un pays qui était quasiment en état de guerre. La guerre a éclaté le lendemain. La petite fille, par bonheur, est devenue une très belle femme que j'adore et que je vais souvent voir en Israël.

Les G.O., par tradition chez nous, sont de toutes religions, de toutes races. Le Club a des villages en Suisse, et un certain matin, en plein début de la guerre des Six Jours, deux G.O. passent la frontière suisse en voiture. Le policier qui les contrôle voit un passeport israélien et un passeport égyptien : « Que faites-vous ensemble ? C'est la guerre entre vos deux pays. – Oui, mais nous, on est du Club Méditerranée, et au Club, on ne se fait pas la guerre. » Le douanier ne les a pas crus et les a considérés comme des suspects. Le fait qu'ils exerçaient un métier où ils étaient complémentaires l'un de l'autre, les avait unis d'une amitié profonde. Au même instant et deux mille kilomètres plus loin, l'un aurait porté l'uniforme égyptien, l'autre l'uniforme israélien, avec pour devoir de se tuer. La tolérance est inscrite dans la nature de leur métier mais le policier ne les a pas crus. Il a alerté ses collègues, persuadé qu'ils détenaient de faux passeports. Les deux petits camarades n'avaient même pas fait le rapprochement ; ils n'étaient ni de près, ni de loin dans cette guerre.

Quand j'ai quitté ce point du globe, la guerre n'était pas finie mais j'ai ressenti simultanément de l'angoisse et de la joie. Angoisse de savoir que la paix au Moyen-Orient était encore une fois remise en question. Joie d'avoir pu constater pendant ces événements douloureux la générosité et la solidarité de tous ces G.O. qui ont su, avec détermination, affronter une situation à laquelle ils n'étaient pas préparés.

Le fait d'avoir fermé les villages à temps a renforcé la crédibilité du Club, à tel point que certains nous ont pris pour des agents du Deuxième ou du Troisième bureau. On s'est étonné de la qualité de mes prédictions. On m'a alors beaucoup demandé : « Mais comment tu savais que la guerre allait éclater ? – Il suffisait d'aller d'un pays à l'autre et de regarder autour de soi... j'ai donc fermé le Club quarante-huit heures avant le début des hostilités. Il suffisait de voir les sacs de sable qui s'entassaient devant les maisons du Caire pour comprendre qu'il ne pouvait pas y avoir une autre alternative que la guerre. »

Je crois que l'on a toujours pris des risques au Club, mais jamais celui de mettre en péril la vie de nos adhérents. La plupart se sont dit après coup : ils ne sont pas mal les gars du Club, ils se sont débrouillés pour que je continue mes vacances. Et mine de rien en protégeant mes vacances, ils ont protégé ma vie.

J'ai toujours été trop prudent, on s'est beaucoup moqué de mes précautions excessives, dans les pays à cyclones où je donnais l'ordre de déménager tous les adhérents et de protéger les villages... souvent en pure perte. Dans ces moments-là, on dresse des planches sur les fenêtres et des portes de chaque pièce, on consolide tout et on s'en va un peu plus loin en emportant de quoi manger, de quoi dormir, généralement dans les écoles, en attendant que le cyclone s'éloigne. Tout passe toujours, les dégâts sont plus ou moins grands. C'est souvent le paysagisme qui est détruit, les chambres et les bungalows résistent mieux grâce aux précautions, mais c'est affreux de voir des arbres par terre, la végétation arrachée, la boue qui a pénétré dans les chambres. Tout ce qui est matériel se répare. La boue est évacuée très vite, les fleurs sont replantées, les grands arbres réinstallés. J'avais engagé un type formidable que l'on appelait « Tintin » et qui avait inventé le moyen de transplanter des cocotiers de trente mètres : il découpait la terre tout autour dans un très large rayon pour préserver le maximum de racines, et puis il passait un grand câble métallique autour de ce tronc, et quand le câble était suffisamment enfoncé pour sauver le maximum de racines, on commençait à serrer, à stranguler la terre d'une certaine manière et, avec une grue, on arrachait l'arbre qu'on replantait cinq ou dix kilomètres plus loin. Aux Caraïbes, au Mexique, en certains coins d'Asie, en revenant au village dix heures après le passage du cyclone, on constatait l'étendue de la catastrophe, puis quatre jours plus tard, l'ensemble recommençait à vivre comme si de rien n'était :

les chambres étaient nettoyées, le bar à nouveau rutilant. L'équipe avait surmonté le drame et réinventé le moyen de rendre les choses vivables, habitables. Mais quand le cyclone avait la bonne idée de dévier de sa route et laissait le village intact, alors nous entonnions un grand chant d'allégresse pour le remercier. Combien de fois sommes-nous restés, palpitants, à l'écoute de sa trajectoire et de sa puissance ! Parfois il est là et tout devient une lutte contre la montre, contre la minute, il faut même renoncer à protéger le village pour sauver les gens et les emmener au plus vite. Et tant pis si vous n'avez pas bien calfeutré les fenêtres, les portes, les issues ! Sauver, se sauver ! Les femmes et les enfants d'abord !

Guerre entre les pays, colères et violences de la nature, le Club s'arma pour tenter de résister à tous ces fléaux. Mais quelquefois, le drame surgit sans que l'on puisse s'y opposer. Ainsi, par un bel après-midi d'été, un G.O. de Corfou Ipsos était parti faire de la chasse sous-marine. Son bateau a dû dériver et a peut-être touché la ligne de frontière des eaux territoriales albanaises. Les soldats albanais ont tiré sans sommation et l'ont tué. Cet assassinat sauvage fut délibéré, les soldats savaient pertinemment que ce jeune homme était inoffensif, qu'il s'occupait de capturer des mérous et non d'espionner la côte albanaise. C'était en 1979. Ce fut probablement la seule et unique fois de ma vie où j'ai manifesté. Je suis allé devant l'ambassade d'Albanie, et j'ai organisé une manifestation qui n'a d'ailleurs rien donné.

Lorsque le régime albanais a changé, il y a quelques années, le nouveau Président a demandé à Serge, qui était devenu Président du Club, de se rendre en Albanie parce qu'il souhaitait que le Club ouvre un village dans son pays.

Serge lui a fait comprendre qu'il y avait, non avec lui, mais entre l'Albanie et le Club, un contentieux dont nous n'étions pas remis, ni les uns ni les autres, et que la mère de ce garçon vivait toujours dans la souffrance de cette mort absurde. Le Président a dit à Serge : « Je comprends parfaitement et je vais faire des excuses publiques au Club Méditerranée. » Pour cette affaire dont il n'était pas responsable, il a rédigé une lettre qui n'est jamais arrivée en France, mais le fait qu'il ait envisagé de s'excuser, surtout devant la mère du garçon, a signifié pour elle la reconnaissance de l'injustice de la mort de son fils.

Nous avons maintenu notre village d'Arziv malgré son implantation géographique. Situé à la frontière israélo-libanaise, tout à fait au nord, il fut la cible ces dernières années de tirs de roquettes. Un tir a touché le village, un G.O. a été tué. Le village a fermé. On a fabriqué des abris souterrains, ce village a été ouvert puis à nouveau fermé... C'est probablement l'un des coins les plus chargés de poésie et d'histoire de tous les lieux du Club Méditerranée. C'est en même temps l'un des villages les plus dangereux que je connaisse et qui vit dans le risque permanent. Les Israéliens en sont amoureux, les Français y vont de moins en moins. Quand arrivera la véritable paix, ils reviendront. Pour le moment, nous vivons le régime : ni paix, ni guerre. C'est le risque et la douceur en même temps. J'ai souvent pensé que là-bas je terminerai ma vie. Ce village est arabe et juif à la fois. La paix d'Arziv ? Elle aura lieu.

Aujourd'hui, je pratique le tourisme comme une arme de paix. Je suis en quelque sorte devenu démarcheur de paix. C'est une histoire qui remonte au début des pourparlers de paix entre Israéliens et Palestiniens. Au départ j'ai été mêlé à des conversations tout à fait informelles, et puis un beau jour, je me suis retrouvé assis à une table entre le ministre du Tourisme israélien de l'époque, Uzi Baram, et le délégué palestinien responsable du tourisme dans le cadre de la nouvelle Autorité palestinienne. Uzi Baram m'a demandé de faire partie de leur délégation des Affaires étrangères, et de tenter d'intégrer le tourisme dans les négociations. D'abord flatté, ma fièvre est vite retombée car le projet s'est noyé dans l'oubli. Personne ne m'en a reparlé. Puis le roi du Maroc organisa le symposium de Casablanca, début novembre 1994, pour promouvoir la paix. Yitzhak Rabin, Shimon Pérès, Arafat, le ministre des Affaires étrangères égyptien, le roi de Jordanie, Alain Juppé, Jacques Delors, une centaine de personnalités plus importantes les unes que les autres avaient accepté l'invitation. Au milieu de cet aréopage distingué, on m'accorda trois minutes de parole. Je proposai mon idée d'une Université du Tourisme et de la Culture pour la Paix. Le lendemain soir, André Azoulay, conseiller du roi du Maroc, rapporteur de la totalité des motions des deux journées de travail, dit à la tribune : « Parmi les motions proposées, la proposition très concrète de Gilbert Trigano de créer, en se servant à la fois de la vidéoconférence et du satellite, le projet de l'Université du Tourisme et de la Culture pour la Paix est adopté. »

Le roi du Maroc me nomma tout de suite président de cette association. Il fallut procéder au choix d'une région pour représenter la France. Parmi les plus dynamiques, j'avais songé à la région Provence-Alpes-Côte d'Azur qui correspondait parfaitement pour moi à cette espèce d'épicentre méditerranéen que je souhaitais développer. Grâce à l'appui de Jean-Claude Gaudin, président de la région, un accord sera signé avec la Chambre de Commerce Marseille-Provence et une convention reconnaîtra la ville de Marseille comme tête de réseau. Parallèlement aux négociations françaises, je devais financer l'antenne palestinienne qui ne disposait d'aucune ressource.

Quand on finit par ne plus douter de rien, on tente toutes les aventures. Je demande un rendez-vous à Bruxelles, je vois les patrons des directions pour leur proposer de financer l'antenne palestinienne. Ils me disent tous qu'un délai de deux ans est nécessaire pour que le dossier puisse simplement passer devant la Commission. En fait, en moins de six mois le projet sera approuvé et, six mois plus tard, la convention signée grâce à l'appui de Bernard Bosson, alors ministre des Transports, du Tourisme du pays et la France assumant la présidence. Le projet recueillera l'adhésion des autorités israéliennes, avec en tête Shimon Pérès aux Affaires étrangères, Uzi Baram au Tourisme, l'appui de l'Université Ben Gourion, l'accord des Palestiniens avec le choix de la ville de Bethléem comme tête de réseau, l'appui des Marocains, les Tunisiens et les Jordaniens se montrant intéressés. On décide de démarrer avec les Israéliens, les Palestiniens, les Marocains, et les Français bien sûr, mais le matériel des Palestiniens restera bloqué en Israël pour des raisons mystérieuses. Notre partenaire marocain se découragera. J'ai continué à me battre contre vents et marées. Je suis parti une dizaine de jours en Israël, j'ai pris d'assaut le cabinet de Mme Livnat, alors ministre des Télécommunications, j'ai obtenu un rendez-vous. Je lui ai demandé de diligenter une enquête sur les raisons du non-acheminement du matériel pour les Palestiniens. Elle a décortiqué le dossier. Un jour, elle m'a convoqué : « O.K.

Le matériel va arriver à Bethléem. » On a installé, on a monté, on a équipé. Le projet a été inauguré le 17 février 1995, à Marseille, au Palais du Pharo en grande pompe, avec Leila Shahid, la déléguée palestinienne, Berrada, l'ambassadeur du Maroc en France, Pavner, l'ambassadeur d'Israël, avec l'équipe de la Commission de Bruxelles, en présence de Jean-Claude Gaudin qui m'a toujours soutenu malgré une campagne calomnieuse m'accusant d'être un voleur, un escroc, et de vouloir avec ce projet empocher l'argent de la région pour me sauver aux antipodes. Dans ma poche, ce soir-là, j'avais une lettre de félicitations du président Chirac.

Mais la haine nous attendait. On m'accusa de fomenter le plus grand scandale financier en France, de faire croire à un projet irréalisable par définition. On m'accusa de ne disposer ni de programmes, ni d'enseignants, à tel point que de futurs élèves qui s'étaient engagés dans l'aventure ont déposé une plainte contre X. L'assassinat du Premier ministre israélien n'a pas favorisé les projets de l'antenne palestinienne qui, sans équipement efficace, ne pouvait fonctionner et mettait, de facto, la cohérence et l'équilibre de l'ensemble du projet en péril.

Ce fut de l'ignominie de mélanger les difficultés financières et les problèmes de politique étrangère. Le projet a subi un préjudice considérable. Devant ces calomnies, nous avons demandé à comparaître, Xavier Greffe et moi, devant les présidents de Groupe, à la Région Provence-Alpes-Côte d'Azur. A l'issue de notre déposition, l'Assemblée a voté l'avenant permettant de concrétiser définitivement ce projet en confirmant son partenariat. Les accusations ont cessé. Aujourd'hui, ce projet fou est devenu réalité, avec des prolongements potentiels et l'appui de l'Unesco pour l'élargir à d'autres pays, dont l'Italie et la Tunisie. Compte tenu de la baisse des coûts des communications, et notamment des connexions par satellite, on va s'acheminer vers un monde où on sera branché 365 jours par an, vingt-quatre heures sur vingt-quatre sur satellite. Avec ce formidable support, qui deviendra progressivement moins onéreux, on peut imaginer une université comme la préfiguration d'une immense formation permanente qui permettrait aussi bien le recyclage des adultes que des cours spécialisés pour des gosses en retard, avec un coût de revient de plus en plus léger. L'Europe et la Méditerranée administratives vont devoir créer des règles communes, et cette université immatérielle pourra former les nouveaux agents de l'espace européen. Face à l'euro, il va falloir apprendre de nouvelles règles de protection de la société, de l'environnement. Ce projet fou, qui, au départ, n'était pas un investissement lourd, s'améliore aujourd'hui technologiquement et coûte de 30 à 40 % moins cher en trois ans. Encore fallait-il y croire... A un moment donné, il faut savoir plonger. L'outil est là, il existe. Cela me donne une espèce d'ivresse, à en tomber dans l'insomnie. Désormais on ne peut plus se payer de scepticisme, on a les moyens de dire aux gens « venez voir ». Je rêve de faire une vraie démonstration à Paris avec tous les sites branchés et une interactivité des différents responsables, se parlant de ces différents endroits en temps réel comme l'on fait à Marseille. Mais au-delà de l'arme pédagogique formidable, cette université représente une dimension de dialogue et de progrès pour la Paix. Dans notre économie mondialisée, la paix est devenue la principale source d'amélioration de vie pour les pays en voie de développement. Prenez l'exemple de l'Egypte. Ce pays, l'un des plus beaux du monde, avec les gens les plus adorables qui soient, connaît une crise épouvantable à la suite de cet acte criminel infâme, commis contre des touristes à Louxor. Ces 2 milliards de dollars qui vont manquer à l'Egypte signifient misère économique et détresse morale pour le peuple égyptien. Si le Bassin méditerranéen agit en connexion sur le plan du développement du tourisme, les recettes qu'il peut espérer sont tout à fait considérables, de quoi apporter une manne en termes d'emplois, de qualité de vie et, en même temps, de respect de la nature.

Vivre du tourisme, c'est fondamentalement être en quête de paix. De quelque côté qu'on y œuvre, on sait que ces métiers ne peuvent s'épanouir, exister même, que dans la paix. Lorsque le président Sadate a eu le génie d'offrir la paix aux Israéliens, au cœur même de la Knesseth, nous étions nombreux à comprendre qu'une nouvelle voie venait enfin de s'ouvrir. Elle pouvait, elle devait conduire à cette paix au Proche-Orient. Proposer à travers l'Egypte, la Jordanie, le Liban et Israël, une découverte des « Chemins de la Paix » devenait un rêve réalisable. Cette utopie devenait réalité : la haine cédait le passage à la tolérance. Je propose qu'ensemble, Israéliens et Palestiniens ouvrent les portes de la paix par le Tourisme. Uzi Baram, réaliste et courageux à la fois, sourit à cette utopie et l'encourage. Je vais prendre ma retraite au Club. Je suis libre de mon temps et de mes actions. Je demeure un pacifiste invétéré et fier de l'être.

Cette création originale française réunirait les principaux acteurs du Tourisme autour de l'Etat et permettrait d'élargir la croissance de ce secteur d'activité, l'un des plus dynamiques, tout en l'appuyant sur l'amélioration des conditions de paix à travers le monde. Tous les acteurs, directs et indirects, de nos métiers, doivent acquérir une culture de paix.

Paix, comme une volonté d'acquisition permanente. Paix comme vecteur essentiel de vie, de création, de respect, de connaissance, de tolérance. Il me paraît désormais indispensable d'insuffler à la formation professionnelle ces dimensions comme parties intégrantes et permanentes de ce métier et de devenir les artisans qui transformeront notre Méditerranée en un lac de Paix.

Chapitre 19

LE DRAME DE CAP SKIRRING

Il y a six ans, l'avion de Cap Skirring tombait. C'était un dimanche matin. J'étais à la maison, Serge m'appelle, il devait être sept heures à peine : « Tu sais, il y a sûrement un problème, l'avion a quitté Dakar à 5 heures 40, et il n'est toujours pas arrivé au cap Skirring. Peut-être a-t-il pu se dérouter, on ne signale rien d'autre. » Je saute dans un pantalon et j'arrive place de la Bourse. De quart d'heure en quart d'heure, des embryons d'informations arrivent, il est peut-être tombé, il est sûrement tombé, puis on l'a retrouvé, il y a des morts, il y a des survivants. J'appelle l'UAP Assistance et je décide de partir tout de suite. On affrète un petit avion avec trois médecins. Cinq heures de vol, une durée insupportable. On arrive, il était déjà tard, la nuit tombe vite dans cette région. L'ambassadeur était à l'aéroport et m'annonce que la moitié des passagers est blessée, l'autre moitié morte. Il ajoute que certains blessés sont dans un état très grave.

Je décide de faire repartir très vite les blessés vers les hôpitaux de Paris. En compagnie de l'ambassadeur, je fais dans la nuit le tour de trois hôpitaux de Dakar : l'hôpital de la Marine, l'Hôpital central de la ville, et un hôpital dirigé par des bonnes sœurs au dévouement admirable. Je rencontre une solidarité formidable de la part des praticiens français et sénégalais. Ils veulent garder les blessés et les soigner sur place. Je serais plus sûr si on les soignait à Paris. Le directeur général de l'UAP Assistance, M. Lejart, facilitera les choses pour faire comprendre aux médecins sans les froisser mon besoin de rapatrier les blessés. J'avais pris soin de téléphoner pour faire venir un gros porteur de France, avec à son bord trois ou quatre médecins supplémentaires.

Le petit avion qui nous avait amenés emportera tout de suite vers Paris un blessé très grave. Auprès de lui à bord : un médecin et une infirmière. Un hélicoptère l'attend à Paris pour le transporter à Garches. Cet homme si gravement blessé, grâce à cette rapidité d'intervention est vivant aujourd'hui. Dans cette débâcle générale, au cœur même de cette catastrophe imprévisible, une seule pensée m'a guidé : que les blessés ne deviennent pas des morts. Je me répétais cela dans mon désespoir.

Sitôt que l'avion a décollé, Lejart, les médecins et moi décidons de préparer le transport des blessés. On transforme donc le gros porteur en hôpital volant, et médecins et infirmières, avec une précision et une rapidité remarquables, embarquent les appareils respiratoires, le matériel de bord, l'équipement de fortune, et les blessés l'un après l'autre, installés le mieux possible. Parmi eux, une femme très gravement atteinte est en danger de mort. Les médecins s'opposent à son transport, elle ne supporterait pas le choc du voyage. Deux jours plus tard, on a envoyé un avion, on a pu la ramener vivante, et les médecins l'ont sauvée.

J'ai vécu les moments les plus terrifiants de mon existence dans cet hôpital volant entre ces vingt-six blessés. Et ce vol qui n'en finissait pas, cette peur qui nous brutalisait à tout moment parce qu'un infirmier ou un médecin disait : « Venez, il va partir. » Je me sentais inutile, incompétent, encombrant, j'essayais d'aider maladroitement, incapable d'être efficace. En trop, je me sentais en trop. Nous arrivons à Paris. Nous attend un dispositif de dispatching d'ambulances pour diriger les blessés sur les hôpitaux spécialisés. Tous les médecins avaient été prévenus, il fallait aller vite.

Cela faisait dix-neuf ans que ce village fonctionnait, dix-neuf ans que ces vols avaient lieu. Le directeur général d'Air Sénégal a dégagé toute responsabilité, comme s'il n'était pas concerné et si ce n'était pas lui qui avait commandé l'avion, lui le transporteur obligé, lui le décideur. C'est la seule fois où j'ai perdu confiance parce que je me suis senti impuissant. J'avais jusque-là fait face à des risques multiples, de guerre, de violence. Je partais, j'arrivais sur place, je décidais de faire rentrer les adhérents, les G.O., de continuer ou d'abandonner, mais j'avais l'impression que je pouvais agir. Mais là, devant cette fatalité qui vous anéantit, j'ai perdu pied. Jamais plus je n'ai exercé mon métier avec le bonheur d'antan. Je reste étreint par cette peur et ce chagrin. Je sais que je suis innocent de ce drame. J'ai tout essayé pour comprendre comment c'était arrivé. Je suis allé sur place recueillir des tas d'explications et confronter les hypothèses. Serge aussi.

Il y a eu beaucoup de rumeurs sur l'état de santé du pilote ou sur sa compétence. L'enquête fut difficile. La conclusion fut l'erreur humaine. Que peut-on faire contre l'erreur humaine ? Nous sommes, mon fils et moi, mis en examen car nous aurions une responsabilité dans la mort de vingt-cinq personnes, et les blessures de vingt-six autres. Et cette épreuve dure, ce qui la rend encore plus insupportable.

Les drames du transport aérien sont toujours ou presque terribles. Il est fréquent que les compagnies aériennes, grandes ou petites, affrètent des appareils auprès de leurs homologues, elles le décident seules. C'est leur droit et leur responsabilité, nous ne sommes pas intervenus dans ce choix. Mais quand le drame hélas est arrivé, nous avons tout mis en œuvre pour sauver toutes les vies qui pouvaient l'être et porter assistance aux blessés, avec l'aide de notre compagnie d'assurance, grâce aux médecins de toutes disciplines et à notre vitesse de réaction et de décision. Il reste que notre peine à tous deux devant ce drame est toujours vive.

Chapitre 20

LA CRISE

La crise était déjà latente depuis longtemps quand les ennuis ont commencé. Pour moi, elle a débuté quand certains acteurs de la vie du Club ont compris, consciemment ou inconsciemment, que je souhaitais que ce soit Serge qui assume la succession. On m'a reproché de vouloir fonder une dynastie.

J'avais quatre poulains : Charly Benillouz, Jean-Robert Reznik, Shalom Hassan et Serge. Charly étant parti, Hassan n'avait peut-être pas l'envergure pour devenir un très grand patron, c'était un garçon qui avait un très grand sens des relations humaines, mais ce n'est pas suffisant pour diriger une entreprise de ce genre. J'ai donc construit un duopole, Serge et Jean-Robert, et ont commencé les intrigues, d'innombrables intrigues, certaines que je décelais assez vite, d'autres plus lentement. J'ai proposé un jour à Reznik de devenir directeur général avec Serge comme président. La fusion des compétences faisait un bon attelage, mais chacun voulait être seul maître à bord. Devant ce constat d'échec, je me suis séparé de Jean-Robert. Je l'ai rencontré l'autre jour, j'étais assis dans un avion et il avait le même numéro de siège que moi. Je lui ai dit : « Tu vas encore essayer de prendre ma place, ça fait vingt ans que ça dure. » Et il me répond avec un beau sourire : « Non, vingt-cinq ans. » J'ai trouvé qu'il avait conservé son esprit de repartie. Ce qui est certain, c'est que la première occasion était bonne pour que Serge soit mis sous tutelle, et il est probable que Serge, en cette période de fin de crise, avait fait un budget qui était peut-être un peu trop optimiste. En tout cas qu'il n'a pu atteindre, il s'en est rendu compte trop tard et ils le lui ont fait payer avec une violence extraordinaire, et un peu d'injustice. Mais après tout, le rôle d'un responsable est d'être très attentif à ses paroles, donc on peut comprendre qu'ils n'aient pas voulu lui accorder une deuxième chance pour atteindre, moins d'un an après, l'objectif qu'il avait fixé. La crise était encore sévère de 1993 à 1995, c'est vrai aussi qu'elle est en train de disparaître. On le voit aussi bien en politique qu'en entreprise, mais s'y ajoute la chance ou la malchance, qui contribue à conforter votre action, ou à la détériorer.

La longévité de la crise a été la malchance de Serge.

On aurait pu imaginer que les actionnaires tenteraient de s'entendre avec lui. Je crois que c'est difficile à concevoir. En gros, Serge a été puni pour les péchés de son père. Il y a eu des règlements de comptes. Je pense qu'ils n'ont pas compris que j'étais plus amoureux du Club que de n'importe qui au monde et que mon seul souci c'était sa pérennité. Je ne supportais pas que l'on y porte atteinte, je n'ai pas été tendre du tout avec Serge quand je voyais qu'il manquait quelque chose au Club.

J'aurais dû comprendre, en nommant mon fils, qu'il ne

serait pas accepté. Ils ont pris leur décision, mais j'espère qu'ils ne se sont pas trompés parce que je n'assisterai pas avec gaieté à la démolition de quarante ans de ma vie. Je ne crois pas que, dans le fait de nommer mon fils, se cachait le désir de continuer à gouverner à travers lui, mais peut-être celui de me continuer.

Je crois qu'il vaut mieux dire que je fais des provisions par anticipation, mais faire des provisions au bénéfice de tiers autre que le Club, cela m'aurait rendu malade. J'ai toujours pensé que cet argent appartenait au Club.

Pour la majorité du milieu financier, c'était de l'impudeur. J'ai vu dans les yeux de certains de la haine : « Est-ce que tu vas pas mourir, est-ce que tu vas pas t'en aller, est-ce que tu vas pas nous le laisser ce Club qui n'est pas à toi mais qui est à nous ? » La puissance de l'argent est énorme et, naturellement, car c'était la logique financière, j'ai perdu et je reconnais qu'avec Serge, nous avons commis quelques erreurs, mais je reste aujourd'hui persuadé que crise ou pas crise, certains n'en pouvaient plus de cette omniprésence triganienne, elle leur était devenue insupportable, mais la situation économique a accéléré et amplifié la crise et Serge l'a payée, avec élégance, de son poste.

C'est un rêve fracassé, un gâchis que de jeter ainsi le passé sans écouter les hommes qui l'ont fait.

Il reste que le Club a été fait d'amour, de tolérance, de créativité, d'amitié et d'espoirs.

A ces valeurs il faut sans doute adjoindre plus de compétences financières et aussi plus d'humour dont je ne suis pas, hélas, bien pourvu.

SECONDE PARTIE

Les années Serge

Chapitre 1

LE BONHEUR D'ÊTRE G.O.

Mes premiers souvenirs du Club sont des sensations, des parfums, des musiques, des couleurs.

Fin des années 50, nous logeons à l'hôtel Belvédère, proche de celui des Chamois, à Leysin, la station de sports d'hiver, en Suisse, où le Club a pris ses premières marques à la montagne. C'est la première fois que le Club abandonne ses tentes de camping et ses cases. L'hôtel, à l'époque, me paraît luxueux, l'ambiance est à la fête permanente et le personnel de service, italien en ce temps-là, adorable. On met à la disposition des enfants des luges. Elles sont siglées G.M., mais je vais mettre trois jours à m'apercevoir que le G n'est pas le C de Club mal orthographié, c'est le G de gentil, et le M n'est pas celui de Méditerranée mais le M de membre. Ces luges sont réservées à des personnes que je chercherai, ma vie durant, à satisfaire.

Notre rythme était parfaitement réglé. Du lundi au vendredi, mon père travaillait place de la Bourse, et la plupart de ses week-ends étaient consacrés aux voyages. La vie de famille était réduite mais ma mère avait accepté la règle du jeu et nous, les enfants, n'avions que très peu droit à la parole. Le Club régissait tout : les rapports entre les parents et ceux avec les enfants. De l'absence de notre père nous avons peu souffert car il savait se faire pardonner. C'était la fête quand il revenait de voyage, les valises bourrées de souvenirs et de cadeaux, et racontant des soirées entières ses découvertes. Je me souviens du récit de son voyage au Japon, d'où il revint enthousiasmé. Là-bas, disait-il, les gens considéraient le travail comme valeur cardinale mais découvriraient, un jour ou l'autre, la nécessité thérapeutique des vacances. Vision ô combien prophétique !

A l'école, j'avais droit à des commentaires sur mon père de la part de certains professeurs. Il en agaçait quelques-uns – par sa propension à parler et à apparaître dans la grande presse – et suscitait l'admiration d'autres. J'étais le fils de mon père dans le regard des autres mais j'étais fier de l'être. Mon grand bonheur était de pouvoir l'accompagner très tôt le matin, place de la Bourse, le jour de l'ouverture des inscriptions pour les vacances, et de l'aider à distribuer des tickets d'attente et des cafés chauds aux futurs G.M. prêts à faire des sacrifices pour partir dans le village de leur choix. Les fins de semaine, je m'arrangeais pour monter au dernier étage de l'immeuble où un certain Coco Chase classait des kilomètres de pellicule : les films des sites les plus enchanteurs du monde qu'il me faisait visionner des heures entières. Le Club offrait du rêve, mais j'en avais peur. Je me souviens de m'être introduit subrepticement à une réunion de travail qui se tenait à Chantilly. J'y ai découvert mon père en compagnie de personnages atypiques, forts en gueule. « Ces messieurs, me dit-il, sont l'âme du Club. On les appelle les Chefs de village. »

J'étais un adolescent timide, emprunté, pas sûr de lui. Je n'ai jamais réellement passé de bonnes vacances au Club. Je me sentais seul, bien loin de ceux que je considérais comme des demi-dieux, les G.O. Je me sentais pataud, complexé. A l'âge de 16 ans, mon père décide de m'envoyer seul loin de ma famille, passer des vacances. Je me retrouve à Arziv, en Israël. Je prends conscience de ma difficulté à m'intégrer et de ma profonde tristesse à vivre sans parvenir à me faire accepter par un groupe. Mes tentatives de jouer au volley-ball pour rejoindre d'autres vacanciers se révéleront vaines. On me fait comprendre que je suis le fils de mon père, certes, mais que ce n'est pas une raison pour croire que je peux prétendre appartenir à la sacro-sainte société des Gentils Organisateurs. Je me sens à des années-lumière de tout ce que le Club sécrète comme valeurs et idéaux et pourtant cette maison m'attire, me déroute, me séduit.

Pendant mes études de sciences économiques, fortement encouragé par Gilbert qui a toujours pensé qu'un bon diplôme est une véritable assurance pour un futur emploi, je décide d'en avoir le cœur net. Je me jette à l'eau et, comme le font des centaines d'étudiants l'été, je postule au Club pour être G.O.

Pour ma première saison, pendant l'été 1963, je serai affecté à Corfou. C'est à l'époque le plus grand village du Club, l'un des plus demandés car situé dans un des plus beaux paysages de la Méditerranée. Je suis obligé d'avouer mon peu d'aptitude au sport, sous toutes ses formes. On m'attribuera donc un poste de responsable Trafic, mot prétentieux qui, dans le jargon du Club, désigne celui qui accueille les G.M. à leur descente de train, d'avion et de bateau, organise leur transfert au village et, à l'issue du séjour, les raccompagne.

A l'époque, les G.M. arrivent une fois par semaine. Etre « trafic » à Corfou consiste à travailler deux ou trois jours par semaine et à profiter du village le reste du temps. Ce temps libre me permet d'en observer le fonctionnement, le village est dirigé alors par une femme appelée la Duchesse. Comme chaque G.O. dans chaque village, je me demande si, un jour, je ne pourrais pas faire aussi bien que le Chef de village en titre. Je réalise que j'ai contracté le virus ! Mais ce sera l'été suivant que se produira la révélation. Lieu d'affectation : Caprera, en Sardaigne. Mon poste : responsable Planning. Le travail, apparemment, est simple. Je suis chargé d'affecter les G.M. dans leur lieu de résidence : des cases. Dans chacune d'elles ont été installés deux ou trois lits. Dans un petit bureau appelé planning, sur un grand panneau mural, je rentre des fiches : les noms des hommes sont inscrits sur des petites fiches bleues, ceux des femmes sur des fiches roses. Au début, tout se passe bien, je dispose de cinq cents fiches pour un millier de lits et mon amateurisme peut me permettre beaucoup d'erreurs. Les choses se gâtent dès le premier lundi du mois d'août. J'attends mille deux cents personnes toujours pour mille lits, et mon manque de savoir-faire me panique. Je fais le décompte de chacune des cases, change les affectations, m'embrouille. Mon état de confusion est total, mais le soir de l'arrivée, grâce à l'aide de très Gentils Organisateurs et par miracle, chacun sera logé. J'aurais normalement dû être « chartérisé », autrement dit « viré » dans le langage du Club. A la suite de cette expérience, je ferai, bien plus tard, beaucoup d'efforts pour informatiser ce sacré planning !

Par chance, le Chef du village – René Hallemans –, un Belge, ancien mercenaire resté plus ou moins baroudeur avec un passé assez trouble, m'accepte. Entouré de collaborateurs dont on ne sait s'ils sont des complices d'une autre vie ou des mercenaires, mais tous indéniablement de grands G.O., cet homme doté d'une immense sensibilité saura diriger son équipe en lui faisant confiance, tout en lui inculquant des valeurs basées sur la tolérance et l'amour des autres. Le moindre de ses désirs était un ordre, et certains des G.O. n'hésitaient pas à se jeter d'un pont haut de plusieurs mètres pour l'impressionner. La fête était permanente. La vie du village se passait autour du bar : autour d'un bon verre, c'était à celui qui faisait rire l'autre, tout n'était que jeux. Les G.M. étaient pris dans un tourbillon permanent, ils dormaient peu et s'amusaient du matin au soir des facéties d'une équipe délirante. J'assisterai même, en témoin actif, au lancement des signes démentiels [1]. Dans ce village, pendant cet été exceptionnel, au contact de cette équipe à la fois si gentille et si fantasque, je suis définitivement tombé amoureux du Club.

L'été suivant, je continuerai mon initiation en devenant caissier à Sveti-Marko, en Yougoslavie. Etre caissier, c'est ne parler que d'argent au G.M., les convaincre qu'ils ont bien acheté les deux paréos qui figurent sur la facture que je leur tends, passer des nuits entières à compter à quatre pattes des milliers de dinars pour arriver à une caisse juste. Certaines nuits, à bout de fatigue, je sors de ma poche les

---

1. Langage des signes inventé au Club et destiné à faire tomber la barrière des langues. Tenait plus du délire que de la communication.

dinars manquants pour ajuster la caisse... Je les verrai resurgir quelques jours plus tard et ne saurai qu'en faire.

A Sveti-Marko, je rencontrerai Gilbert Héron, un personnage hors du commun qui m'accordera son temps et sa confiance. Chef de village jusqu'à l'été 1986, Gilbert Héron avait cette capacité de transmettre son amour du Club. S'il ne s'est jamais beaucoup plu dans les villages américains, peut-être parce qu'il ne parlait pas anglais, il s'épanouit en revanche complètement à Villard, en Suisse, à Vittel et à Pompadour où il fera sa dernière saison. De petite taille, les yeux malicieux et le regard pétillant, Gilbert Héron se servait de son humour comme d'un mode de management. Il avait un formidable talent d'observateur, aimait faire rire par un comique de situation sans jamais être cruel. Je me souviens encore des petits déjeuners à la montagne où les G.M. se pressaient à sa table comme on assiste au spectacle. Ils riaient tant à ses côtés qu'ils en oubliaient d'aller skier. Les G.O., quant à eux, étaient magnétisés par lui et par son histoire de chauffeur de bus devenu l'un des patrons du Club. Ils espéraient tous pouvoir un jour lui ressembler. Gilbert Héron, par sa passion, par son humour, par son incroyable gentillesse, me donnera le courage d'oser annoncer à mon père que, moi aussi, j'aimerais bien tenter de m'intégrer au Club Méditerranée.

Le seul moyen de savoir si je suis réellement capable un jour de travailler dans cette entreprise, c'est d'exercer la fonction de Chef de village. Une saison, deux ou plus. A l'issue de cette initiation, il restera à décider si je suis capable d'aller plus loin et si, accessoirement, j'en ai toujours envie. Il est, à cette époque, inconcevable d'envisager de travailler au siège du Club Méditerranée sans être passé par la vie en village.

Reste à choisir le village. Tant qu'à faire, j'ai envie de prendre le plus gros, le plus beau, le plus prestigieux, celui où j'ai effectué ma première saison de G.O. Il me faut négocier avec André Regad, grand patron des villages de l'époque, et bien sûr avec Gilbert, pour obtenir Corfou. Ils acceptent, la négociation n'est pas difficile, car le pari les amuse. Je me rends donc pendant l'hiver 70 à Corfou, dans cette île encore protégée, aussi belle en hiver qu'en été, et nous allons, avec André, arpenter ce village que je connais déjà un peu et dont il maîtrise, lui, parfaitement les rouages. Nous allons ensemble vérifier le bien-fondé des investissements à réaliser. Ils sont modestes comme tout ce que fait le Club à l'époque. Améliorer un peu l'amphithéâtre, rafraîchir quelques cases et donner un petit coup de peinture au bar. Les dés sont jetés, il ne reste plus qu'à constituer mon équipe. Je choisis les meilleurs : Etrusco à la cuisine, Gérard Parachou au sport, Heidi Neuman à la gestion. Avant l'été, comme la tradition de la formation maison l'exige, je passerai quelques jours en « pré-village ». L' « avant » est le moment où tout se joue. Le futur chef apprend à connaître son équipe, l'organisation se met en place, les amitiés et les amours se créent. Le jour où les premiers G.M. arrivent, la fête peut commencer.

Au début du mois de mai, le paquebot *Appia*, en provenance de Brindisi, déverse son flot de Gentils Membres dans le port de Corfou, les caïques sont allés les chercher. Les bateaux de ski nautique tournent autour d'eux, les drapeaux volent au vent, les Tahitiens et leurs guitares sont sur le ponton. L'heure de mon véritable baptême est arrivé. Il ne me reste plus qu'à prendre le micro pour la première conférence d'accueil.

L'arrivée des G.M. est un événement, un rituel important. Le Chef de village doit présenter son village, son équipe, et donner le ton du séjour. Il doit être onze heures du matin, je me prépare à prendre le micro, j'ai tout appris par cœur, je sue à grosses gouttes car j'atteins le paroxysme de l'angoisse. Au moment d'entrer sur scène, on m'annonce que Gilbert et André viennent d'arriver à l'improviste pour me faire plaisir. Ils seront présents dans l'amphithéâtre. C'est la panique, le trou noir. J'entre en scène, je balbutie quelques mots, je ne vois que Gilbert, je suis tétanisé. Tout se brouille et je suis contraint d'abandonner le micro. Je me poserai alors la question de savoir si je devais continuer ce métier que, manifestement, j'étais incapable d'exercer. Certains, tendrement, me réconfortement et m'encourageront.

A l'époque, la musique des « soupers du roi » de Jean-Joseph Mouret appelait deux fois par jour nos G.M. aux repas. Il n'y avait pas de montre, il n'y avait pas d'horaires, seule la musique disait qu'il était l'heure de se restaurer. J'avais auparavant observé que les Chefs de village faisaient le tour des tables pour demander à chacun comment se passaient leurs vacances.

Je décide de suivre l'exemple et, à l'heure du déjeuner, le premier jour, je dépasse mon angoisse et déambule dans le restaurant sans trop savoir que faire lorsque, miracle, je repère une table où tous ont l'air très sympathiques. Je tourne autour et m'élance enfin : « Bonjour, comment ça va ? » dis-je d'une voix tremblante. La réponse fusera, cinglante : « Qu'est-ce que ça peut te foutre ! » Elle retentit encore dans ma mémoire.

Je songerai de nouveau à m'enfuir. Mais les G.O. se montreront attentifs, chaleureux, et la saison se déroulera avec son cortège d'aventures, ses moments de joie et d'angoisse. Au moment du départ, des dizaines de G.M. pleureront, tristes de quitter le village, leurs amis ou leurs amours. Ces pleurs seront ma consolation et une grande source de satisfaction.

Je tenterai tout pour me faire intégrer dans le Club, avoir l'esprit Club. J'irai contre ma nature pour me faire accepter. Je ferai du théâtre pour me guérir de ma timidité, j'accepterai les défis sportifs les plus fous, dont certains que je gagnerai à ma grande surprise, je déciderai même de commencer une carrière de rugbyman et oserai affronter des G.M. irlandais ! Le premier – et dernier match – fut homérique : la première passe fut correcte, mais à la seconde, je dus garder le ballon quelques secondes de trop et trois Irlandais se jetèrent brutalement sur moi. Le bruit fut épouvantable : ma cheville se cassa en plusieurs morceaux et je terminai glorieusement cette magnifique saison à Corfou dans le plâtre, puis à Quiberon pour de longues semaines de rééducation. « Appliqué, peut mieux faire ». Gilbert et André, bon gré, mal gré, décidèrent de continuer l'expérience et de me garder dans le Club. Pistonné je l'étais, mais bien décidé à faire mes preuves.

La saison suivante, je serai désigné pour ouvrir le nouveau village de Marrakech. Une ouverture est généralement considérée comme une marque de confiance de la Direction à votre égard, et donc reçue avec beaucoup d'admiration et d'intérêt de la part de votre équipe de G.O. Dans mon cas, cette promotion rapide fera jaser...

Toutefois, le chantier étant un peu en retard, André

nous propose à Jean-Robert Reznik, un tout nouveau Chef de village, et à moi-même, de l'accompagner à Agadir, village qui traversait alors des difficultés. Dès notre arrivée, on sentira immédiatement que l'atmosphère est mauvaise : les attitudes des G.O. sont dédaigneuses, leurs tenues laissent à désirer, et les regards des G.M. vis-à-vis du trio de la « Direction » en disent plus long que tout sondage. Certains n'hésitent pas à nous interpeller, pour nous faire part de leur indignation et de leur déception devant un tel laisser-aller : au prix qu'ils paient ! « L'ambiance est pourrie, la nourriture exécrable », nous disent, dépités, certains d'entre eux, jurant qu'on ne les y reprendrait plus.

En début de soirée, nous décidons de vérifier ces assertions en passant à table. Traditionnellement, quand des personnes appartenant à l'organisation du Club sont reçues dans un village, deux scénarios sont possibles : soit dîner au restaurant au milieu des G.M. en partageant, pour le meilleur ou pour le pire, leur repas, soit le Chef de village, pour des raisons diverses, souhaite être plus tranquille avec ses patrons et se replie dans la cantine du personnel, où souvent, langouste et très bon vin permettent d'adoucir l'œil critique des Chefs. André choisit la solution du restaurant afin de mieux sentir l'ambiance et de vérifier la qualité du repas. Une table nous a été réservée en plein milieu de la salle. Accueil glacial des G.M. qui nous observent froidement pendant que nous nous installons. La table est dressée, nos serviettes ne sont pas en papier, mais d'un tissu de très belle qualité, et les vins n'ont pas la même étiquette que ceux des tables voisines. Les serveurs nous apportent de magnifiques cocktails de crevettes sous les yeux ébahis de nos voisins. Il nous faut alors quelques secondes pour comprendre que les G.M., assis tout autour de nous, n'ont pas droit au même menu et nous regardent avec envie. Les soupirs, les réflexions vont bon train. Puis, sortent des cuisines de splendides langoustes que l'on nous apporte cérémonieusement, pendant que les G.M. s'escriment sur leur ragoût. André alors explose. On se lève et nous proposons à tous nos voisins d'infortune de finir notre dîner – G.O. et G.M. réunis – dans le meilleur restaurant d'Agadir, au nom évocateur : le bar de Chouchou. C'est un tout petit bar-restaurant situé au bord d'une piscine, tenu depuis longtemps par deux vieux compères marocains, talentueux et adorables qui savent préparer à merveille de délicieuses brochettes.

Dans l'avion du retour, André Regad m'explique qu'il faut remplacer dans les plus brefs délais le Chef de village, et il me demande d'assurer cet intérim avant l'ouverture différée du village de Marrakech. Je prends donc possession, sans avoir eu le temps de m'y préparer, d'un paradis de quatre hectares en bord de mer. Tout y respire la beauté, le charme. Chaque partie du village est reliée aux autres par de petits chemins attrayants. Le cœur du village réunit tous les ingrédients du succès : une piscine, et autour de cette piscine en arc de cercle, le restaurant, le bar et l'amphithéâtre. Au centre, un escalier. Sur ses marches, il est aisé d'observer toute la vie du village, tous les bonheurs qui s'y cachent et toutes les amitiés qui s'y nouent. Le seul drame de mon intérim viendra du ciel : il va pleuvoir deux semaines d'affilée ! Deux semaines à inventer des jeux sportifs dans l'amphithéâtre, à mitonner des crêpes-parties, à improviser des séances de cinéma pour tuer les après-midi, ou des spectacles pour faire passer l'heure de l'apéritif, et à improviser des surprises-parties à minuit pour ceux qui n'ont plus sommeil. Mais rien n'y fera : responsable du mauvais temps, je me ferai copieusement insulter et je serai très heureux de partir pour ouvrir le Club de Marrakech.

Les ennuis continuent. Ce n'est plus l'injustice du ciel qui me poursuit, mais la foudre des autorités religieuses. Le Club a obtenu un emplacement sur la place Djemaa el-Fna et devient vite l'objet de vives polémiques : les religieux sont scandalisés qu'à quelques mètres de la Koutoubia, lieu sacré, le Club puisse installer un lieu de débauche ; les protecteurs de l'environnement sont fous de rage qu'un hôtel vienne troubler la si belle harmonie de cette place, et d'autres se plaignent encore par principe contre tout ce qui est nouveau. Gilbert vient me porter secours et rassure l'équipe. Les autorités suprêmes du Royaume ont approuvé le projet et le village ouvrira, comme prévu, en février 1971.

Lucien Cohen, l'architecte, a conçu le village selon le modèle de la médina traditionnelle. Le Club s'intègre harmonieusement à l'environnement au point de quasiment disparaître. Les chambres sont aérées, claires, lumineuses, le lieu principal étant la salle d'eau. La décoration, signée Ludmilla Weiler, est elle aussi sobre, traditionnelle. Les couleurs, les matériaux, tout respire l'harmonie des lieux et le respect des traditions. Les artisans marocains ont fortement contribué à créer avec nous cette impression de paix. Nous ferons vivre ce village en adéquation avec ce décor, créant une atmosphère qui séduira tout de suite nos adhérents.

Les détracteurs les plus virulents accepteront peu à peu ce village qui se noiera dans la végétation avec le temps. Le directeur de l'Office des postes de Marrakech viendra même demander à nos équipes de l'aider à repenser la décoration de son établissement, situé sur la place Djemaa el-Fna, en s'inspirant de l'architecture du Club.

Ma mission terminée, je pars pour Cargèse en Corse. Le Club n'est toujours pas accepté par une certaine partie de la population et il faut déployer mille efforts d'imagination pour tenter progressivement de se faire admettre. L'un des problèmes de ce village réside dans la difficulté à trouver du personnel local. Manière de résistance. Façon de nous nier. Les Corses refusent nos offres d'emploi. Nous sommes persona non grata. Alors comment faire tourner le village ?

La haute direction du Club a finalement obtenu des autorités locales l'autorisation de faire venir une centaine d'Egyptiens qui, l'hiver, travaillent au Palais Manial, l'hôtel que gère le Club en plein centre du Caire. Ils doivent être affectés au bar, au restaurant ou au nettoyage des chambres. On me dit qu'ils sont d'une haute qualité et accompagnés de stagiaires. Ils arrivent au village quelques heures avant l'ouverture et nous sommes un peu étonnés de les voir débarquer : les plus âgés sont vêtus de façon modeste, tandis que les jeunes paraissent très chics, habillés à la dernière mode de Paris. Après quelques mots de bienvenue, je les envoie s'installer dans leurs chambres. Quelques minutes plus tard, une délégation de jeunes stagiaires demande à être reçue et conteste violemment les conditions de logement. Je discute, je négocie, et je parviens à calmer les esprits. La paix ne sera que de courte durée.

Tout semble rentré dans l'ordre lorsque, quelques jours plus tard, des incidents me sont signalés : les plus jeunes employés refusent systématiquement d'effectuer les tâches qui leur sont assignées, des mini-grèves sont organisées. Je décide d'une réunion pour tenter de comprendre et, en les écoutant, je découvre l'objet du malentendu : ces stagiaires égyptiens sortent de la grande école hôtelière du Caire. Ils sont des fils de ministres, de généraux ou de millionnaires égyptiens et ne sont venus que pour observer le fonctionnement d'un Club de vacances internationalement réputé, dans le but de diriger, plus tard, les hôtels que leurs parents s'apprêtent à leur offrir à la fin de leurs études. On leur avait vanté les vertus d'un stage qui devait leur permettre de compléter leur formation. Au lieu des cours de marketing et de gestion du personnel, on leur a donné des balais pour nettoyer les chambres et des éponges pour faire la plonge. Ils se disent humiliés par une situation qu'ils jugent dévalorisante. La plupart d'entre eux paiera de sa poche du personnel pour faire une partie des tâches qui leur étaient assignées. Pas tous. Un beau matin, un concessionnaire d'Ajaccio vient livrer au Club une superbe Alfa Romeo rouge cabriolet dernier cri. Je le persuade qu'il s'agit d'une erreur, le garagiste s'apprête à repartir quand soudain un jeune Egyptien sort de la cuisine où il fait la corvée d'épluchage et montre un papier. Oui, la voiture est bien pour lui, c'est un cadeau de son père qui, révolté par les misérables conditions de vie qui étaient faites à son fils, a voulu lui montrer l'amour qu'il lui portait !

Cette relation assez spéciale avec un personnel à deux vitesses exceptée, la saison se déroulera normalement. A cette époque, le village fait figure d'hôtel cinq étoiles apparu dans la galaxie du Club, alors il y a bien sûr un petit décalage entre les attentes des uns et nos réalités. Mais les

G.O. sont là et compensent par leur savoir-faire et leur bonne humeur. La tension est parfois un peu forte avec les Corses. Ces derniers ont le sentiment qu'on les a envahis, qu'on occupe quasi illégalement leur territoire : ils veulent bien le tourisme mais aucune contrainte. Bien plus que cela, dans certains cas, la question n'est pas que nous utilisions les services de Corses ou de non-Corses, mais que nous ne choisissions pas des Cargésiens !

Pour ne pas l'avoir compris assez vite, je serai menacé sur la place d'arrivée par un chauffeur de taxi exhibant son revolver, manifestant ainsi sa réprobation de notre trop grande utilisation des taxis d'Ajaccio. Les G.M., certains d'avoir à faire à un nouveau gag de notre équipe définitivement trop drôle, sourient ou applaudissent et moi je n'en mène pas large. Bien sûr, tout s'arrangera : on fera de plus en plus appel aux chauffeurs de taxi locaux, et le monsieur irascible « Archange » deviendra un véritable ami.

Le Club vivra en Corse sa romance la plus classique. Des G.M. qui arrivent harassés, fatigués, se plaignent de l'exiguïté de la chambre, et repartent en pleurant parce qu'ils se sont vraiment amusés. Des G.O. exténués par une pression quasi permanente mais qui trouvent les moyens de décompresser et qui font corps entre eux dès qu'ils sentent le Club attaqué ou critiqué. Des Corses qui progressivement vous acceptent, dont nous comprenons chaque jour un peu plus les règles du jeu et qui finissent par vous donner des leçons sur ce que les mots hospitalité et fidélité veulent dire.

Après la Corse, je suis affecté en Côte-d'Ivoire pour l'ouverture d'Assinie. Je n'apprends la nouvelle qu'à la fin du mois d'août. C'est la règle du Club. Au siège, les rumeurs vont bon train : le téléphone sonne de village en village. Chaque fin d'été, l'alchimie de la recomposition des équipes opère : tel ambitieux voudra aller avec les étoiles montantes, tel autre plus fidèle restera avec son chef, même si son village n'a pas bonne réputation. Les meilleurs iront à Agadir, Saint-Moritz ou en Amérique, les moins bons seront soit au repos, soit affectés dans des villages de montagne considérés par certains comme peu dignes d'intérêt.

Etre nommé pour ouvrir un village est une marque de reconnaissance, la consécration suprême, le signe que l'on vous distingue parmi les meilleurs. Il faut savoir former le personnel, donner son style au village, recevoir les journalistes. Je m'entoure des meilleurs éléments de Cargèse, prends quelques nouveaux et nous partons. L'équipe de formateurs se met en place, et Dudule, grand maître des Sports, veillera au bon fonctionnement des pirogues. La période qui précède l'ouverture se passe divinement bien. Le village est prêt depuis déjà longtemps, il ne reste qu'à se familiariser avec l'environnement, attendre les G.M. et goûter les joies de la mer. Celle-ci est très dangereuse : il y a une barre qu'il ne faut pas essayer de franchir, et de forts courants. J'en avertis les G.O. au cours d'une réunion préparatoire puis, invitant chacun à une joyeuse baignade collective, je perds pied, me fais prendre par le courant et ne dois d'être sauvé qu'à deux G.O. : Sandor et Petit Pierre qui, au risque de perdre leur vie, sauvent la mienne. Nous renforcerons les mesures de sécurité qui malheureusement n'éviteront pas quelques accidents.

Les G.M. arrivent et découvrent émerveillés le village. Daniel Paterne, l'architecte, a réalisé là un vrai chef-d'œuvre. Espace entre lagune et mer, tout y est harmonie, et invite le G.M. qui arrive en bateau à se plonger dans une atmosphère de magie. C'est le premier village en Afrique. Pendant toute la saison, les G.O. s'attacheront à faire entrer un peu du mystère africain au sein de cette enclave climatisée. L'inauguration en présence du président de la République, de toutes les autorités ivoiriennes, de Gilbert et de quelques grands administrateurs, sera un grand moment d'émotion. J'ai maintenant un peu mieux compris ce que le mot G.O. veut dire.

Nos partenaires mexicains avaient une expression pour caractériser les équipes du Club. Ils nous appelaient *la raza del Club*, la « race du Club ». Nous étions à part, ni français ni américains, ni blancs, ni jaunes, ni juifs, musulmans ou chrétiens. Nous étions la race du Club.

Nous étions totalement dévoués à notre Entreprise, à notre Maison, avec pour seule ambition : apporter un peu de bonheur à nos G.M., voir le Club réussir ses paris, évoluer, se transformer, et les G.O. s'affirmer définitivement comme les meilleurs.

Le concept du G.O. est né avec la création du Club. Il fallait, au-delà des lieux magiques de la table abondante, des sports ou des fêtes permanentes, créer un espace dans lequel on se sentirait bien, sans contraintes. Les hommes et les femmes qui devaient imaginer et faire vivre cet espace devaient eux aussi être uniques. Alors se créa l'idée du G.O. Deux mots : « gentil », à l'opposé d'un environnement quotidien fait d'égoïsme, de jalousie, ou de violence, et « organisateur » pour sécuriser, pour bien faire comprendre que l'on sera là pour faciliter l'accès au bonheur pendant quelques jours ou quelques semaines.

Ceux du début arriveront au Club par hasard, ce seront les amis de Gérard, des compagnons de la Résistance ou des relations sportives. Il n'y aura en fait pas de recrutement au sens actuel du terme, le système sera d'abord basé sur la cooptation, et ce seront les premiers G.M. qui fourniront les premières troupes. Ils découvriront au Club ce que la vie des villes ne leur donnait pas. Ils auront soif de vivre au grand air, de rire, de faire du sport ou l'amour, et ils trouveront cela au Club dont ils feront leur famille.

Ce sera Claudine, la femme de Gérard, qui très vite jettera les bases d'un recrutement exceptionnel de qualité. Elle cherchera des personnages qui apporteront aux villages un certain sens du décalé, parfois de l'étrange, et très souvent de la modernité. Il et elle seront naturellement jeunes et beaux, inaptes à la vie banalisée, mais ouverts à l'aventure. Curieux, disponibles, les garçons courent après les filles, ou sont parfois homosexuels. Tous et toutes expriment à la fois beauté et gaieté.

Par la suite, des personnalités telles que Jean Balandjian, qui fera de la gentillesse la clé d'entrée, Rachel, organisatrice exceptionnelle, ou Béa, généreuse avec un brin de folie, développeront avec talent ce service, source de l'originalité du Club.

Les recrutements se feront en fonction des événements politiques ou sociologiques, en reflet de l'évolution du temps. Il y aura, après les rescapés des camps, la vague des pieds-noirs qui retrouveront au Club un peu de ce qu'ils ont abandonné au Maroc, en Tunisie ou en Algérie, et qui y apporteront une formidable envie de vivre agrémentée d'un humour et d'une convivialité exceptionnels.

Au fur et à mesure de son développement, le Club donnera ensuite à de jeunes Marocains, Turcs, Mexicains ou

Sénégalais un vrai métier qu'ils pourront exercer un peu partout dans le monde. Ce sont ces mêmes garçons qui, quelques années plus tard, deviendront à leur tour formateurs des jeunes Thaïlandais ou Cubains. La dernière vague viendra de l'ancien bloc communiste, de Russie, de Bulgarie, ou très récemment de Cuba.

La force du Club, c'est que les G.O. ont toujours 20 ans. Ils restent jeunes, puisque, à part ceux qui forment l'encadrement, ils prennent le Club pour une école de vie où ils passent trois, quatre ans, avant de démarrer une vie professionnelle plus classique.

C'est ainsi que le Club ne pouvait pas vieillir, et est toujours resté proche de son époque.

Le G.O. est un nomade, c'est quelqu'un qui bouge en permanence d'un endroit à l'autre de la planète, qui ne peut jamais prendre d'habitudes forcément mauvaises en restant trop longtemps au même endroit. Le nomadisme en est l'un des principes de fonctionnement, même si avec le temps et les contingences économiques, il s'est un peu distendu.

L'un des facteurs de notre originalité, c'est cette vérité du nomade qui se déplace en tribu d'un site à un autre. Les tribus sont libres, elles respectent l'endroit où elles s'installent, elles s'attachent à le laisser, lorsqu'elles le quittent, encore plus propre et plus beau qu'à leur arrivée. Quiconque vient à la rencontre de la tribu est reçu comme un membre de la famille. Tout ceci est en parfaite harmonie avec la naissance du Club autour de la Méditerranée.

La mer des terres, celle qui unit les hommes depuis toujours au lieu de les séparer. Nous sommes au royaume de l'hospitalité légendaire, que ce soit celle des Arabes, des

Juifs, des Grecs ou des Latins. Nomade vient d'un mot grec qui veut dire « partager », nous sommes bien là au cœur même de l'existence du Club. Partager avec l'autre, le G.M., ou d'autres G.O., des joies, des aventures, des découvertes. Les G.O. sont là pour partager et transformer les G.M., en leur apportant ce qu'ils ne trouvent nulle part ailleurs. Ce nomadisme, ce côté tribal des équipes G.O., feront de nous des gens atypiques et inclassables. Le Club ne pouvait pas être une chaîne hôtelière traditionnelle, il était lui : le Club.

Nous sommes aux antipodes du monde de l'entreprise, et cela en choquera plus d'un. Il faut avoir été G.O. dans un village, dirigé avec talent et sensibilité par un grand Chef de village, partageant joies, peines et rires avec d'autres G.O., pour comprendre que la classique notion d'horaires n'a pas de sens. On faisait un métier choisi et non subi, et on le faisait avec passion. A partir de là, les notions d'horaires et de jours de repos auront un sens différent de ce que l'on trouve dans une vie ordinaire.

Ces mêmes tâches de G.O. exercées à répétition, sans âme ou sans compensation, avec un Chef de village sans charisme, deviendraient vite ennuyeuses, et la magie serait rompue. Fort heureusement, la plupart des G.O. ont presque toujours trouvé au Club un mode de vie et une forme d'apprentissage qui dépassaient leurs attentes, et donnaient un véritable sens à leur saison.

L'âme du Club réside dans un incroyable brassage de ces hommes et femmes venus d'horizons totalement différents, et qui, le temps d'un été, ont donné du monde une image un peu utopique, comme celle des rêves de Gérard et Gilbert.

En plein conflit du Proche-Orient, les Juifs et les Arabes travaillaient ensemble et rêvaient de paix, les Serbes et les Croates ont souvent partagé les mêmes fonctions au sein de remarquables équipes de cuisine, et les Chefs de village grecs s'amusaient à compter le plus grand nombre de Turcs dans leurs équipes.

Les G.O. sont capables d'affronter n'importe quelle situation, et ont toujours su s'adapter aux nouvelles donnes. Ils sont passés de la case au village-bungalows, plus ou moins sommaire, en s'appropriant finalement des voiliers de très grand luxe. Ils peuvent s'épanouir dans les petites villas au Mexique, ou dans les grands villages de Sicile ou d'Espagne. Ils ont su satisfaire les G.M. français ou belges du départ, puis américains, ou allemands, et dernièrement russes ou coréens. Ils ont fait évoluer l'accueil, les cuisines, ou les spectacles. Ils sont aussi capables aujourd'hui de séduire les grandes entreprises venues se ressourcer dans un village du Club.

Sous la conduite d'un encadrement de qualité issu de leurs rangs, les G.O. ont non seulement su s'adapter à l'ouverture de nouveaux marchés mais, mieux encore, ils ont su s'adapter à l'évolution des mœurs ou des situations politiques.

Le Club était parfaitement en phase avec son temps, lorsque, en pleine révolution sexuelle, les « bronzés » régnaient en maîtres dans les villages, donnant l'opportunité à des comédiens de grand talent de produire l'un des films les plus drôles de notre époque.

Mais par la suite, avec l'apparition du sida et l'évolution des mœurs, nous saurons, sans tomber stupidement dans une austérité monacale, nous adapter à un nouvel environnement, et les G.O. trouveront, en début de saison, la compagne ou le compagnon d'un été ou d'une vie. La montée des extrémismes religieux nous contraindra à un peu moins de permissivité.

Un monde politique très troublé nous fera découvrir des situations délicates dans des pays au bord de la guerre, qu'il faudra évacuer comme en Egypte ou en Israël, et où chaque fois les G.O. feront preuve d'un sang-froid et d'une maturité qui feront l'étonnement de chacun.

Les G.O. israéliens et européens seront capables d'accueillir en Israël, au village d'Eilat, de jeunes stagiaires palestiniens, et de les intégrer totalement à la vie du village.

Ils sauront trouver les mots justes lorsque des orphelins du drame algérien seront accueillis au village de Djerba, et ainsi leur faire oublier quelque temps la cruauté de leur quotidien.

C'est à Opio que, dans le cadre de la Fondation du Club, l'accueil de classes vertes permettra à des enfants défavorisés de profiter de quelques moments de bonheur, et de se transformer sous les regards ébahis de leur professeur.

Aux Almadies, au Sénégal, alors qu'un G.M. sera cloîtré dans sa solitude, atteint du *locked-in syndrom*, cette effroyable maladie qui vous coupe totalement du monde extérieur et qui sera rendue célèbre par le livre *le Scaphandre et le Papillon* de J.-D. Bauby, des G.O. apprendront le langage des cils. Ils pourront ainsi dialoguer avec cet homme, et le sortir quelques jours de son emprisonnement.

Ces G.O., qui ont su si bien s'adapter à toutes les nouvelles donnes dans les villages, ont été tout naturellement les plus favorisés pour accéder à des postes de responsabilités au sein de l'entreprise. C'est une action que j'ai toujours eu à cœur de réussir, au travers de la promotion interne. Les G.O. ont su, avec beaucoup de dévouement et de passion, compenser leur manque de diplômes, et se montrer chaque jour à la hauteur des enjeux que le Club leur fixait.

Au moment de quitter le Club, et alors que celui-ci connaît de profonds bouleversements, ma vraie tristesse ne fut certainement pas de perdre le titre de Président, ou les privilèges liés à la fonction, mais bien de savoir que, quelque part, je ne verrai plus les G.O., que je ne serai plus des leurs, et que cette relation affectueuse était finie.

Chapitre 2

LES PREMIERS PAS

Après une dernière saison à Porto Petro, aux Baléares, je suis affecté à Paris, place de la Bourse, dans un bureau au troisième étage. On est en 1973. Le Club a grandi. Il est devenu impossible de perpétuer la structure actuelle. Les villages ont besoin d'être suivis de plus près. Gilbert et André ont décidé de découper l'exploitation en quatre grands secteurs permettant ainsi à chaque responsable d'être plus proche du terrain.

Comparé à l'espace des villages, mon nouveau domaine me paraît bien petit. Il y a un bureau fermé pour les chefs, et des bureaux ouverts pour nos collaborateurs. J'ai autour de moi Freddy Allemand, contrôleur de gestion, Mémé Clargé, responsable de la maintenance, Dany Besset, responsable des boutiques, et Françoise Levacher comme assistante de gestion. Les choses sont simples, nous sommes quatre responsables : Charly Benillouz, Shalom Hassan, Jean-Robert Reznik et moi-même. Nous avons à côté de nous un coordinateur, Jean Winiger. André Regad se retire des Opérations, il part développer le Club au Brésil. Notre tâche consiste à assurer la meilleure gestion des villages, en cherchant la plus grande satisfaction des G.M. Le jeu consiste à gérer serré, signer les contrats avec les fournisseurs, négocier les protocoles d'accord avec les propriétaires des villages, en fait réaliser tout ce qui, en amont, peut décharger la gestion du Chef de village et lui permettre ainsi de se consacrer aux G.M.

Certains villages peuvent paraître plus beaux que d'autres, mais l'important consiste à affecter les personnalités les plus fortes aux villages les moins cotés, car bien entendu, parmi la cinquantaine de Chefs de village, il y a les « stars », les « bons », les « juste bons », les « mauvais » et les « très mauvais ». Nous engagerons des bagarres fratricides pour débaucher le maximum de « stars ». Entre nous, pas de règles du jeu, mais des arguments de bonne ou de mauvaise foi, des intrigues, des négociations en sous-main, et Jean Winiger qui tentera, vainement, de jouer les médiateurs.

Charly est le plus conciliant, Shalom, de par son tempérament sportif, le plus direct, Jean-Robert et moi sommes les deux plus intrigants. Nous avons toutefois suffisamment de bon sens pour nous entendre sans qu'il soit nécessaire d'obtenir l'arbitrage de Gilbert.

Les régions ont été conçues très astucieusement. Chacun d'entre nous se voit attribuer les secteurs dans lesquels il a déjà sévi. Je suis donc tout naturellement en charge du Maroc, de l'Afrique et de l'Espagne. Nous avons lancé tous ensemble une course effrénée à l'Oscar, qui est un peu au Club Méditerranée ce que l'audimat est à la télévision française, et qui permet d'évaluer la satisfaction des G.M. On se bat pour que nos poulains réalisent les meilleurs scores, pour qu'ils gagnent les dixièmes de points qui feront d'eux les vainqueurs de la saison. Le jeu peut paraître assez étonnant, l'émulation créée ainsi comporte un côté bien évidemment positif : il s'agit de mettre tout en œuvre pour obtenir coûte que coûte que nos G.M. soient parfaitement satisfaits. C'est à celui qui en donne le plus. Les buffets vont commencer à devenir de plus en plus alléchants, les spectacles du style Alcazar vont apparaître et les sosies de Jean-Marie Rivière, Sheila et Régine se multiplieront comme des petits pains.

Ce jeu se révélera en même temps un peu pervers, car il crée une course au classement dans laquelle certains G.O. perdront leur raison d'être, mais surtout débouchera sur une forme de clientélisme assez malsaine. Les hommes se disputeront des écuries et disposeront de poulains. Nous nous abîmerons dans ces querelles d'opérette. Il y a en fait à l'époque deux grands rituels : le premier consiste à dresser la liste des Chefs de village et le second à obtenir l'approbation de la direction générale sur les budgets d'investissement pour chaque village. Gilbert dans ce domaine a pour stratégie de dépenser le minimum. Il se montre plus intéressé à développer, à créer de nouveaux villages, à prendre des parts de marché qu'à en améliorer l'existence.

Chacun, à commencer par mon père, est convaincu qu'une bonne équipe G.O. peut faire oublier de mauvaises installations. Nos G.M. sont plus attentifs à la fête, à l'ambiance, à l'animation, à la personnalité du Chef de village qu'à la taille de la chambre, à son confort ou à sa décoration. Chaque année au mois d'octobre, les quatre mousquetaires : Charly, Shalom, Jean-Robert et moi-même, se réunissent autour d'une table avec Gilbert, Jean

Winiger et Olivier Michel, le financier du Club, pour de longues séances de négociation. Gilbert a passé la nuit à étudier chaque demande, à les analyser, et à préparer ses arguments pour réduire sensiblement les montants espérés. Bien entendu, il aura à l'esprit les derniers résultats de la saison précédente et, avec sa mauvaise foi légendaire, refusera pour la énième fois de refaire un village pourtant au bout du rouleau parce que la dernière équipe en place aura obtenu de formidables résultats. Les discussions seront longues, ardentes, passionnantes, mais nous sortirons chaque fois convaincus que les décisions prises sont bonnes pour le Club, et nous terminerons souvent ces journées-marathon devant un bon couscous au Petit Dominique en rêvant à l'avenir pendant toute la nuit.

L'ambiance est amicale, fraternelle, mais en même temps commencent à poindre des rivalités qui aboutiront à un conflit une quinzaine d'années plus tard. Nous sommes tous unis par une même foi, nous croyons plus fort que jamais dans cette maison, mais la distribution des rôles est déjà devenue délicate. Gilbert est l'âme du Club, il est le patron de cette entreprise, il en est l'énergie créatrice mais aussi le porte-parole, l'ambassadeur. A l'époque il demeure encore en France le seul visionnaire du tourisme. Mais il est également, et c'est là plus compliqué et plus douloureux, le papa de tous les G.O.

Nous avions longtemps pensé, mes trois sœurs et moi-même, que nous étions les seuls enfants de Gilbert, et nous nous apercevons progressivement que nous avons des centaines de frères et sœurs. Je prends conscience que Gilbert n'est pas seulement le patron des quatre directeurs de région mais qu'il est aussi, pour Jean-Robert et dans une moindre mesure pour Charly, le père qu'ils auraient voulu avoir.

Le Club tout au long de son histoire attirera particulièrement ceux et celles qui sont en manque d'affection. Il saura, grâce à l'importance qu'il accordera à l'affectif, accueillir avec amour ceux qui n'ont pas connu une structure familiale équilibrée. Ceux-ci trouveront dans le Club une raison d'exister, de travailler, de donner aux autres, tout en recevant l'amitié et l'amour d'une équipe. Nombreux donc seront ceux qui considéreront Gilbert comme un père. Le jeu se compliquera et les relations personnelles primeront sur les engagements professionnels.

Nous sillonnons nos territoires, je repasse cent fois à Agadir ou Marrakech, je finis par connaître tous les recoins de Yasmina. Il est indispensable d'occuper le terrain, de mieux comprendre chaque village de l'intérieur, de voir ce qu'on doit y réaliser pour l'améliorer, ou de comprendre les attentes du personnel de service. J'apprends sous la tutelle de Freddy ce qu'est une négociation syndicale, comment elle se prépare et comment elle se conclut.

Au bout de trois années de cette organisation, se déroule une véritable crise de pouvoir au sein du Club. Gilbert a décidé d'en modifier une nouvelle fois les structures. Les quatre secteurs d'opérations, qui commencent à créer des chapelles trop éloignées les unes des autres, vont être regroupés à nouveau sous une seule et même direction. Gilbert a décidé de m'en confier la responsabilité, et va nous l'annoncer chez lui. Il emploie, avec la diplomatie qu'on lui connaît, tous les arguments possibles pour convaincre chacun qu'il s'agit de la bonne décision.

Charly accepte sans problème et prendra, à cette occasion, la direction de Maeva, branche location d'appartements et de villas que le Club est en train de créer.

Jean-Robert ne fait aucune remarque et accepte de travailler aux côtés de Gilbert pour parfaire sa formation, mais Shalom, à qui est proposée la direction de la construction, explose et crie à l'injustice. Gilbert est-il déjà en train de préparer sa succession ? Les dés sont-ils totalement pipés ? Serais-je promu uniquement du fait de ma naissance ? La question intriguera longtemps les G.O., les administrateurs, la communauté financière. Aujourd'hui encore je ne connais pas la vérité. Je crois personnellement que Gilbert adore sa famille, sa femme et ses enfants, mais que pour lui le Club est quelque chose qu'il place au-dessus de tout, et auquel il aura consacré toute sa vie. S'il avait estimé au fond de lui-même que je ne représentais pas ce qu'il attendait comme successeur, il m'aurait acheté une boulangerie, une épicerie, un hôtel, mais n'aurait pas cherché à m'imposer. Je sais que ma nomination, de longues années plus tard, sera bien évidemment due en partie à ma filiation. J'ose espérer cependant que certaines de mes qualités auront prévalu au moment du choix.

Coup de pouce ou pas, me voici en tout cas arrivé au poste très convoité à l'époque, celui de directeur des Opérations. Bien sûr, Gilbert préside. A ses côtés Jacques Giraud, directeur général en charge du commercial, donne au Club ses plus belles campagnes de pub, et Olivier Michel est directeur général en charge des finances. Je suis responsable de la gestion de l'ensemble des villages du Club.

Je vais m'efforcer d'en améliorer les prestations tout en préservant son âme. Le Club se trouve à un tournant. Il est passé brutalement de villages de cases de la première génération à la gestion d'hôtels très confortables. Les G.M.

deviennent de plus en plus exigeants sur le service, sur les prestations hôtelières, mais veulent en même temps s'amuser comme ils le faisaient il y a quelques années à Corfou ou à Al Hoceima. Certains ont parfois du mal à admettre qu'ils n'ont plus vingt ans, qu'ils ont un peu vieilli, et que leurs attentes sont parfois difficilement conciliables. Ils aimeraient qu'on leur offre l'esprit un peu fou et totalement déluré de la case et le grand confort des plus beaux hôtels. Ce cocktail est difficile, et délicat. Je vais m'attacher à tenter de le réussir, en privilégiant la formation des G.O. Ce sera l'une des clefs de notre succès. Jusque-là, elle s'effectuait en grande partie sur le tas, dans les villages. Le taux de croissance du Club, encore petit à cette époque, permettait de se former progressivement au sein des villages. On débutait en tant que caissier, on devenait, après quatre ou cinq saisons, aide-gestionnaire, puis deux ou trois ans après, gestionnaire en titre. Chef de village pouvait prendre entre cinq et quinze ans. Puis les choses se sont accélérées : les ouvertures se succèdent à un rythme inimaginable, les demandes de G.M. évoluent et nous devons repenser les modes de formation.

On décide de créer au village de Pompadour, situé en Corrèze, ce que l'on va appeler pompeusement « l'Université du Club ». C'est l'époque où les plus grandes pointures du Club, les Alex Mosleight, Jacques Delavier, Henri Jaouen et d'autres, vont prendre leurs quartiers d'hiver dans ce village pour former les candidats. Pompadour connaîtra alors une fièvre et une ambiance exceptionnelles.

J'y consacrerai une partie importante de mon activité, je discuterai avec les formateurs qui sont en même temps des acteurs ; ceux qui viendront enseigner seront ceux qui étaient la veille en charge de telle ou telle cuisine ou de telle animation. Je favorise la promotion interne et je ne veux pas de rupture ; le discours aura d'autant plus de succès auprès des stagiaires s'ils savent qu'il est tenu par des gens qui, dans leur quotidien, appliquent les recettes qu'ils sont venus enseigner. Les garçons et les filles qui ont la chance d'être sélectionnés viennent du monde entier pour apprendre pendant plusieurs semaines leur métier.

Pompadour doit être à l'image du Club un brassage de cultures, de nationalités, de couleurs de peau. C'est à ce prix que le Club sera différent, et c'est à cette condition que nous pourrons devenir la première société mondiale spécialisée dans le secteur des vacances. Chaque semaine, je viendrai exposer aux stagiaires notre vision du Club, nos ambitions, nos rêves, et notre différence.

Certaines personnalités viendront à Pompadour. Ainsi Gaston Lenôtre, qui formera les pâtissiers. Il est notre conseiller technique et, à ce titre, se rend dans ce village-école. Il a un talent fou, c'est un vrai pédagogue, et cuisiniers et pâtissiers sont heureux d'apprendre avec lui. Très vite, Alex Mosleight, le grand chef des chefs, saura apprendre et surtout adapter le savoir-faire de Gaston aux enjeux du Club. En peu de temps, les délicieux gâteaux font leur arrivée dans les villages, ils remplacent avantageusement l'omelette norvégienne de nos débuts, nous permettant d'augmenter sensiblement la satisfaction des G.M. en leur faisant prendre quelques kilos supplémentaires. Un soir, place de la Bourse, Marc Tombez a invité Coluche à venir discuter avec les responsables de l'animation du Club. Coluche connaît un peu le Club, certains de ses potes ont été G.O., le Splendid a produit *les Bronzés*. Coluche possède une maison en Guadeloupe et passe de temps en temps au village de la Caravelle. Il va en peu de temps séduire tout le monde. Il nous expliquera la difficulté à satisfaire chaque soir un même public en produisant des spectacles qui se veulent différents et qui sont gratuits. Il insistera sur ce dernier aspect, sans malheureusement avoir le temps de nous apporter de remèdes miracles.

Je proposerai aux Chefs de village, afin de mieux les préparer à leur métier, de passer un hiver entier loin du village. Trop souvent, les G.O. restaient enfermés dans leur village cocon, et se coupaient ainsi de la vraie vie. Ce stage, loin de leurs repères habituels, nous permet de leur montrer l'envers du décor de leur entreprise ou encore de leur enseigner les techniques d'expression corporelle. On les inscrira également pendant plusieurs mois à la prestigieuse université de Berkeley, en Californie, dont les professeurs leur feront découvrir les nouvelles tendances de la sociologie, l'évolution des philosophies du bien-être et du plaisir et les modes de vie du futur.

Bien sûr nous traversons des crises, des drames, mais le Club n'en ressent pratiquement pas les contrecoups car la croissance est forte. Quelques villages qui feront date dans l'histoire du Club s'ouvrent, comme par exemple Don Miguel à Marbella, en Espagne, après une bataille homérique entre les partisans d'une orthodoxie pure et dure du Club et un groupe de rénovateurs. D'un luxe inouï pour le Club à l'époque, le village est, il est vrai, à l'opposé de nos valeurs, de nos traditions de base et comporte deux tares originelles. Tout d'abord, il n'est pas sur la mer, ce qui semble rédhibitoire. D'autre part, ce ne sont ni de jolies cases, ni de charmants bungalows disséminés dans la nature, mais un hôtel de dix étages à l'image des grands palaces de la Costa del Sol. Le confort est en train de devenir un des paramètres les plus importants dans le choix des vacanciers, et Marbella me semble parfaitement convenir à cette nouvelle donne. Je pense qu'on tient là un village qui sera confortable, proche de Paris, et donc une destination adéquate pour la clientèle de familles.

Gilbert a négocié un contrat avantageux avec un industriel allemand qui a investi en Espagne dans le cadre d'accords lui permettant de réduire ses impôts. Jacques Giraud et Olivier Michel s'opposeront à Gilbert. La décision de Gilbert l'emporte. Michel Perchet sera chargé de réussir l'ouverture et remplira sa mission au-delà de nos espérances.

Le Club a pris le pari risqué d'ouvrir le village de Cancún dans une zone touristique encore vierge du Mexique, et au retour d'une inauguration mémorable, Jacques Doulcet, considéré alors comme un grand journaliste du tourisme, prédira avec une belle assurance l'échec de ce village, qui deviendra au contraire une des plus grandes réussites commerciales des vingt dernières années.

Nous organiserons en 1977 un séminaire à Marbella. Le précédent avait eu lieu à Marrakech, il avait été étonnant de simplicité, de beauté et d'authenticité. La présence de Gérard Blitz, assis au côté de Gilbert dans la palmeraie, avait insufflé à cette fête une émotion exceptionnelle. Cette fois-ci, l'espace de Marrakech n'étant plus assez grand, j'avais donc proposé Marbella. Ce séminaire constituait pour moi, au-delà de la rencontre et de la fête, le premier test, le premier examen de passage de ma carrière. Je devais prendre la parole pour expliquer aux G.O. les défis à relever, les pièges à éviter. La réunion est fixée à

17 heures. La salle a été aménagée en arc de cercle, le micro installé, la sono réglée, il n'y a plus qu'à se lancer. Certes, j'ai préparé ma copie, j'ai travaillé avec l'équipe sur le discours à tenir, mais une boule d'angoisse m'envahit au moment d'entrer dans la salle. J'ai bien sûr fait quelques progrès depuis Corfou, mais cette fois-ci l'enjeu est bien plus grave. Alors je me lance, je parle du village, du métier de G.O., des carences de l'animation, des problèmes de l'hébergement, et tout s'enchaîne comme par miracle. L'intervention durera moins d'une heure, les G.O. sont attentifs, non seulement ils comprennent mon message, mais en outre, ils approuvent le projet. Je quitte la salle pour me réfugier dans ma chambre, tremblant, vidé, mort. Mais Gilbert me rejoint pour me féliciter. Apparemment, j'ai réussi à obtenir l'unanimité. Je viens de gagner quelques galons.

La vie est belle, la demande est très forte, les clients de plus en plus séduits par la formule. Les gouvernements étrangers veulent tous avoir le Club Med dans leur pays, les villages s'ouvrent à un rythme d'au moins quatre à cinq par an. Il s'agit de conforter nos parts de marché, de ne pas laisser la concurrence s'installer. Il faut donc aller vite. Le Club gagne de l'argent et les actionnaires nous maintiennent leur confiance.

Chapitre 3

LE MONDE EST UN VILLAGE

Dans le début des années 1980, le Club connaît l'euphorie. Nous venons de vivre une décade de succès et il faut savoir l'engranger. Nous décidons d'accélérer le développement à l'échelle internationale. Deux marchés à l'époque sont prioritaires, les Etats-Unis et l'Asie. Le Club décide d'investir lourdement sur ces deux marchés, et Jean-Robert partira à la conquête de l'Asie, alors que j'irai de mon côté aux Etats-Unis. Jusqu'en 1980, il y avait dans notre organisation une rupture totale entre l'exploitation des villages et les activités commerciales. Les prix de vente des villages du monde entier étaient fixés à Paris et les repas servis en Asie ou en Amérique étaient aussi décidés au siège. Dès la mise en place des responsables de secteur, une autonomie autorisant une véritable action dans les domaines commerciaux et opérationnels se mettra en place, permettant de réagir vite, et d'anticiper les futures demandes de nos marchés. Gilbert garde cependant la mainmise sur les finances. On délègue sur tout, sauf sur l'argent. Les investissements, la trésorerie, resteront longtemps du ressort du siège. Jacques Giraud deviendra responsable du grand secteur Europe et Charly patron des ressources humaines. Gardien du temple, il ne cessera de nous répéter que le succès du Club réside dans l'immatériel. Son humour, son calme, sa réserve, sauront, dans une période de fortes tensions, aplanir bien des conflits et sécuriser bon nombre de G.O., pris dans ce tourbillon de la croissance.

Je pars donc m'installer à New York et je vais y vivre, après l'expérience de Chef de village, mes plus belles années. Cette ville sort alors progressivement de la crise et redevient le centre du monde. Quelques hommes d'affaires français fuyant l'arrivée de la Gauche viennent s'y réfugier et suivre avec inquiétude les débuts d'un nouveau régime qu'ils redoutent. Je cherche surtout à rencontrer des New-Yorkais, mais également à découvrir ce melting-pot international que cette ville attire. Robert Bergé, le directeur du Méridien, créera un véritable village au sein de la ville qu'il réunit lors de ses brunches du dimanche, étonnant cocktail de Français s'amusant à découvrir l'Amérique, d'Américains s'étonnant de ces drôles de Frenchies en exil, de belles Brésiliennes, et de formidables musiciens de jazz.

Aux Etats-Unis, le nom de Trigano n'a pas la notoriété qu'il a en France. Je n'y suis pas le fils de..., je suis le patron de la société américaine, qui sera jugé sur ses performances plus que sur le nom qu'il porte. Après avoir discuté avec les agents de voyages les plus puissants des Etats-Unis, je m'entoure à la fois d'Américains de grand talent comme Sergio Zyman, entre deux postes clefs chez Coca-Cola, qui apportera un peu plus tard son expertise, et de G.O. du Club chargés d'expliquer notre concept aux futurs clients et aux agents de voyages. Dès notre arrivée, nous ferons appel à une nouvelle agence de publicité qui sortira une de nos plus brillantes campagnes : « Club Med Vacations, the Antidote for Civilization ». Ces films de trente secondes recevront les meilleures récompenses des Oscars de la pub.

Le Club, en Amérique, souffre d'une réputation sulfureuse. Il est idéologiquement « incorrect » et fait peur à certains décideurs. En clair, le Club est considéré comme un lieu pour les *swinging single*, c'est-à-dire pour les célibataires qui viennent chercher des aventures. Ce genre d'image peut nous nuire car les Américains sont de plus en plus puritains. Pour modifier cette perception, nous tournerons à travers les Etats-Unis dans une espèce de *road-show* qui, de Chicago à San Francisco en passant par Dallas, réunira des agents de voyages sidérés de voir ces Frenchies, à l'accent si prononcé, parler passionnément d'un concept qui les amuse et les déroute. Ce sera, pour moi et l'équipe qui m'accompagne, l'occasion de découvrir ce pays, de prendre un peu conscience de sa complexité. Les marchés sont différents, les G.M. new-yorkais à l'image de nos G.M. parisiens se sont approprié le Club, et les jeunes célibataires viennent y faire la fête, alors que les couples de Boston sont un peu plus calmes, et même un peu plus conservateurs. En ajoutant à ce cocktail quelques Canadiens bien francophones qui trouvent déjà que l'on parle trop l'anglais dans un Club qui aurait dû rester français, nous avons une petite idée de l'ampleur du challenge. Nous aurons souvent l'occasion de réunir les Chefs de village à Scotsdale, dans l'Arizona, où se tient notre centre de réservation téléphonique. Ils découvriront une certaine image de l'Amérique, les G.O. du bureau leur expliqueront les attentes de la clientèle, et des intervenants de haut niveau leur expliqueront le continent américain. On se prendra tous à rêver de la conquête de ce continent. Je les supplie de faire attention au syndrome des *Bronzés*, aux pique-niques parfois un peu trop racoleurs ou aux soirées un peu douteuses. Ils sont convaincus de réussir, et moi avec eux. Je vais vite déchanter.

A la fin du premier hiver, Edwina, notre attachée de presse, entre un jour dans mon bureau qui surplombe, pour mon plus grand plaisir, le magnifique parc de la ville de New York. Elle a l'air effondré. Nous sommes vendredi. Elle tient dans les mains le supplément « Travel » du *New York Times* à paraître le dimanche suivant. Un journaliste y relate avec moult détails sa semaine de délire aux Boucaniers, village du Club situé en Martinique.

Il y décrit les pique-niques délurés, les beuveries, les jeux les plus fous et les plus délirants et conseille à tous les célibataires en mal de sexe de se rendre dans ce village. C'est la consternation. J'appelle le Chef de village en Martinique. Il me rétorque qu'il a appliqué à la lettre mes consignes mais que, cherchant à satisfaire les exigences d'une clientèle venue chercher ce qu'on ne veut plus lui donner, il a dû céder progressivement à ses sollicitations les plus pressantes. On est revenus à la case départ !

Quelques jours plus tard, une équipe de télévision d'un des gros *networks* américains nous demande l'autorisation de réaliser un reportage dans un village de notre choix. Je décide de leur faire confiance. Reste à désigner le village ou plutôt le Chef de village qui les accueillera. Comment trouver le Chef de village compétent, comprenant parfaitement la langue et assez diplomate pour entourer précautionneusement l'équipe. Je crois avoir déniché l'oiseau rare. Il est américain, a bien saisi l'esprit du Club et est doté d'un physique de play-boy. Il s'appelle Gregg et dirige le village de Playa Blanca, au Mexique.

Je lui explique les enjeux à tenir, les risques à éviter et l'espoir que je mets en lui. Il me fait comprendre que mes conseils sont inutiles. Il sait mieux que moi comment fonctionne la télévision de son pays. Parfait. Le mois suivant, la chaîne diffuse l'émission. *Sea and sun but no sex.* Je respire. On voit un paysage de rêve, une plage idyllique, le sable chaud, un G.O. apprend aux G.M. avec pédagogie comment bien tenir une raquette de tennis, un autre présente ses pains tout frais au buffet. Puis arrive l'interview de Gregg. En fait, il a parlé pendant près d'une heure. La journaliste, belle comme un cœur et surtout très futée, l'interroge sur son métier, l'histoire du Club, ses ambitions. Elle le met en confiance et au moment de conclure, elle lui demande l'histoire la plus saugrenue de la saison. Ce sera bien sûr la seule séquence qu'elle retiendra pour l'émission. Alors Gregg raconte comment une vacancière américaine en séjour dans son village avait beaucoup apprécié le lieu, et particulièrement les nuits avec les beaux G.O. Elle lui avait expliqué à l'issue de son séjour qu'ayant couché avec la moitié de l'équipe, elle estimait avoir œuvré, non seulement pour son bien-être, mais aussi pour le moral des travailleurs du Club et que cela méritait bien une récompense. Gregg lui ayant fait comprendre que son cas n'était pas unique et que cela ne méritait pas de cadeau particulier, elle lui avait alors proposé de s'occuper de l'autre moitié de l'équipe. Ils étaient convenus tous deux qu'en cas de réussite, elle obtiendrait une semaine supplémentaire gratuite ; et elle l'avait gagnée. L'interview était hilarante mais ses effets, en termes d'image de respectabilité du Club, furent dévastateurs.

Il faudra beaucoup de temps et de patience pour faire évoluer les perceptions du public américain. On y parviendra progressivement, en lançant le concept des villages familiaux, avec mini-club et baby-club. Le jeune Pritzker, propriétaire du groupe Hyatt et fidèle G.M. du Club, n'hésitera pas à vite copier la formule, et à l'implanter dans ses hôtels sous le nom de « Camp Hyatt ». Les Américains me feront rapidement prendre conscience de l'importance du « service ». J'avais naïvement cru, en arrivant à New York, qu'ils pourraient se satisfaire facilement de notre concept de base. Mais les G.M. américains deviendront vite des clients aux exigences draconiennes. Il faudra leur réserver les meilleurs cuisiniers, les animateurs les plus drôles et s'assurer que chaque clause du contrat soit parfaitement respectée.

En effet, des avocats très malins attendent l'arrivée des charters du Club pour interroger les clients sur leurs vacances. Ils sauront les presser de questions et bien évidemment déceler les carences de l'organisation. La méthode est simple : il suffit qu'un G.M. explique qu'il a passé de bonnes vacances mais qu'effectivement sa climatisation est tombée en panne pendant quarante-huit heures, pour que l'avocat lui propose, sans aucun frais, d'obtenir réparation d'un tel crime et de partager ensuite les remboursements qu'il nous contraindra de verser. Le Club aura beau être généreux et vigilant, il lui sera souvent difficile de se défendre face à une telle dose de mauvaise foi.

Commencent aussi à apparaître les premières plaintes pour harcèlement sexuel prononcées par des G.O. à l'encontre des Chefs de village ou des responsables de service. Nous serons confrontés à des situations très délicates et à plusieurs cas perturbants. Sommes-nous des saints ? Certainement pas ; et l'amour est souvent un jeu auquel certains G.O. et Chefs de village aiment s'adonner. Les choses se compliquèrent lorsque certains éléments, la plupart du temps des femmes G.O. américaines, se sont plaints d'avoir été forcés à des relations avec leur responsable. Un cas – ce qui reste assez peu au regard des centaines de G.O. qui passent chaque année dans nos villages – a retenu longtemps l'attention des services juridiques du Club. Une ex-G.O. s'était plainte d'avoir été forcée de se rendre à minuit dans l'appartement du Chef de village et d'y avoir des relations sexuelles avec lui. Après en avoir discuté avec le chef en question, je décidai de lui faire confiance et de défendre son cas et donc celui du Club tenu responsable des faits. La procédure fut longue. On partit d'une demande de quelques millions de dollars pour arriver après plusieurs années au déboutement complet de la plaignante. Mais cela nous amena à mieux préparer les Chefs de village à affronter ces situations totalement nouvelles.

Nous passions, des bords de la Méditerranée où ils étaient considérés comme des demi-dieux et où les belles G.M. se disputaient leurs faveurs, à un monde où ils risquaient un procès en tapant sur l'épaule d'une G.O. ou tout simplement en lui faisant la cour. Les chefs furent un peu surpris et demandèrent aux avocats experts en la matière quel devait être leur comportement quand une fille triste d'être éconduite décidait de passer la nuit en travers de la porte de leur chambre à coucher. Nos experts, plus familiers du monde des bureaux, eurent parfois du mal à s'adapter à notre environnement. Certains avocats nous réclameront plusieurs millions de dollars, et nous dépenserons beaucoup d'énergie et d'argent à tenter de défendre nos équipes... souvent innocentes. Mais globalement, le Club sut s'adapter à cette situation nouvelle, ces cas restant somme toute isolés.

Les résultats se modifient, la courbe s'inverse et nos chiffres de vente s'améliorent sensiblement. Tous les trois mois, Gilbert fait un saut à New York, un peu pour voir ses petits-enfants, beaucoup pour surveiller les comptes. Son exigence s'exercera sans relâche quelle que soit la qualité des résultats. Il saura aussi trouver les mots pour nous réconforter lorsque nous traverserons des passages difficiles. Les ouvertures de villages se succèdent. Il y aura Copper Mountain dans le Colorado, Punta Cana à Saint-Domingue, Ixtapa au Mexique. Je souhaite que l'on accélère la rénovation des villages, et lance simultanément un programme de fidélisation de la clientèle tout en proposant aux G.M. américains de découvrir le Club en Asie pour l'exotisme, ou en Suisse pour le ski. L'équipe qui m'entoure est exceptionnelle de qualité, et l'on s'amuse à se prendre pour des conquérants.

Gilbert, en 1984, décidera d'introduire le Club à la Bourse américaine. Le pari, s'il est osé et difficile, peut, s'il réussit, nous permettre une plus grande visibilité et nous donner financièrement les moyens de notre expansion. Le Conseil donne son accord de principe, il faudra ensuite obtenir celui de l'Etat français qui nous permettra d'introduire jusqu'à 49 % du capital de la filiale que l'on va créer.

Après la création d'un package de nos activités en Amérique et en Asie, les banques d'investissement américaines se montrent toutes intéressées à participer à cette aventure, et nous choisirons Lehman Brothers. Il me faut alors, au cours d'un road-show, séduire des investisseurs sceptiques, et en moins de quarante-cinq minutes, les convaincre du bien-fondé de notre entreprise.

On débute notre tournée à Boston, Chicago, puis la côte Ouest pour finir, après avoir rodé la prestation, à New York. Un peu comme une troupe de théâtre qui débuterait en province pour finir à Paris. Très vite, les investisseurs sentent l'importance croissante de l'industrie des vacances, connaissent la marque Club Med, et marquent de l'intérêt pour les données démographiques de notre clientèle. Ils sont vite convaincus de notre potentiel. A San Francisco, à mi-parcours du road-show, Harvey Krueger, le responsable de Lehman Brothers, m'apprend que l'opération est d'ores et déjà réussie, que toutes les actions prévues initialement sont déjà souscrites, et que si l'on réussit New York, on pourra en émettre encore un peu plus au prix fort.

La cérémonie de clôture se tiendra dans les salons de l'hôtel Pierre, en compagnie de la fine fleur de Wall Street. Gilbert nous a rejoints. Il est assis au premier rang. Tout y passera, les salaires des G.O., les coûts de rénovation des villages, les dépenses des G.M. au bar ou à la boutique... Cette transparence plaira aux investisseurs. Le Club introduira 30 % des actions de sa filiale au prix le plus élevé désiré par les banquiers.

Tandis que je suis aux Etats-Unis, Jean-Robert Reznik s'occupe, lui, du marché asiatique. Voilà de longues années qu'à la suite des voyages de Gilbert à Tokyo, le Club a tenté quelques percées au Japon. Au début, nous n'avons rien compris. Il fallait un certain culot et une certaine dose de mauvaise foi ou d'incompétence pour proposer à des Japonais, qui physiologiquement avaient du mal à quitter pendant quarante-huit heures leurs bureaux, de partir en vacances une semaine au Club en Méditerranée. Français, Italiens, Américains, Japonais, même combat, une semaine ou rien ! Ce fut plutôt « rien » et pendant de longues années, le chiffre d'affaires du Club au Japon resta désespérément identique au coût de fonctionnement de nos installations.

Les Japonais sont des clients d'une politesse extraordinaire. Ils sourient tout le temps, et dans les villages on a longtemps cru que ce sourire était synonyme de satisfaction. Ce n'était que de la courtoisie, et rentrés chez eux à Tokyo ils ne se gênaient pas pour critiquer leurs vacances.

Jean-Robert Reznik va mettre un terme à ces maladresses, et saura adapter astucieusement le Club aux attentes de la clientèle japonaise. Il abandonne la sacro-sainte semaine pour proposer des séjours de trois, quatre jours comprenant une journée de shopping, à l'instar du système des tours-opérateurs japonais. Il commencera à embaucher des G.O. japonais.

Il ajustera progressivement la restauration au goût des Japonais et mettra en place une équipe nouvelle à Tokyo, à Singapour, puis en Australie, et progressivement tissera sa toile à travers toute l'Asie. Gilbert viendra fréquemment à Tokyo rencontrer nos partenaires, donner des interviews, et apparaîtra progressivement comme l'homme de la civilisation des loisirs au Japon. Après des partenariats plus ou moins réussis avec des grands groupes japonais, nous trouverons les bonnes alliances en nous rapprochant du Groupe de Seiji Tsutsumi et de la compagnie Nippon Life, la plus grande compagnie d'assurances du monde. Seiji Tsutsumi est un personnage étonnant. Fils d'un milliardaire japonais qui a réussi dans la promotion immobilière, il est tout à la fois un homme d'affaires visionnaire et un poète. Il échangera avec Gilbert, au cours du temps, ses visions de l'avenir entrecoupées par la lecture de quelques poèmes de la littérature japonaise et française. Seiji, au début des années 80, a de grandes ambitions touristiques. Il est un des grands actionnaires du Club Méditerranée. Il rachète la chaîne Intercontinental et souhaite créer un grand tour-opérateur en vendant ses produits touristiques dans ses grands magasins qui sont au Japon l'équivalent des Galeries Lafayette en France.

Il nous fait part de son désir de développer une station de sports d'hiver au Japon et demande notre assistance. Jean-Pierre Becret, l'homme de la neige, s'envole pour Tokyo, parcourt des centaines de kilomètres, escalade les montagnes, étudie la climatologie et trouve, à la fin d'un long périple, le site de Sahoro, dans la province d'Hokkaido, au nord du Japon, retenu aussi par nos partenaires comme le site idéal. Il confirme qu'il y a là l'espace pour réaliser une véritable station de sports d'hiver autour d'un hôtel déjà existant. Quelques mois plus tard, nous assistons éberlués à une présentation du projet japonais. Tout est sur ordinateur : les photos de la montagne, les extraits du rapport de Jean-Pierre, le dessin des futures remontées mécaniques et, en conclusion, Seiji nous explique d'une voix douce à peine audible que pour éviter tout problème, il vient d'acheter toute la montagne ! Gilbert, gardant toujours son sérieux, le félicite de cette sage et judicieuse décision.

Sahoro sera donc géré par le Club et embelli chaque année grâce aux finances et au talent de nos partenaires. Ce lieu deviendra à la fois une ambassade du savoir-vivre français et du savoir-rire Club en terre japonaise. Ce mélange de cultures donnera un cocktail étonnant, et il arrivait parfois que les G.O. japonais, pris totalement dans l'esprit Club, aient quelques difficultés à réintégrer le domicile familial et les contraintes d'un mode de vie ancestral et immuable. Une fin de journée à Sahoro, un jeune G.O. africain accueillait les G.M. de retour du golf déguisé en docteur. Le jeu consistait à vérifier la pupille des G.M. pour y déceler d'éventuels signes de fatigue. Le G.O. trempait ses mains dans un pot de peinture rouge et en auscultant les G.M. appliquait de belles taches de couleur sur leur visage, pour le grand plaisir des autres G.M. Or ce jour-là, dans la même tenue de golf, quelques yakuzas de passage avaient décidé de rendre visite au Club pour, selon leurs habitudes, voir quels bénéfices ils pourraient tirer de cet hôtel apparemment identique à ceux du voisinage. Les yakusas étant au Japon l'équivalent de ce que la mafia est en Italie.

Notre chef yakuza eut donc droit en entrant dans le village à l'examen de santé pratiqué par notre G.O. docteur, sans avoir eu le temps de se faire identifier et d'expliquer le but de sa visite. C'est en se retournant vers ses gardes du corps qu'il prit conscience de quelque chose de louche. La suite tient du mélange du film policier le plus noir et d'un de Funès du meilleur cru. L'humour de toute évidence ne faisait pas partie des qualités de nos charmants visiteurs. Le G.O. faillit être lynché, les témoins de cet outrage risquaient d'être abattus sur place, et il fallut tout le talent du Chef de village pour éviter l'émeute. Il se confondit en excuses, offrit des séjours gratuits pour tous les yakuzas de la région, et promit de sévères sanctions à l'encontre du responsable.

Ce dernier reprit son gag du docteur, mais sous d'autres cieux, et le Club ne fut jamais plus inquiété par cette mafia locale, estimant sans doute nos mœurs trop bizarres pour être dignes d'intérêt et de racket.

Dans la frénésie des années 80, le Club participera à l'exposition de Tsukuba, dont le but est de présenter au monde entier les dernières merveilles de la technologie japonaise. Les organisateurs japonais étant à la recherche d'un supplément d'âme, le Club saura, au milieu des ordinateurs du monde de demain, et de la maison de l'an 2000, introduire une bande de farfelus porteurs d'un message de jeunesse, de tendresse et de gentillesse qui accréditera considérablement la bonne image du Club dans ce pays.

Avec le succès de Château Royal... de Cherating en Malaisie, le Club avait besoin d'ouvrir de nouveaux villages, et nous irons avec Gilbert sur le site de Phuket, en Thaïlande. Il n'y a rien là qu'une plage déserte avec le sable comme on l'aime, blanc comme au cinéma, la mer comme on la rêve, bleue comme sur les cartes postales, et les Thaïlandais, gentils, doux et accueillants, cultivant leurs rizières, loin d'imaginer les bouleversements qu'ils connaîtront en quelques années.

On s'implantera sur la plus belle plage. Juste à côté, les Thaïlandais élèveront, par la suite, une série d'hôtels à l'esthétisme douteux. On y construira l'un des plus beaux villages du Club, mais nous regretterons longtemps de ne pas avoir pris un peu plus de terrain.

Après Phuket, en 1985, le Club ouvrira le village de Bali en Indonésie, que le président Suharto viendra inaugurer en personne. La conquête du Japon est en route, plus rien ne pourra l'arrêter, et Jean-Robert aura rempli sa mission.

Alors que je parcours les Etats-Unis et que Jean-Robert découvre les bonheurs de l'Asie, ceux qui sont restés à Paris vont être confrontés à une situation totalement nouvelle.

Un G.O. moniteur de bridge, à qui le Club avait refusé une affectation au Brésil et désireux de prendre sa revanche, aura à cœur de démolir le fragile équilibre que le Club avait maintenu durant de longues années. Il prit très au sérieux son rôle de syndicaliste, se mettant à la tête des revendications du personnel et déclenchant des grèves à répétition. Or, nous proposions aux personnels marocain, tunisien, turc ou yougoslave qui travaillait l'été dans les villages autour de la Méditerranée, d'exercer leurs fonctions l'hiver dans les villages de montagne. Chacun y trouvait son compte. Le Club savait qu'il avait affaire à un personnel de bonne qualité, et le personnel était quasiment en situation de plein emploi, bénéficiant tout l'hiver d'un salaire légal français important comparé à celui de leur pays d'origine. Chacun semblait satisfait jusqu'au jour où ce moniteur, Bergeron, décida de tout déstabiliser. Sa revendication de base consistait à demander le plein emploi pour le personnel de service. Bergeron était devenu responsable de la CFDT. D'autres G.O., mécontents de le voir représenter, pour des raisons plus personnelles que morales, un syndicat aussi prestigieux que la CFDT, avaient eux aussi fait acte de candidature auprès de cette centrale. Edmond Maire, responsable à l'époque de ce syndicat, avait dépêché ses adjoints pour qu'ils étudient la situation qui était assez complexe, le système en place étant bon d'un point de vue économique et pour le Club et pour le personnel, mais les méthodes employées pouvaient parfois laisser à désirer et certains Marocains ou Tunisiens nous reprochaient le fait du prince comme mode de sélection. L'intelligence des responsables de la CFDT de l'époque fut d'écouter plus attentivement que nous ne le pouvions, et de leur promettre qu'ils obtiendraient la garantie de réembauche en France d'une année sur l'autre. Les responsables du Club de l'époque n'étaient pas préparés à ce type de conflit. Jacques Giraud, marqué par ses expériences précédentes de négociations syndicales, avait adopté une politique de fermeté très stricte. Les responsables traditionnels étaient dépassés, n'arrivant pas à comprendre que l'on puisse se mettre en grève au Club, et même Gilbert, qui s'était mis en première ligne, avait du mal, malgré son charisme et son aura, à se faire entendre.

Charly se révéla le grand négociateur de l'époque. Il sut parler, se faire écouter tout en respectant les revendications. Les mouvements sporadiques de grève s'estompèrent et, en 1985, un accord historique fut signé, garantissant la réembauche d'une année sur l'autre. L'accord fut respecté. Quelques années après, les nouvelles lois françaises interdirent de facto ces procédures. Les Marocains ou les Tunisiens eurent de plus en plus de difficultés à venir travailler en France. Bergeron fut éjecté de la CFDT qui réussit toutefois à s'implanter définitivement au Club. Chacun y perdit un peu, mais le Club avait appris à se frotter à un monde différent. La leçon avait été retenue.

Printemps 1985, je vis mes derniers mois à New York. Je prépare l'inauguration du tout dernier village, celui des Bermudes. Un charter affrété des USA et un Concorde venu de Paris doivent acheminer les invités. Dans le Club, mes relations avec Charly sont difficiles. J'aime et je respecte profondément Charly. Mais j'aimerais que l'on aille plus vite dans les réformes, et que l'on soit encore plus rigoureux dans la sélection des équipes. Lui, de son côté, joue son rôle à merveille. Il est le patron des ressources humaines et doit veiller à la meilleure répartition possible des talents. Il veut trancher sans faire de peine, séduire et être aimé, protéger avec ardeur l'esprit, les valeurs du Club.

Mais en ce printemps, Charly est souffrant. Il croit avoir mal au dos, il se soigne mal. Il est présent au bureau, alors qu'il devrait se reposer chez lui sous un contrôle plus assidu de ses médecins.

Bien sûr, on doit pouvoir arriver à concilier les concepts, nos philosophies du Club, mais cela occasionne de difficiles conclusions et de fréquents conflits. Cela se sait à l'intérieur de la maison, et certains en rajoutent, cherchant à se faire bien voir de lui ou de moi en rapportant rumeurs et ragots sur l'autre. La pression est forte entre nous, mais je sais au fond de moi que si un jour j'accède au poste suprême, il sera à mes côtés. Quand je voudrai aller trop vite, il calmera mes ardeurs, et s'il est trop lent à décider, je le pousserai vers ses limites. Charly est en plus doté d'un humour, d'une culture et d'une intelligence qui lui permettent, ce qui est devenu rare chez nous, de parler d'autre chose que du Club, et de prendre chaque fois du recul face aux situations nouvelles. Charly a de plus en plus mal. Il quittera son bureau et sera hospitalisé d'urgence, et malgré les efforts des médecins, ce sera un second infarctus fatal.

Consternation à travers le Club. Personne ne veut croire à sa disparition. Les obsèques auront lieu au cimetière Montparnasse. Sa femme, ses collaborateurs, les G.O. toutes plus ou moins amoureuses de lui, ses amis, les dirigeants du Club, tous sont là, effondrés. L'émotion est à son comble. Le soir, ses intimes se réuniront chez lui, et la prière des morts se transformera en tribunal. J'y serai accusé d'être responsable de sa disparition. Je suis le bourreau, il est la victime.

J'aurais, par la pression que je mettais sur lui, été coupable de sa fatigue, et en conséquence de son décès. Je resterai longtemps meurtri de ce procès. Seule Béa, sa première épouse, saura trouver les mots qui me réconforteront. Avec le temps, alors que les passions se sont calmées et les blessures cicatrisées, je sais moi à quel point Charly m'a manqué et a manqué au Club. Et je ne peux oublier ce drame.

Chapitre 4

LES ANNÉES HEUREUSES

En septembre 1985, je rentre sur Paris. J'ai failli, comme mes prédécesseurs, demander à rester aux USA. J'y ai beaucoup appris et ma famille, qui avait hésité à s'y installer cinq ans auparavant, ne voulait plus en partir. Mes prédécesseurs avaient préféré quitter le Club plutôt que de retourner en France. Sous la pression amicale de Gilbert, je décidai finalement de rentrer en France. J'allais y vivre, jusqu'à la guerre du Golfe, cinq années intenses et enrichissantes.

Responsable dans un premier temps de l'Europe, j'allais ensuite en 1988 être nommé directeur général du Club et constituer avec Gilbert un tandem à l'américaine : Gilbert, *chairman*, décide de la stratégie, est le responsable devant le Conseil d'administration et le porte-parole du Club à l'extérieur, et moi qui assume la gestion au quotidien et veille à la mise en œuvre des décisions. Le tandem fonctionnera ainsi jusqu'en 1993.

Il y a d'un côté Gilbert, surfant sur nos bons résultats et souhaitant plus que jamais accélérer notre croissance et être présent tous azimuts. Et moi, tout auréolé du succès américain, avec une formidable envie de tout changer. La période est formidablement enrichissante. Il y a bien sûr un peu de tension entre nous. Je vois, moi, un Club plus que jamais recentré sur son métier de base, et cherche à en améliorer les prestations ; il voit, lui, un Club qui doit grandir et se diversifier. Ce sera certainement notre principal sujet de discussion. Chacun fera des concessions, mais bien évidemment sa voix l'emporte. Le Conseil est heureux de nos résultats et de notre expansion. Quant à moi, on me reprochera parfois mes silences, s'étonnant qu'au cours de réunions avec les autres, je ne prenne pas plus souvent la parole, quitte à contredire Gilbert. J'ai pourtant assisté à son côté à bien des déjeuners ou à des réunions de travail avec des états-majors d'autres entreprises, et j'ai du mal à me souvenir d'un quelconque collaborateur reprenant son président en pleine séance. Tout cela n'empêche bien sûr pas d'intenses discussions entre nous. Les plus délicates porteront sur les rénovations à entreprendre. Il faut bien dire qu'au bout du compte, la situation est assez privilégiée. Je peux tenter des choses, me tromper, et j'ai comme les milliers de G.O. du Club le sentiment d'être formidablement protégé par Gilbert.

Le challenge est intéressant. On sent bien que la clientèle a évolué, et l'on sait qu'on doit tout à la fois s'adapter et communiquer ce changement. Des hommes comme Jacques Séguéla de l'agence de pub Euro RSCG, ou Christophe Charpentier, président d'Havas Voyages, m'aideront dans la réflexion.

Mais en fait, tout autant que Gilbert, Gérard, Edmond, les G.O., le personnel de service, ou nos amis experts, ce sont les G.M. qui ont fait avancer le Club.

Ils étaient aventuriers en 1950, jeunes et célibataires la plupart du temps. Ils avaient envie de tout puisqu'ils n'avaient rien eu pendant trop longtemps. Ils se satisfaisaient de tout ce qu'on leur offrait et n'hésitaient pas à participer activement pour pallier les carences de l'organisation.

Des faiblesses à la cuisine... ils allaient y donner un coup de main et faisaient de la corvée de patates une fête ! Des ratés à l'entretien, ils prenaient le balai et ça devenait un gag ! Des problèmes d'animation, ils grattaient de la guitare et c'était un triomphe. Certes, ils ne payaient pas grand-chose, mais ils étaient beaucoup plus que des consommateurs classiques.

En fait, très vite, les G.M. se sont approprié le Club, il était *leur* Club, il devait être à l'image de leurs rêves et ils étaient prêts à tout pour y arriver.

Leurs critiques étaient toujours amicales et constructives. Un mot gentil et personnalisé de Gilbert suffisait la plupart du temps à calmer leur éventuel mécontentement. Ils existaient puisque Gilbert leur avait répondu.

Ils s'ennuyaient à la fin des années 50 pour leurs vacances d'hiver. Ils ne savaient que faire. Ils avaient pris goût à la formule du Club et attendaient quelque chose de comparable à la montagne. Ils l'exprimèrent à la Direction, et, comme celle-ci avait sur les bras ses G.O. d'été rendus inactifs, elle décida d'explorer les possibilités pour ouvrir finalement le village de Leysin, en Suisse, en 1956.

Les G.M. célibataires du début avaient, souvent grâce au Club, trouvé l'âme sœur et s'étaient mariés. Ce qui devait arriver arriva... ils firent des enfants et se virent pour un temps exclus de leur Club.

Il fallait alors savoir si l'on voulait rester un Club de

célibataires ou si l'on allait suivre l'évolution de nos G.M. La décision fut rapidement prise et déboucha dans les années 70 sur l'ouverture du premier mini-Club.

La formule était révolutionnaire. On donnait enfin la possibilité à des couples de passer des vacances à peu près normales sans être esclaves des enfants, et ce dans des conditions économiques très abordables. On donnait en même temps aux enfants la possibilité d'être heureux, de vivre leur vie, d'avoir des copains d'un peu partout, de pratiquer des sports et tout cela en étant libérés des parents.

Cette formule évolua et s'enrichit avec le temps. On alla jusqu'à une formule de baby-club qui permettait aux femmes de participer aux activités sportives ou simplement de se reposer en sachant que d'autres, avec un dévouement exceptionnel, s'occupaient de leurs très jeunes bébés.

A partir des années 80 et de notre présence aux USA, on y ajouta l'activité du cirque, et voir ses enfants s'exercer au trapèze devint une source nouvelle de bonheur absolu pour des parents collés au sol, la main sur le caméscope.

Les G.M. nous ont permis d'évoluer dans les activités. Ils nous poussèrent à renforcer l'activité du tennis à partir des années 70 et à construire une vingtaine de courts en terre battue à Agadir. C'est là qu'une quinzaine d'années plus tard nous décidâmes de favoriser le golf en réalisant l'un des plus beaux parcours du Maroc. Il faut dire que nous avions mis en place sous l'initiative de Dudule, le grand patron des Sports, des cahiers d'écolier qui rendaient compte des fréquentations journalières de chacune des activités et qu'en fin de saison l'analyse de ces documents donnait avec une incroyable précision les tendances et nous ont ainsi souvent permis d'anticiper les modes.

Les G.M. nous ont imposé toujours plus de confort et de services, et ont su chaque fois, avec une grande honnêteté, donner des appréciations précieuses sur nos forces et nos faiblesses.

Ils ont poussé à l'évolution de la table, nous amenant à casser la traditionnelle table de huit, quitte bien sûr à ce que, le jour où l'on a mis en place les nouvelles tables de deux, ils se soient amusés à les rapprocher les unes des autres pour se retrouver à huit ou dix. Mais c'était eux qui décidaient.

Ils sont devenus plus individualistes, ont rejeté en partie un certain nombre de contraintes du groupe, tout en souhaitant garder une certaine convivialité et solidarité, et ce passage n'est certainement pas le plus facile à réussir.

Ils ont critiqué l'animation et nos spectacles un peu désuets, mais se sont plaints lorsque certains Chefs de village décidaient purement et simplement de les abandonner.

Ils trouvaient à juste titre les jeux de piscine trop bruyants, mais certains ont jugé qu'il n'y avait pas d'ambiance lorsqu'on les supprimait.

Ils ont fabriqué les stars en plébiscitant les G.O. ou les Chefs de village et ont contribué à leur carrière tout autant sinon plus que notre hiérarchie parisienne.

Ils ont été assez malins pour tirer astucieusement profit des faiblesses mêmes du Club. Ainsi, dans les années 70, quand les villages ouvraient à un rythme effréné et que l'ouverture se passait souvent dans les gravats, ils se battaient pour être présents. Ils savaient que nous y mettrions les meilleures équipes, que celles-ci se mettraient en quatre pour réussir et qu'à la fin du séjour, une lettre de plaintes sur les travaux leur permettrait d'obtenir une semaine de vacances gratuites.

Les G.M. ont été, par leur fidélité, par leurs critiques, des moteurs formidables de l'expansion du Club.

Par l'émotion qu'ils ont mise dans leur achat des vacances au Club, en nous confiant ce qu'ils ont de plus précieux – non pas l'argent mais le temps –, ils nous ont contraints à être toujours meilleurs. En s'appropriant le Club, ils ont été nos complices, et par le cœur qu'ils y ont mis, ils nous ont obligés à aller pour eux et avec eux au-delà de nos passions.

A l'écoute de ces G.M., bien conscient des enjeux qui nous attendent, je dois réussir le pari européen du Club. Pour ce faire, je visite les différentes implantations du Club, de Londres à Rome en passant par Munich ou Bruxelles. Il y a partout de bonnes équipes mais elles se heurtent aux contraintes d'un Club jugé encore trop « frenchie » pour les agences de voyages européennes. Je rencontre dans chaque pays les meilleurs experts du tourisme. La conclusion est sévère. Le Club, s'il possède une bonne image – il a d'ailleurs beaucoup été copié – a été devancé par des concurrents qui proposent des prix moins onéreux et qui surtout se font fort de parler la langue de la clientèle. On se posera à ce moment la question de savoir quel type de Club on veut : un Club purement francophone, mais ce serait se couper de la plus grande partie du marché ; des clubs nationaux, allemands pour Allemands, italiens pour Italiens, mais l'aventure de Valtur mise à part, ce procédé nous paraît trop ségrégationniste ; alors nous déciderons que nous devons être plus européens que jamais. Et nous lancerons le projet et les villages européens.

Nous choisissons dix-sept villages du Club et décidons

de donner à ceux-ci une véritable coloration européenne. Nous allons freiner le recrutement des G.O. français au profit des Allemands, des Italiens et des Hollandais qui offrent l'avantage de parler au minimum quatre à cinq langues. La restauration est totalement repensée. Les Allemands recevront enfin au petit déjeuner la charcuterie qu'ils affectionnent et les Italiens auront la garantie d'avoir la pasta tous les soirs. Une charte de qualité est édictée et approuvée au cours d'un séminaire à Munich. Les résultats ne tarderont pas à le prouver, en trois ans, les chiffres de vente européens vont augmenter de plus de 25 %.

Le Club reprend des parts de marché, les résultats continuent à progresser. Il faut tout à la fois améliorer la restauration, apprendre à mieux parler la langue de chacun de nos G.M. et aussi, bien évidemment, entamer un grand programme de rénovation de nos villages. Celle d'Agadir sera l'objet d'âpres discussions avec Gilbert. Alberto Pinto sera désigné pour la réaliser. Il agrandit un peu les chambres, refait le bar, créera des restaurants. Le confort du village est amélioré sans en altérer le charme. Gilbert reconnaîtra avec sincérité la réussite de cette opération.

Certains, pour vérifier le bon fonctionnement de leur entreprise, doivent visiter des usines dans des régions isolées et pluvieuses, d'autres des bureaux dans des villes polluées et humides, nous, au Club, nous devons visiter Agadir, Bora Bora ou Djerba et c'est du travail ! J'essayais chaque année de visiter une quinzaine de villages répartis autour du monde. Cela me permettait de rester en contact avec les réalités, de discuter avec les G.O., d'écouter les G.M., ou d'étudier sur place les futurs investissements nécessaires. Chaque année, profitant des mois d'été, je choisissais quelques villages à visiter. L'un parce qu'il était dirigé par un nouveau Chef que je voulais mieux connaître, l'autre parce qu'il connaissait des difficultés commerciales et qu'il fallait envisager des investissements exceptionnels, ou tel autre simplement parce que les retours étaient extraordinairement bons et que je tenais à en féliciter personnellement l'équipe.

Restait à savoir arriver au village. L'accueil au Club a toujours été un moment symbolique important : cette volonté de vous couper de votre vie classique et de vous faire sentir le bonheur que l'on a de vous recevoir comme des amis à la maison. Dès 1960, on coupait les cravates des nouveaux arrivants à Corfou, et à Tahiti les G.O., copiant la coutume locale, offraient des colliers de fleurs sous lesquelles il vous arrivait de crouler. En ce qui me concerne, certains m'accueillaient en formation restreinte : deux G.O., un jus de fruit, quelques mots de bienvenue. D'autres mobilisaient des bataillons d'hôtesses plus belles les unes que les autres ; ceux-là n'étaient parfois pas très clairs et avaient quelque chose à se faire pardonner. D'autres, voulant donner une image plus sérieuse et portée sur la gestion, mettaient leurs chefs de service au garde à vous. Le ton de la visite était donné : on allait parler chiffres. Le summum fut atteint lorsque, arrivant à Malabata, au Maroc dans les années 70, je m'aperçus que Stanley, le Chef de village, avait mobilisé non seulement tous les G.O., tout le personnel marocain, mais également... les G.M. Il avait tout simplement arrêté la vie du village.

Lorsque j'arrivais dans un village, je constatais l'état de nos installations. Certains responsables avaient cru bon de le nettoyer de fond en comble, certains l'avaient même repeint. En fait, assez souvent, c'était ma chambre que l'on avait repeinte totalement. Mais il y avait toujours un

G.O. ou plus souvent un G.M. pour s'étonner, avec malice, de l'amélioration subite de la table, ou de la propreté toute nouvelle du Village.

Je prenais alors un véritable plaisir à voir comment chaque Chef de village allait me faire découvrir son village. J'y avais déjà mes marques ; je connaissais la gentillesse des serveurs d'Agadir, le savoir-faire des jardiniers de Paradise, les odeurs de Corfou, chaque arbre de la pinède de Caprera ou l'humour des cuisiniers de Kemer. Plus d'une fois, j'eus l'envie d'en finir avec le stress parisien et de m'installer pour toujours dans un de nos sites paradisiaques. Les contraintes financières deviendront hélas si lourdes que nos programmes de rénovations prendront un retard fatidique. Et le Club se retrouvera effectivement avec un parc hôtelier dont les installations ne seront plus au niveau des attentes de la clientèle.

A cette époque, j'ai le privilège d'assister au Conseil d'administration du Club en tant qu'invité. Le Club va bien, les résultats sont bons. L'ordre du jour du Conseil est préparé dans les heures qui le précèdent. Gilbert fait un tour d'horizon de la situation, demande l'avis des uns et des autres pour finalement mieux imposer le sien, non sans diplomatie et délicatesse.

Robert Lion, alors directeur général de la Caisse des Dépôts, est le premier actionnaire du Club et tient à le faire savoir. Alors qu'il n'y a dans notre Conseil aucun protocole, une place lui est réservée face à Gilbert et il est de mauvais ton qu'un autre administrateur cherche à lui voler son siège. Ses remarques sont chaque fois pertinentes. La Caisse des Dépôts a de grands projets dans le tourisme, elle est présente un peu partout et Robert souhaite que le Club soit un éventuel pivot de sa politique touristique. Les autres administrateurs, coincés entre Gilbert et Robert, ont donc un peu de mal à s'imposer au sein de dialogues incisifs et percutants. A l'issue du Conseil, l'on discute de l'évolution du dollar, du problème du transport aérien ou de la situation politique dans telle région du monde. Joutes passionnantes où chacun aura raison et tort sur les mêmes sujets à quelques mois d'intervalle. Jean-Yves Haberer, président du Crédit Lyonnais à cette époque, sera un des plus brillants administrateurs du Club. Il saura tout à la fois nous critiquer mais aussi nous féliciter lorsqu'il estimera l'occasion opportune. Gilbert, de son côté, va chercher activement à renforcer la position du Club et à contracter des alliances importantes pour élargir la taille du Club, à son sens trop petit comparé aux grands tour-opérateurs allemands ou anglais.

A la fin des années 80, le Club se lança dans la recherche d'alliances pour aboutir entre autres à l'absorption du Club Aquarius en 1991. A l'époque, chacun rêvait d'avaler l'autre. Il y eut un jour une séance historique à la Banque Paribas. Les responsables de cette banque avaient décidé de jouer les marieurs et souhaitaient rapprocher le Club et le groupe Accor. On commença par un très agréable déjeuner dans l'une de leurs somptueuses salles à manger, en parlant de la pluie et du beau temps. Du groupe Accor, Gérard Pelisson, pertinent, incisif, et Paul Dubrulle, politique, ouvert, avenant ; chacun jouait avec perfection sa partition. Gilbert parlait du tourisme du troisième millénaire et nos amis banquiers voyaient déjà, comme dans un dessin animé de Tex Avery, les millions de dollars défiler sous leurs yeux. Au moment du café, Pelisson nous expliqua que si le tourisme chez Accor n'était pas pour le moment très important, il pouvait le devenir en alliance avec le Club. Gilbert s'est battu toute sa vie pour qu'aucun actionnaire ne représente plus de 10 % du capital et Pelisson, ce jour-là, nous démontra que la force d'Accor permettait, par l'apport de son activité touristique, de prendre environ 30 % du Club. Silence interminable de Gilbert qui mit fin à ce déjeuner en expliquant que le tourisme était mal en point chez Accor et que cette activité rapportée au Club ne donnerait qu'un très, très faible pourcentage de notre maison. Le déjeuner s'acheva un peu moins chaleureusement qu'il n'avait commencé. Les banquiers voyant s'envoler les dollars escomptés avaient retrouvé leurs mines traditionnelles, graves et solennelles. On se sépara néanmoins courtoisement en se promettant de se revoir un jour, tout en obtenant d'Accor leur promesse qu'ils n'achèteraient pas de nouvelles actions du Club sur le marché boursier.

Il y eut ensuite la tentative d'un rapprochement avec Air France, autour d'un concept simple : la compagnie nationale française devenait actionnaire du Club et notre transporteur officiel, et le Club prenait Jet Tours en charge. L'accord était sur le point d'être conclu avec le président Friedman, quand l'arrivée de Bernard Attali mit un terme à ce projet d'union. Il y eut aussi les fiançailles rompues avec Nouvelles Frontières, pour des raisons relationnelles entre les deux présidents.

Fin 1989, un grand séminaire pour fêter les quarante ans du Club est prévu à Opio. Quelques semaines avant, Gérard Blitz m'a fait savoir qu'il souhaitait me rencontrer. Ses apparitions sont rares et la rumeur de sa visite suscite quelque émoi. Gérard arrive, ponctuel bien sûr, un peu fatigué mais souriant comme à l'habitude. Il a un mot pour chacun, embrasse les anciens et pénètre dans mon bureau.

Il me prend dans ses bras, me serre très fort avant de me dire : « J'ai parlé avec Gilbert. Il faut absolument que ce soit un G.O. qui demain dirige le Club. C'est bien pour le Club que ce soit toi. Tu as notre confiance. » Comme toujours avec lui, c'est simple et direct et je reçois ses paroles comme un adoubement. Puis, très vite, comme s'il ne voulait pas que je lui réponde et que je le remercie, Gérard se met à parler des débuts du Club et de l'origine du succès : l'importance des éléments naturels, la pureté de l'eau de la Méditerranée, la clarté du ciel, la finesse du sable, sa volonté à lui et à Gilbert de couper les vacanciers de leur quotidien, de leur offrir un environnement dans lequel ils pourraient s'épanouir. Il ne dira pas un mot pour critiquer comme certains l'évolution du Club et ses dangers. Il semble serein. Pourtant, la maladie a déjà commencé à le ronger et il doit savoir que c'est la dernière fois qu'il me rencontre en tête-à-tête. Je vais, en balbutiant, lui répondre que j'essaierai demain d'être digne de sa confiance et de celle de Gilbert. L'entrevue s'achève, il me serre encore plus fort. Je ne le reverrai qu'une seule fois, à Opio.

La date du séminaire approche et le drame va éclater. Jean-Robert Reznik était depuis quelque temps rentré d'Asie pour prendre en charge les activités européennes du Club. Il travaillait beaucoup, voyageait énormément, mêlant des qualités de gestionnaire à un sens des relations publiques très poussé. Nous vivons un véritable malentendu. Gilbert me voit comme futur président du Club avec Jean-Robert comme second, et Jean-Robert voit plutôt le contraire ou à la limite un duo, à l'image des Dubrulle et Pelisson d'Accor. Jean-Robert expliquera à Gilbert que le jour où il disparaîtra de la scène, il engagera avec moi une véritable compétition et que s'il gagne, il saura me traiter convenablement. C'en est trop pour Gilbert. Il refuse le conflit ouvert entre nous, et fidèle à sa logique, va décider de se séparer de lui. Jean-Robert quittera le Club, convaincu d'être victime d'une machination déloyale, et très logiquement me vouera une haine tenace qui ne s'estompera pas, bien au contraire, avec le temps.

A Opio, devant l'ensemble des administrateurs et Gérard Blitz dont ce sera la dernière apparition publique, je ferai l'historique du Club et brosserai nos perspectives futures. Robert Lion acquiesce, Gilbert sourit. Les G.O. adhèrent. Le sacre vient d'avoir lieu. Je serai un jour le président du Club. Le Club sera ma vie, avec tout ce que cela comporte de joies et de privilèges formidables, mais aussi avec les lourdes contraintes que cela crée.

Le milieu du tourisme en général, et du Club en particulier, est un monde à part. D'abord, c'est un métier nouveau avec son lot d'expérimentation, de maladresses, d'erreurs. Et puis il rend difficile la frontière entre travail et vie privée. Impossible de quitter la scène du village, ou même de l'hôtel, et de se réfugier dans sa maison. En permanence, à la disposition des autres. Ce n'est pas par hasard si depuis longtemps une des formules les plus attractives demeure celle de l'hôtellerie familiale où le patron, son épouse, ses enfants sont présents en permanence, à l'écoute des moindres désirs des clients.

Dans les villages, mais aussi au siège de la société, les couples et les familles ont toujours été nombreux, et dans certains cas nous arrivons aujourd'hui à la troisième génération. Dans les villages, pour les postes d'encadrement, les couples sont quasi majoritaires. L'autre peut accepter plus facilement des contraintes qu'il ne tolérerait certainement pas dans une vie plus classique.

Le Club a vu s'épanouir de nombreux couples aussi bien au Maroc qu'en Italie ou en Yougoslavie. L'homme pouvait être Chef de village, cuisinier, animateur et la femme infirmière, puéricultrice, gestionnaire, ou Chef de village. Des centaines de couples y sont nés, qui ont pris racine au Club, ont travaillé au Club, vécu avec et par le Club.

Car le Club est une drogue. Il vous prend, vous dévore, s'infiltre partout. Vous venez au hasard d'une rencontre ou d'un entretien, vous entrez sur la pointe des pieds et vous finissez par y consacrer vos journées, vos nuits, votre vie.

Mon père m'a transmis le virus.

Je l'ai vu bâtir cette entreprise avec amour, et une incroyable volonté. Je l'ai vu se battre pour quelques milliers de francs ou de dollars dans des négociations passionnantes.

Je l'ai vu parcourir des plages et rêver sur place à de nouvelles implantations.

Je l'ai vu parler aux séminaires du Club et enflammer les équipes.

Je l'ai vu lancer cent idées à l'heure qu'aucun d'entre nous n'était capable de suivre.

Je l'ai vu par son comportement s'affirmer comme valeur d'exemple et de référence auprès de chaque G.O.

Et j'ai voulu le suivre.

Je finissais par ne vivre que par et pour le Club. Les nouvelles du matin ne m'intéressaient que par le prisme du Club. Quel nouvel événement quelque part dans le monde allait affecter en bien ou en mal notre entreprise ? Quelle nouvelle grève ? Quel coup d'Etat ? Quel cyclone ?

Et j'ai tout naturellement, comme mon père, transmis cette passion, cette vie à mes proches, choisissant ainsi de travailler avec de nombreux membres de ma famille. Deux de mes sœurs ont collaboré à cette maison et j'en suis heureux. Chacune y a apporté, sans favoritisme, sa participation.

Lydie l'aînée m'en a longtemps voulu, avec raison, de ne pas accorder plus de crédit aux forums et autres activités culturelles dont elle s'occupait brillamment, réunissant par exemple pour la première fois au sein d'un village du Club de jeunes cinéastes palestiniens et israéliens. Elle a su aussi par son caractère et sa façon d'être, rester au contact de beaucoup de G.O., les plus humbles et les plus simples, me permettant ainsi d'être mieux au courant des attentes et des angoisses de ceux-ci.

Sylvie, de son côté, faisant abstraction de toute vie privée, s'est totalement vouée aux différentes charges que je lui ai attribuées. Elle a su réussir de main de maître le déménagement de la Bourse à La Villette, ou contribué dans un autre domaine à l'explosion des ventes du Club Med Affaires. Elle aurait certainement pu sous un autre nom accéder à de plus hautes responsabilités.

Et puis, il y a mon épouse dont mon successeur quelque temps plus tard a cherché à savoir à travers un audit si elle avait touché des commissions sur les différents chantiers, et qu'il a fini par licencier pour faute grave et abandon de poste à la suite du chantier de Cuba, attribuant la décoration du village à un entrepreneur en peinture espagnol.

Gisela, d'un caractère entier, n'acceptant aucun compromis, d'un jugement sévère, mais avec de véritables qualités artistiques, s'est toujours battue pour réussir les missions que le Club lui confiait, eut à cœur de faire bouger nos habitudes et de toujours réaliser des villages plébiscités par les G.M.

Elle n'avait évidemment pas de société extérieure, mais était salariée du Club avec un contrat dûment approuvé par les commissaires aux comptes, et cette rémunération n'était certainement pas sa motivation majeure. Je pensais que son apport au Club, comme celui de Christian Liaigre, d'Alberto Pinto ou d'autres, nous permettrait de combler un véritable retard dans le domaine de la décoration et du confort. Cette politique de rénovation des villages était menée au rythme certainement trop lent des investissements accordés par le Conseil.

J'avais mon approche à l'égard de la Famille, qu'il s'agisse de la mienne ou de celle de très nombreux G.O. Elle nous garantissait un dévouement sincère et désintéressé, une honnêteté rigoureuse, le tout sans, bien au contraire, la moindre complaisance. Le Club se veut une tribu, le Club a pu demander à ses G.O. beaucoup d'efforts et de disponibilité, qu'ils donnaient bien volontiers. Les couples, les enfants, les petites et les grandes familles, les femmes divorcées, chacun, chacune avait un lien formidable avec cette entreprise. Elle était leur, et ils ont tout fait pour la protéger et l'embellir un peu plus chaque jour. Ces équipes, ces couples, ces familles, habités d'un même élan, ont donné au Club une partie de sa différence et de son succès.

Alors bien sûr, comme toujours lorsque tout va bien, que les comptes sont bons, les actionnaires sont satisfaits, les journalistes convaincus, tout le système est accepté. Et puis le jour où l'ensemble connaît des difficultés, le système s'inverse. Ce qui faisait notre différence est devenu la cause de notre échec et la source de nos malentendus.

Fin 80, le Club est donc toujours à la recherche de partenaires et Lotfi Belhacine, créateur du Club Aquarius, laisse entendre à Gilbert qu'il n'est pas opposé à un rapprochement. Son affaire connaissait un formidable développement. Il avait su astucieusement se positionner comme « l'autre Club », et permettait ainsi à ceux qui trouvaient le Club trop cher, de passer des vacances qu'ils pensaient identiques, mais beaucoup moins chères. Ses prix étaient étonnamment bas, et ses publicités sur les autobus avaient le don d'en énerver plus d'un place de la Bourse. Lotfi explique à qui veut l'entendre qu'il a tout appris de Gilbert, et qu'en appliquant les mêmes recettes, il a su créer le seul vrai concurrent. Nous savons qu'il a besoin de fonds, et sommes surpris d'apprendre que la Caisse des Dépôts vient d'entamer des négociations. Plutôt que de voir notre actionnaire de référence chez notre concurrent, nous préférons négocier directement avec Lotfi dans la perspective à terme d'une gamme de produits à des prix très concurrentiels.

La gestion des deux marques nous permettra de faire passer certains villages du Club, qui n'offrent plus les conditions maximales de confort, dans cette nouvelle gamme Aquarius. Les discussions commencent donc avec Lotfi et Marie, son épouse avocate et redoutable négociatrice. Elles seront assez courtes et se termineront dans les bureaux de Théo Klein sur les Champs-Elysées.

Lotfi sera payé en cash et en actions. Il devient, comme François Huet en son temps, le premier actionnaire individuel du Club. Le Club devient propriétaire d'une quinzaine de villages, d'un réseau d'agences de voyages, d'un tour-opérateur et d'une compagnie aérienne. Comme toujours lors d'une acquisition, on trouve de tout chez Aquarius, le meilleur et le moins bon. Appuyé sur la machine du Club, il sera facile de se débarrasser du moins bon pour mieux contrôler une seconde ligne de villages de vacances plus modeste, plus simple et moins onéreuse que le Club. Et je veillerai pendant de longues années à guider, à protéger et à assister l'équipe Aquarius.

A la fin de ces années de grande croissance, l'entreprise a sensiblement augmenté et les profits sont maximaux. Le Club a su se redéployer intelligemment au niveau international, il a su faire évoluer son concept, mais l'invasion pendant le mois d'août 90 du Koweit par l'Irak, puis la guerre qui éclatera le 17 janvier 1991 provoqueront dans le monde du tourisme en quelques semaines des effets dévastateurs. Nous prendrons immédiatement toute une série de mesures, tentant de concilier les baisses de coût les plus drastiques à une politique sociale que nous ne souhaitons pas abandonner.

Au printemps 91, je présenterai ces mesures à l'ensemble des administrateurs du Conseil qui les jugent si cohérentes et rigoureuses qu'à la fin de l'exposé je serai applaudi. Je me place déjà dans la perspective de l'après-guerre : alors que certains voyaient des destinations comme Agadir condamnées pour une très longue période, le Club organise dès la fin de l'été, en accord avec la Royal Air Maroc, une promotion de vols gratuits. Les avions se remplissent immédiatement et les inscriptions redémarreront.

Mais ces événements et cette crise provoqueront une

formidable nouvelle prise de conscience des consommateurs. Ils vont chercher à partir de cette situation nouvelle, et conscients de leur pouvoir, les meilleurs prix, les grandes opportunités, les discounts. Le Club apparaîtra, face à une concurrence qui ne joue pas toujours à armes égales, trop cher et souvent inaccessible.

Chapitre 5

PRÉSIDENT DU CLUB

L'année 1993 se passe très difficilement. L'hiver, les comptes ont été détériorés par les incidents survenus en Casamance, au Sénégal, qui ont gravement affecté la saison du Cap Skirring. Quant à l'été, le début de la guerre civile en Yougoslavie, les mouvements des Kurdes en Turquie ont rendu la saison plus que médiocre. Une campagne de publicité, dont j'étais responsable et qui proposait aux G.M. de venir négocier le prix de leurs vacances dans les agences, n'a fait qu'ajouter à la confusion et contribuer à un épouvantable résultat. Fin août, Gilbert et moi savons déjà que l'année sera mauvaise et j'ai réuni quelques collaborateurs au village de Dieulefit pour travailler sur la baisse des coûts. Mais, en accord avec les grands actionnaires, la décision de Gilbert est prise, et le 2 septembre sort une interview de lui dans *le Figaro* au cours de laquelle il confiera à Eric Lecourt qu'il a décidé de quitter la présidence effective du Club et qu'il me transmet le flambeau. L'article fait l'effet d'une bombe. Cette succession était l'objet, depuis longtemps, de rumeurs à travers le microcosme parisien, mais Gilbert a décidé de rester le maître du jeu, et de décider lui-même.

Les G.O. sont étonnés, attristés ; et certains administrateurs un peu choqués de découvrir par la presse ce qui, théoriquement, reste de leur pouvoir de décision. C'est quelques semaines après, le 26 septembre, que le Conseil d'administration du Club entérinera la décision, sans savoir trouver les mots pour féliciter Gilbert d'avoir fait du Club Méditerranée l'entreprise qu'elle est devenue. Le Conseil est assez bizarre, on me nomme président du bout des lèvres, on me félicite. Je sens bien quelques hypocrisies dans ces félicitations mais, après tout, seul le résultat compte et ce sera à moi de faire mes preuves. Seul petit hic peut-être, le temps.

En effet, en sortant du Conseil, un administrateur me laisse entendre que, devant la difficulté de la situation, je n'ai que très peu de temps pour faire mes preuves et me donne généreusement deux à trois mois. C'est effectivement un peu court, mais après tout, on peut toujours essayer. Il me faut donc aller très vite.

Pour trois enjeux, je me fixe trois objectifs.

Créer tout d'abord une véritable dynamique de marketing qui n'existe pas chez nous – le Club étant encore orienté plus par les opérations, par les équipes des villages que par les attentes des consommateurs ; il faut renverser le mouvement et, pour ce faire, embaucher de nouveaux talents et faire accepter aux G.O., à commencer par les Chefs de village, que le Club se doit de réviser son mode de fonctionnement s'il veut être à la hauteur des enjeux à venir. Je suis convaincu que c'est jouable, difficile, délicat mais jouable. Garder le système actuel nous condamne de façon inéluctable, mais balancer trop fortement dans une nouvelle culture, sans protéger la tradition d'une certaine relation entre ces hommes et ces femmes de l'entreprise, serait, à mon sens, plus grave encore. A moi donc d'essayer de trouver les nouveaux responsables et de faire passer le message.

Le deuxième enjeu est économique. Il faut recentrer le Club sur son métier de base, sortir de certaines diversifications que l'on n'a pas toujours abordées comme il aurait fallu – pensant trop souvent que nous savions tout faire, que la culture Club pouvait s'adapter à tout, là où il eût fallu trouver de vrais spécialistes capables de traiter différemment des dossiers tels que les croisières ou le City Club.

Dans le même ordre d'idées, il faut aussi baisser les coûts de fonctionnement du Club. Cette maison a un peu plus de 40 ans, on a peut-être avec le temps manqué de vigilance, et il y a un peu trop de monde dans les bureaux à l'étranger et même au siège à la Bourse. Peut-être faudra-t-il se résoudre à faire un plan social ?

Troisième enjeu, l'actionnariat et le Conseil du Club. L'actionnariat du Club, grâce au talent de Gilbert, a toujours été assez dispersé et en même temps prestigieux, ce qui a permis au Président, pendant plus de trente ans, de diriger le Club sans être sous la pression d'un actionnaire qui risquerait de lui dicter une politique pas toujours conforme aux intérêts à long terme de la société. Mais les temps ont changé. Le Crédit Lyonnais commence à connaître de graves difficultés, l'UAP, de son côté, laisse entendre qu'un jour ou l'autre elle devra vendre sa participation (Edmond a pratiquement tout vendu), et je finis par penser que je dois trouver un actionnaire de référence, si possible issu du monde privé, et donner ainsi une meilleure assise au Club, ainsi que les moyens de son développement. Je pense aussi qu'il ne me sera pas possible de diriger le Conseil d'administration comme le faisait Gilbert et je sais bien que l'on ne m'autorisera jamais les mêmes facilités qu'à mon prédécesseur.

Celui-ci avait pour lui la légitimité, le charisme, l'aura, les appuis politiques, il était quasiment intouchable. Il me faudra être plus près des attentes du Conseil, mieux préparer les réunions et mettre à terme en place ce que l'on appelle le gouvernement d'entreprise. Il s'agit de faire en sorte que les actionnaires soient représentés au mieux dans l'entreprise. Il faut, pour ce faire, mettre en place des administrateurs indépendants du management, et une meilleure répartition des pouvoirs entre le Président et ses différents administrateurs. On créera ainsi des comités de rémunérations, de stratégie ou d'audit.

Je contacte donc un chasseur de têtes pour trouver l'oiseau idéal qui comprendra la culture du Club et saura y ajouter les ingrédients de la réussite d'une entreprise d'aujourd'hui : le marketing. Il me faut un homme de marque, quelqu'un qui saura communiquer sur notre valeur ajoutée, le Club doit être bien sûr très vigilant sur les prix, mais il ne peut et ne doit pas se battre sur ce terrain, il y a trop de monde, et le Club Aquarius est là pour ça.

L'autre point est beaucoup plus délicat, on a repris les chiffres dans tous les sens, il y a au moins trois cents postes de trop entre Paris et les pays étrangers si l'on veut être performant, ce que je tiens absolument à être : il faut les supprimer, ce qui, bien sûr, ne veut pas dire licencier trois cents personnes !

Comble de malheur, Michel Perchet, le responsable des ressources humaines, nous a quittés durant l'été. En effet, nous avions été contactés quelques mois auparavant par Michael Eisner, président de Disney, qui m'avait fait part de son souhait d'étudier des synergies entre les deux groupes. Je trouvais cela très flatteur pour le Club et une formidable source future de relations et d'interactivité. Il avait demandé à ce que l'on travaille avec l'équipe du parc Euro Disney à Paris. Nous avions eu quelques réunions de travail avec Philippe Bourguignon et ses collaborateurs pour étudier quelles actions on pouvait mener en commun, et en quoi le Club pouvait aider le parc, alors dans de graves difficultés. A la fin des réunions, Michel Perchet, un de mes plus proches collaborateurs, avait été débauché. Si j'avais été plus malin, je me serais méfié de cette façon de faire.

Nous n'avons donc pas de patron des ressources humaines et nous allons, avec l'équipe en place, travailler sur ce Plan. C'est certainement, de mes trente années passées au Club, le plus mauvais moment. On s'attachera toutefois à faire en sorte qu'il soit le plus digne possible et, grâce à des départs en préretraite, à des retours en village, à des reclassements, ce plan social débouchera sur une vingtaine de licenciements secs ce qui est toujours trop, mais somme toute acceptable.

Nous avons, à l'issue de ce plan, après des réunions épiques avec le comité d'entreprise, dans un climat interne épouvantable pendant quelques semaines, réussi tout de même à baisser sensiblement les coûts sans trop de casse réelle au niveau des hommes, sinon un certain traumatisme au niveau du siège. C'est clair en tout cas, j'ai fait un plan social dans ma vie et, quitte à perdre ma place, je n'en ferai jamais un deuxième. Au-delà de la baisse des coûts, chacun a maintenant compris les enjeux économiques et se trouve formidablement bien sensibilisé pour résoudre la nouvelle équation qui se présente à nous : garder l'esprit du Club et gérer encore plus serré.

Et puis les choses vont s'éclaircir, et autant les événements de l'année 1993 nous avaient été défavorables, autant en ce début de 1994 tout va dans le bon sens. Le franc CFA se dévalue dans l'hiver, il nous permet, par une baisse des prix, de relancer les ventes sur le Sénégal et la Côte-d'Ivoire. Il y a de la neige, ce qui facilite les ventes de nos villages à la montagne. J'ai réussi à remotiver les équipes, elles avaient été un peu marquées par les pertes annoncées sur l'exercice précédent, et avaient besoin de signaux positifs. Les G.O. sont satisfaits du souffle qui est donné à leur entreprise, et ont à cœur de se battre.

Les inscriptions sont bonnes et nous permettent d'organiser un pèlerinage à Djerba à l'occasion des 40 ans de présence du Club dans cette île magique. On y invite quelques-uns des G.O. qui ont participé à la découverte de ce site inimaginable de beauté. On y invite également quelques personnalités, Michel Bon, patron de l'ANPE, Christine Ockrent et Bernard Kouchner. Il y aura le baron Seillière, qui a découvert le Club il y a quelque temps et semble trouver le concept intéressant. Il y a Jean-Yves Haberer, ancien président du Crédit Lyonnais, simplement parce qu'on le trouve un peu seul. Il y a encore bien d'autres personnalités. La fête est superbe et les autorités politiques sauront trouver les mots pour dire à Gilbert tout ce que le tourisme tunisien lui doit et à quel point ils sont heureux de participer à cette incroyable épopée du Club Méditerranée. Les G.M., tant à Djerba la Douce qu'à

Djerba la Fidèle, viennent remercier Gilbert du bonheur qu'il leur apporte et lui prodiguent tous les conseils possibles pour que le fils ne mette pas en l'air un si lourd héritage.

J'ai entre-temps trouvé notre homme du marketing, Henri de Bodinat, il travaille chez Sony, il y fait une très belle carrière, et je suis convaincu qu'il saura apporter au Club ce qui nous manque, cette culture marketing, ce sens du marché, l'importance de la marque.

Au mois d'avril, c'est ma première assemblée générale en tant que Président. Il faut faire passer les pertes de l'année 1993, il faut que je me présente et que je me fasse accepter. Je tiens le discours le plus conservateur qui soit et j'apprendrai un peu tard que c'est effectivement le seul qu'aiment les analystes financiers, promettre peu, délivrer un peu plus mais surtout jamais de surprise dans l'autre sens.

Par ailleurs, j'ai l'impression que j'ai mis en place les éléments de la réussite, les coûts ont baissé, l'équipe du marketing travaille, et j'ai abordé les discussions avec Ruy Brandolini. C'est le neveu de Gianni Agnelli, il est le patron de leurs intérêts en France et il dirige Exor. Exor est l'entité économique créée pour porter les intérêts des héritiers de la famille. C'est une société dont le but est de fabriquer des dividendes, de façon à permettre à chacun de bien vivre sans vendre ses actions. Cette société s'était fait connaître quelques années auparavant, lorsqu'elle avait tenté de mettre la main sur Perrier, déclenchant ainsi un cataclysme médiatique. Gilbert à l'époque avait utilisé toute son influence pour calmer le jeu. Ruy est un homme discret, peu expansif, assez sûr de lui. Il semble que l'on peut s'entendre. Il a pour mission de trouver des investissements intéressants en France, le domaine des loisirs l'intéresse, et pour moi qui connais le groupe depuis de longues années, il semble qu'un groupe familial européen présent depuis plus de vingt ans dans le capital du Club est certainement l'actionnaire de référence rêvé. J'ai beaucoup de respect pour Gianni Agnelli, que nous avons rencontré avec Gilbert à différentes reprises. Il est beaucoup plus qu'un exceptionnel homme d'affaires. Sa stature le met au-delà, et il m'inspire confiance. J'aurai d'ailleurs, tout au long des événements qui s'enchaîneront par la suite, le sentiment qu'il n'a pas été tenu véritablement informé de la situation.

On discute donc avec Ruy du projet d'entreprise. Il me parle de ses attentes et confie à la société Bain une étude sur le monde des loisirs et sur la place que le Club y occupe, et surtout pourrait y occuper demain.

Tout ceci va dans la bonne direction. J'arrive à avancer sur les différents objectifs fixés et, pour parfaire le tout, j'ai décidé de déménager le siège social du Club. On est à la Bourse depuis notre création, dispersés sur plusieurs immeubles qui sont plus d'anciens immeubles d'habitation que de véritables immeubles de bureaux modernes et l'on pourrait, en déménageant, tout à la fois faire baisser les coûts et rapprocher toutes les équipes dans un univers plus convivial et plus efficace qui utiliserait la nouvelle bureautique. Je fais part aux G.O. du projet au cours de nos petites réunions internes qui me permettent de les tenir au courant de la vie de l'entreprise, des enjeux, des difficultés, et qui me permettent surtout, après une brève allocution, de discuter un peu avec eux. J'ai toujours privilégié un contact direct avec les équipes, étant ainsi à l'écoute de leurs problèmes, des blocages de l'entreprise et, plus important encore, des attentes de notre clientèle.

La recherche commence. Toutes les agences immobilières de Paris nous font la cour et je passerai de nombreux samedis à visiter plusieurs dizaines de bureaux avant que nous nous arrêtions au site de La Villette. Cette année 1994 est donc bonne, les résultats vont au-delà des espérances et l'on va pouvoir exprimer à Gilbert ce que l'on a ressenti au moment de son départ, et que, dans le pénible contexte des pertes et du plan social, nous n'avions pu lui témoigner.

Je décide donc d'organiser un grand rassemblement à l'automne.

Il s'agit d'abord de trouver le lieu. Je n'hésite pas : c'est mon séminaire, il se déroulera dans mon village fétiche : Agadir. Ce village est magique, le personnel très attachant. Il est en lui-même un symbole. Symbole d'une page de l'histoire du Club, et puis j'y ai été G.O., Chef de village, et j'y ai rencontré mon épouse.

On fixe les dates, on invitera le plus grand nombre de G.O. de Paris et des villages, les Chefs de village, les responsables de tous les pays, plus le Conseil qui se tiendra d'ailleurs pendant le séminaire, les amis du Club, les G.O. retraités et quelques journalistes. On travaille avec une équipe à l'organisation : il n'y aura pas de réunion de travail, on ne vient pas pour travailler, mais pour se retrouver, parler, raconter, savoir où en est le Club, et on vient dire : « Merci Gilbert ! » puisque tel sera le thème. On prépare les cartons d'invitation, les tee-shirts qui seront offerts à chacun, à raison d'un par soir, à l'image d'un village symbolique de l'histoire du Club et de son implantation mondiale.

On nous fait savoir qu'André Azoulay, conseiller de Sa Majesté, sera porteur d'un message du roi à l'intention de

Gilbert. La fièvre monte dans les semaines précédant le départ. Il faut rediscuter à propos des invités, ajuster les coûts, et pour moi, préparer le discours que je devrai prononcer.

Je retrouve mon éternel complice Jean-Jacques Lennel, un ancien G.O., spécialiste des montages audiovisuels. Il a quitté le Club et s'est installé à la périphérie de Paris. On commence à discuter du montage, du discours, des images et de la musique. J'ai le discours dans la tête. Il faudrait un gag au début, à l'américaine, un *opening joke* pour détendre l'atmosphère, puis, faire le point de la situation, sur les ambitions du Club, sur les moyens d'y arriver, et expliquer ce que j'attends de chacun pour réussir l'entrée du Club dans le XXIe siècle : une stratégie claire, de la rigueur, de la méthode, du sang neuf, mais aussi un respect des traditions, des anciens, ainsi que des valeurs du Club. Et puis le final sera un hommage appuyé à Gilbert. Ce sera le passage le plus délicat, ça ne peut s'écrire, ça devra sortir du cœur, sans cinéma, tel que je le sens. Remercier un homme qui a bâti une des plus prestigieuses entreprises de notre époque, devant plus de mille personnes, ce n'est déjà pas évident. Quand de surcroît cet homme se trouve être votre père, cela devient « Mission impossible ».

On fera bâtir un grand chapiteau sur la plage d'Agadir pour y tenir la grande séance plénière ; et Gilbert, loin de tous nos artifices (diapos, cinéma, effets de lumière...), parlera le lendemain, lui, sur la pelouse du golf, recouverte de tapis.

A la réception du carton « Merci Gilbert », ce dernier est heureux et contrarié. Heureux parce qu'il est visiblement ému qu'on ne l'ait pas oublié, et contrarié parce qu'il a peur que j'en fasse un peu trop. Tout est en place. Tous viendront. Quelques grands administrateurs, Philippe Lagayette, de la Caisse des Dépôts, Paul Jeambart de Rolaco, Jacques-Henri Gougenheim de l'UAP... Quelques amis du Club, Maurice Lévy de Publicis, Christophe Charpentier d'Havas, quelques journalistes. Enfin, tout le monde est là.

On accueille. Le faste marocain joue à plein. Avec le gouverneur qui nous facilite les choses, tout est fluide. Les formalités de police et de douane sont réduites au minimum. La route d'accès au village est bloquée. Les troupes folkloriques sont en place. Le temps est magnifique, comme toujours à Agadir : ciel bleu, température agréable. Une vraie carte postale. Les cérémonies peuvent commencer. En guise de cérémonie, le Conseil d'administration se tient dès le samedi. L'ambiance y est bonne.

On sait que l'été, et donc l'année, est meilleur que prévu. Le reste importe peu. On verra, trois ans plus tard, que le contraire est tout aussi vrai. On aborde la stratégie du Club, la valorisation de son action, les nouvelles implantations, puis chacun se sépare et les administrateurs se mêlent aux G.O. et aux invités.

Les uns et les autres discutent, refont le monde et le Club, pendant que moi je m'angoisse à l'idée de l'examen de passage du dimanche soir. Je passe la soirée de samedi à répéter. C'est catastrophique, le discours ne fonctionne pas, les mots sonnent faux, rien n'est synchro. C'est un peu le vide, comme à la veille d'un examen de passage ou du bac. Mais la fête est belle, il faut sourire. Ceux qui me connaissent bien savent mon angoisse.

Dimanche, 17 heures. Le soleil se couche lentement, on passe entre deux haies de cavaliers, les musiciens marocains créent l'ambiance sonore, la mise en scène est impressionnante. Chacun entre sous le chapiteau. On s'installe. Gilbert Trigano et les administrateurs sont au premier rang, puis les Chefs de village que j'ai toujours voulu privilégier, et enfin les G.O., les invités et les journalistes. J'aimerais mourir, disparaître, mais tous sont assis. André Azoulay prendra la parole en premier, il est porteur d'un message. C'est un hommage appuyé de Son Altesse Royale, Sa Majesté Hassan II, à Gilbert Trigano et à son action en faveur du développement du tourisme. La pression monte un peu plus, et la ferveur aussi. Il faudrait qu'il parle des heures, il faudrait qu'il s'arrête, que je puisse me lancer. Ça y est. Il a fini. On projette un film sur le Maroc d'aujourd'hui. Cela fait peu d'effet, le message d'André suffisait.

Puis, Publicis présente un film que l'agence avait préparé en détournant leurs pubs classiques au profit d'une version Club. C'est drôle, c'est fin. La salle explose de rire lorsque sur la pub pour la Clio Renault avec le cheikh arabe qui promet de tout donner à son fils, on retrouve Gilbert Trigano me confiant le Club, mais prêt à tout reprendre si je m'y prends mal.

Maintenant c'est à mon tour de parler. Pendant le discours, Jean-Jacques est parfait à la technique : il m'assiste, il anticipe mes blancs, et moi je suis transcendé, je suis le patron du Club, Gilbert est là, les G.O. sont là...

Tout se déroule bien, la salle écoute, retient son souffle, acquiesce sur tout.

J'explique nos enjeux, en quoi l'avenir du Club est formidable. Nous représentons la plus belle marque mondiale dans ce qui sera la plus grande industrie du XXIe siècle. Les hommes prendront de plus en plus de vacances, courtes ou longues, proches ou lointaines, mais ils voudront toujours plus de qualité, de beaux sites, de bonnes prestations, et surtout un environnement humain attentif, gentil, convivial. Tout ce que nous savons faire. On ne peut pas rater. On est une entreprise mondiale. On a mis la main sur les plus beaux emplacements du monde. En travaillant bien, on pourra optimiser au mieux le remplissage de nos villages, et obtenir de très bons résultats économiques.

Il faut aussi que l'on change nos méthodes de travail, que l'on soit encore plus professionnel. J'explique qu'il faut un peu moins d'empirisme, un peu plus de rigueur, un peu plus d'anticipation des événements.

On doit obtenir un très bon équilibre entre un certain style propre au Club, une culture unique, et des performances économiques incontournables, l'avenir du Club réside dans notre capacité à trouver cet équilibre. Le point important est là. Il faut tout à la fois faire bouger le Club, faire évoluer son concept, offrir une meilleure qualité à nos G.M., rendre la table plus raffinée, l'animation plus créatrice, et en même temps garder nos valeurs, notre différence, être à la fois respectueux du passé, plus ouverts aux autres, et chaque jour plus modernes. Si l'on réussit cette équation, il n'y a aucune limite à l'expansion du club.

Au passage, je dévoile le résulat prévisionnel du Club, les profits sont de retour, les journalistes prennent note, ils ont leur article. Puis, vient le moment du final. Les diapositives s'enchaînent, « Merci Gilbert », sur fond de Caruso.

Cela tombe pile, les mots font mouche. Gilbert, en gros plan sur le grand écran, est au comble de l'émotion, et moi à deux doigts de craquer. C'est court, mais chacun a compris : on est là grâce à Gilbert, le type qui a fait cette boîte est là, à nous de nous rendre dignes de son travail et de sa confiance. Les G.O. se lèvent, c'est gagné. Ils applaudissent pendant de longues minutes. On se congratule, les administrateurs me félicitent. Gilbert Trigano est manifestement ému. J'ai pu dire à mon père, devant mille personnes, que nous l'aimions, que je l'aimais, l'admirais.

La soirée sera divine, bien sûr, on me félicite, on s'embrasse, je suis sur un petit nuage, les anciens G.O. sont heureux : ils ont compris que je ne les trahirais pas. Les jeunes sont aux anges : leur maison va dévorer le monde. Les actionnaires voient leurs intérêts bien placés.

On ne se couche pas, on parle jusque tard dans la nuit. Le lendemain sera la journée au golf où Alex, le chef des grandes occasions, a dressé le buffet. C'est là que Gilbert va faire son discours. Mais avant tout cela, quelque chose est prévu.

Le personnel d'Agadir, comme c'était le cas dans de très nombreux villages, voue un véritable culte au Président. Ils sont entrés au Club sans diplôme, sans formation, et le Club leur a permis d'atteindre un niveau de vie qui suscite bien des jalousies en ville. Non seulement le Club leur a donné une vie agréable, mais en plus ils sont fiers d'en faire partie. Ceux de la première génération commencent à prendre leur retraite, et ce sont souvent leurs enfants qui vont leur succéder. On est loin du drame du tremblement de terre de février 1960, et la ville est devenue une véritable destination touristique. Ils savent que Gilbert a pris le risque de s'implanter ici.

Ils savent aussi que le Club est à leurs côtés dans les moments difficiles. En pleine guerre du Golfe, alors que tous les hôtels débauchaient à tour de bras, nous avions décidé de les maintenir en place, et bien évidemment de maintenir leur salaire. C'était notre façon de travailler, cela nous a été parfois reproché, mais nous avons maintenu cette politique. Aujourd'hui, ils ont décidé de se cotiser et de faire un cadeau à Gilbert. Ce sera un magnifique cheval blanc, très symbolique, qu'ils viendront lui remettre en délégation. Le moment sera au-delà de l'émotion, et c'est maintenant à Gilbert de prendre la parole.

Le lieu est magique. Chacun est assis à terre, sur les tapis qui recouvrent la pelouse. Il n'y a aucun artifice. Bien sûr, Gilbert parle sans notes, sans effets spéciaux, et il va prononcer son plus beau discours.

« Une page se tourne, le Club a été toute ma vie, et c'est maintenant à vous de jouer ! »

Pas un mot de trop. Sa vision du monde de demain, ses rêves d'un monde de paix et de générosité où le temps des vacances permettra plus que jamais le rapprochement des êtres. Sa confiance en nous, en moi, qu'il a préparée depuis si longtemps. Ce qu'il attend de nous. Comment demain, même depuis un coin du ciel, il continuera à garder un œil sur le Club. Et puis ses projets, l'Université de la Paix, son nouveau challenge.

Il sera tour à tour émouvant, visionnaire, charismatique. En quarante-cinq minutes, il a tout dit, il a su charmer tout le monde. On ne veut plus se lever, le déjeuner attendra, on en veut encore. Mais non, c'est fini. On l'embrasse, chacun veut le toucher. Le déjeuner est magique, c'est bien sûr très bon, mais cela n'a pratiquement plus d'importance. On donnera une soirée de gala où l'on remettra « les Tridents », sorte d'Oscar interne aux G.O. les plus méritants. La fête est réussie.

On se sépare.

Paris. Le travail reprend. Les articles tombent, bons dans l'ensemble. L'annonce d'un exercice positif, réalisé plus tôt que prévu, étonne, et nous vaut quelques louanges. Il faudrait que le temps s'arrête.

L'équipe financière du Club me pousse à tenir une réunion d'analystes financiers. C'est pour moi un exercice difficile. J'ai appris à parler aux G.O., aux journalistes, aux hommes politiques, je ne suis pas sûr d'avoir le bon discours face à cette population si exigeante, capable de s'emballer un jour pour une entreprise, de la jeter le lendemain à la moindre faute. Il faut pourtant essayer, c'est ce que l'on fera durant l'hiver 1995. A ma grande surprise, le discours passera bien. Les analystes apprécieront le recentrage sur le métier de base, la baisse des coûts et l'action commencera à monter. Je décide alors de m'attaquer à un autre domaine, celui de la coexistence des deux entreprises Club Méditerranée SA et Club Med Inc., la filiale américaine.

L'aventure américaine continue, elle est difficile, la concurrence est devenue vorace, mais le concept plaît, et nous avons deux contraintes à régler pour réussir pleinement.

L'exigence de la clientèle en matière de confort a considérablement augmenté. C'est la raison pour laquelle j'ai voulu que le village de San Salvador aux Bahamas soit un modèle de confort et de raffinement. Il a coûté cher, surtout parce qu'il est sur une île quasi déserte, et aussi parce qu'il doit être une nouvelle référence de notre savoir-faire. Mais c'est pour moi un investissement à long terme, un signal donné aux agents de voyages, aux journalistes, et aux G.M.

Il faut maintenant continuer les rénovations.

L'autre enjeu est la dimension marketing. Nous n'avons pas su trouver aux Etats-Unis l'homme qu'il nous fallait, de nombreux responsables du Club se sont succédé, ont fait de leur mieux, tous ont été séduits par ce pays, mais aucun n'a su trouver les clés nécessaires pour nous donner un second souffle. On gagne de l'argent, mais pas assez. En Asie, la croissance est forte, les villages construits avant le boom immobilier n'ont pas coûté trop cher, et les ouvertures de nouveaux bureaux à Taiwan et Corée du Sud commencent à porter leurs fruits.

L'avenir de Club Med Inc. est impressionnant, et je crois de l'intérêt de la maison mère de racheter les parts qu'elle ne détient pas dans la filiale. Les résultats du Groupe, intégrant à terme 100 % de ceux de la filiale, s'amélioreront automatiquement si l'achat se fait à un prix correct. Or les banquiers s'attendent à une envolée de la Bourse américaine et me conseillent, si l'on doit faire cette opération, de la réaliser au plus vite.

En outre, cela réduirait certains frais de structure exigés par la présence du Club au New York Stock Exchange, la Bourse de New York.

Enfin, un seul Conseil d'administration sera plus facile à gérer que deux, bien évidemment, et ce, d'autant plus que les administrateurs américains, en vrais professionnels, sont très pointilleux sur l'équilibre des pouvoirs et la véritable autonomie de la société américaine, passant des heures sur les transactions internes.

Tout cela est lourd et pesant. Je commence à parler du projet aux administrateurs des deux sociétés. Les Américains comprennent très vite la démarche, et vont me proposer que la filiale américaine rachète la société mère.

C'était peut-être, avec le recul, la bonne idée, mais je ne suis pas sûr que les esprits y étaient préparés à ce moment-là, et je préconise le scénario plus classique. L'idée est acceptée, elle sera rapidement réalisée avec l'appui de la Banque Lazard à New York, et avec toutes les précautions d'usage indispensables à la meilleure transparence exigée.

Ruy Brandolini confirme l'intérêt de son groupe pour augmenter sensiblement sa participation et devenir à terme l'actionnaire de référence du Club. C'est au début de l'été 95 qu'une décision politique va battre en brèche beaucoup de mes espoirs et de mes attentes. La France a décidé d'entamer une campagne d'essais nucléaires en Polynésie française. Les résultats de cette décision vont être dévastateurs pour le Club. Non seulement les villages de Tahiti se vident mais en plus nous y avons basé le *Club Med II*, notre superbe bateau de croisière. Cette décision rendra les choses encore plus difficiles. En outre notre clientèle asiatique, japonaise, coréenne, taiwanaise, mais également australienne et néo-zélandaise, se met à bouder le Club. Celui-ci est touché à la fois par la détérioration des filiales commerciales et par la perte de l'occupation de tous les villages d'Asie. On est un peu, dans cette partie du monde, comme les grandes marques françaises un symbole d'un certain savoir-faire, d'une certaine élégance. Cela offre beaucoup d'avantages, cela comporte aussi l'inconvénient majeur, lorsqu'une crise de cette importance surgit, de nous mettre en première ligne et de voir nos produits boycottés. J'irai plaider notre cause auprès des autorités françaises pour qu'elles nous aident un peu face à ce désastre, et seul Bernard Pons saura nous écouter et nous proposer quelques mesures pour nous aider à passer un cap si difficile. On va prendre, avec Alexis Agnello, patron du Club à Tokyo, toute une série de mesures économiques pour réduire le coût de cette situation. En même temps, M. Frydmann, président de l'UAP, m'a fait savoir dans le bureau de Philippe Lagayette, directeur général de la Caisse des Dépôts, qu'il doit vendre rapidement sa participation. Je lui demande quelques semaines de façon à trouver l'acheteur. Il me les accorde, cela devrait nous permettre de monter l'opération avec Exor. Mais les dirigeants d'Exor ont décidé d'aller vite. Ils prennent, par l'intermédiaire de leur banque d'affaires, un accord avec l'UAP quelques jours avant une réunion d'analystes financiers organisée dans le but de présenter l'augmentation de capital devant permettre de refinancer l'achat de Club Med Inc. qui s'est déroulée dans le courant de l'été. L'annonce de résultats décevants dus aux essais nucléaires fait chuter le titre, et Brandolini, qui a déjà acheté, me fait part de sa désapprobation. A partir de là, les choses commencent peu à peu à se dérégler.

Ruy Brandolini doit avoir le sentiment que j'ai voulu le tromper, sans comprendre que je n'y avais aucun intérêt, et que j'avais été pris par surprise quant à l'impact des événements du Pacifique.

L'hiver 95-96 sera juste correct, le manque de neige, un calendrier scolaire désavantageux ne nous aident pas, mais plus que cela, on a voulu baisser les prix, et nous n'avons pas eu le volume de clients supplémentaire nécessaire pour le compenser. On a beau avoir du monde dans les villages, il va nous manquer du chiffre d'affaires, et donc le bénéfice se trouvera en retrait de nos attentes.

Je souhaite toutefois poursuivre notre stratégie à long terme, renforcer les équipes du siège en faisant rentrer de nouveaux talents, qui sauront par petites doses s'intégrer au sein des équipes du Club, et accélérer la rénovation des villages.

Au cours des divers Conseils d'administration, certains m'expliquent qu'il faut aller lentement avec les investissements, et donc que les plans de rénovation doivent s'étaler sur plusieurs années, d'autres que nos dépenses de communication sont trop élevées, et qu'il faut les réduire. En coulisses, Ruy Brandolini s'inquiète. Il est assisté par un garçon étonnant, un certain Pascal Lebard. Celui-ci est incroyablement intelligent, il est prêt à tout pour arriver aux résultats escomptés par Ruy. Il me fait comprendre qu'il y a trop de monde au siège, qu'on ne peut pratiquement plus embaucher. Il veut d'ailleurs que lui ou Ruy puissent donner leur avis sur toute future nomination. A ce titre, il me refusera le choix du futur patron des Transports, un candidat que j'avais retenu, au prétexte qu'il avait fait sa carrière dans le rail et non dans l'aérien. Le choix se portera, après mon départ, sur une femme apparemment remarquable, ayant fait toute sa carrière à la SNCF !!?? En fait, il me suggère de licencier une centaine de personnes, ce que je refuse catégoriquement. Il pense aussi, et là il aura raison, qu'il faudrait, pour que le Club repose sur des bases plus saines, nettoyer la situation en se séparant de quelques villages ou en marquant quelques dépréciations d'actifs. Il cite un chiffre d'environ 600 millions de francs à provisionner, et pense que si le Club réalise cette opération vérité, l'avenir sera prometteur.

J'ai beaucoup de mal à me faire à cette idée, elle implique un désaveu ou une rupture totale avec le passé, et c'est bien difficile à accepter.

Début septembre, une réunion d'investisseurs a lieu au

Crédit Commercial de France. Nous sommes encore dans le flou quant au résultat de l'été. Il devrait être moyen, mais je sais aussi que l'ensemble des mesures prises depuis quelque temps va rapidement porter ses fruits. Les coûts de fonctionnement du Club ont baissé, le recentrage est quasiment réalisé. Henri de Bodinat, patron du marketing, a mis en place toute une série de mesures. Il a commis des maladresses, sûrement, comme chacun de nous fait des erreurs, mais il a su nous donner cette dimension qui nous manquait si cruellement. Je sais qu'une fois cette année 1996 passée, 1997 sera un bon exercice. J'essaie donc, durant la réunion, de tenir un discours à la fois conservateur sur l'année en cours et très positif sur le futur, car j'y crois plus fort que jamais. Je pèse chaque mot, je m'attache à ne rien dire du présent et à parler de nos perspectives d'avenir.

La force de la marque, notre implantation mondiale, notre plan de développement, nos rénovations... Le discours passe bien, j'y mets une pointe d'humour, et en sortant toute l'équipe financière me félicite. Pas un mot de travers, pas de fausses espérances, rien à craindre, c'était parfait. En fait, c'était le vrai début de la fin. On va vivre sur un formidable malentendu. Le titre va se mettre à monter. Je crois, moi, que c'est grâce au discours sur la stratégie à long terme du Club ; les investisseurs n'ont retenu que les perspectives de profits importants pour 1997, et en déduiront logiquement que 96 sera très bon.

Aucun de mes collaborateurs n'a vu venir l'énorme méprise. En outre, l'Agence France-Presse a sorti un communiqué annonçant que je confirmais une très belle perspective de profits pour 1997. J'ai effectivement mentionné un chiffre élevé pour 97, en prenant un certain nombre de précautions oratoires. Mais le communiqué ne reprend que les 400 millions de francs de profit, et nous n'aurons pas, ni moi ni les autres, la présence d'esprit de sortir un communiqué de mise en garde.

Quelques semaines plus tard, on aura les estimations de l'été, les résultats sont positifs mais en deçà des attentes du marché, et il faut diffuser un *profit warning*, c'est-à-dire avertir la communauté financière et les actionnaires de la situation.

On s'attend à une légère baisse du titre, celui-ci s'effondre, et Hervé Guez, analyste financier d'une grande banque anglaise, est très gentiment le premier à évoquer mon départ. Il ne faudra pas grand-chose pour que tout s'accélère. A la suite d'une réunion du Comité stratégique, il est prévu que le Club fasse faire un audit stratégique qui permettra d'analyser la situation et de voir les différentes mesures à prendre. La pression monte un peu plus chaque jour.

Les articles de presse sont dévastateurs. Ceux qui nous encensaient il y a quelques mois nous condamnent aujourd'hui. J'aimerais m'exprimer, mais certains administrateurs me le déconseillent fortement et me suggèrent de serrer les dents, et la situation devient un peu plus délicate chaque jour. C'est la règle du jeu, il faut l'accepter. Les rumeurs vont bon train. On me dit qu'un cabinet de chasseurs de têtes proche du groupe Exor a un mandat pour trouver mon remplaçant. Bien évidemment, chacun dément ces fausses rumeurs.

Je réunis début décembre l'ensemble des responsables pour leur expliquer la situation. Ils sont tous concernés, ils ont lu les journaux, écouté les rumeurs, ils sont inquiets. Je leur fais le point.

Les ventes de l'hiver sont excellentes. On a mis en place une bonne tarification, l'agence de pub Devarieux-Villaret fait un bon travail. Il faut que chacun agisse au mieux pour que le résultat 97 soit celui souhaité par tous. C'est possible. On explique l'impact de chaque mesure sur l'ensemble des villages et comment leur côté répétitif peut contribuer à améliorer très sensiblement les profits. Je sens une vraie motivation des équipes. La vraie force du Club est là, dans cette incroyable capacité à se mobiliser face à des enjeux importants. C'est chaque fois dans des situations exceptionnelles, dans les grands drames ou les grandes difficultés, que le Club s'est retrouvé, faisant abstraction des dissensions internes, comme il en existe dans chaque entreprise, et que chaque G.O. a donné le meilleur de lui-même.

C'est le cas aujourd'hui. Ils ont envie que l'on réussisse, ils ont envie de faire demain avec moi, et c'est pour moi le plus grand réconfort.

On va se battre, on va s'angoisser tout au long de l'année 97, mais on va la réussir, et je me promets qu'ensuite, je veillerai très religieusement aux perspectives des résultats futurs.

Fin décembre, le Conseil d'administration a lieu. Il donne une étrange impression. J'explique la situation actuelle, ses difficultés, l'audit stratégique qui va se mettre en place. Et lorsqu'un administrateur proposera une motion de soutien à mon égard pour calmer les bruits et les rumeurs, Ruy Brandolini nous expliquera avec un grand sourire que, comme chacun le sait, ils ont tous confiance en moi, que ce n'est pas la peine de l'écrire et qu'ils sont convaincus que je suis le mieux placé pour réussir les enjeux en cours. C'est théoriquement d'autant plus facile que je me suis engagé auprès d'eux à quitter le Club de mon propre fait à la fin de l'année 1997 si les résultats n'étaient pas à la hauteur de leurs attentes. Je me sens donc un peu déstabilisé, mais en même temps conforté. Ils m'ont renouvelé leur confiance.

Je pars quelques jours en vacances. Exceptionnellement je les passerai en dehors du Club. Ruy Brandolini et Pascal Lebard partiront eux en vacances au Club de la Guadeloupe. Ce dernier discutera avec le Chef de village et ses G.O., en s'étonnant de la faiblesse de leurs salaires, laissant entendre qu'un réajustement serait nécessaire, et qu'ils le souhaitent ardemment. Curieuse méthode...

La rentrée s'annonce chaude. J'ai finalement décidé de confier l'audit stratégique à Bain. J'ai rencontré le responsable parisien Jean-Marie Péant, il m'a semblé honnête. Il connaît le Club, c'est un G.M. et Pascal Lebard m'a fait comprendre qu'ils seraient très heureux de ce choix. J'ai confiance en Ruy et Péant, et ne vois aucune raison de me douter de quoi que ce soit ! Et Jean-Marie Péant me donne toutes les garanties de confidentialité quant à sa mission.

Les événements s'enchaînent. Paul Roll gère assez bien le Club Aquarius, en utilisant tous les avantages de l'adossement à un grand groupe sans en accepter la moindre contrainte.

Il communique sur ses bons résultats, nous met un peu devant le fait accompli, et certains de s'extasier sur les merveilles de la petite société qu'ils comparent aux piètres performances de la grande maison. Comme si les bons résultats d'Aquarius ne devaient pas nous être, au moins un peu, crédités.

Tout ça ne sent pas très bon. Et quand on a la confirmation d'un été 96 définitivement médiocre, je sens bien les risques de la situation.

Henri Lauret de *la Lettre de l'Expansion* m'appelle. Il a une information qu'il va passer dans sa prochaine publication ; il s'agit de mon départ en douceur du Club en passant par une structure à Conseil de surveillance et Directoire, avec à terme mon éviction totale pour la fin de l'année. Il veut ma confirmation. Je lui dis être certainement le plus mal placé pour lui garantir cette bonne nouvelle. J'appelle tout de même Philippe Lagayette pour lui en faire part. Il me dit être étonné, il dément vigoureusement et m'assure qu'Exor en fera de même, et recontacte à son tour Henri Lauret. Celui-ci publiera donc quelques lignes assurant qu'Exor n'a pas de mauvaise intentions à mon égard...

Par ailleurs, en quelques semaines, Bain a déjà pas mal avancé, et propose dans ses premières recommandations de fermer des villages structurellement déficitaires, ce que nous savions, mais avions du mal à admettre. On se décide à aller vers une épreuve de vérité, et puisque l'année est médiocre, à purger totalement la situation, quitte, au prix de fortes provisions, à la mettre lourdement en pertes. Certains banquiers interrogés pensent que, puisque de toute façon ces mesures sont inéluctables, autant les prendre sur 96, et ainsi se mettre en position de bien réussir 97 et les années suivantes. Il n'y a plus qu'à discuter de cela avec les administrateurs pour avoir leur accord.

Je commencerai, bien évidemment, par Ruy. Il a été très difficile ces derniers temps de le voir en tête-à-tête comme s'il appréhendait une discussion d'homme à homme. Il me reçoit dans ses bureaux de l'avenue Montaigne. Je suis accompagné de deux de mes collaborateurs. Il est souriant, affable, et bien sûr assisté du sieur Lebard. Je leur explique la situation, les mesures prises et les enjeux. En fait, je propose à Brandolini de faire ce qu'il souhaitait depuis un certain temps, et il fera peu de commentaires à la présentation des chiffres. Les autres administrateurs sont bien sûr surpris ou inquiets. Certains me font comprendre que tout se jouera sur l'exercice en cours, ce que j'accepte bien volontiers, d'autres se préoccupent de la réaction du marché, mais laissent faire.

Un comité d'audit est prévu pour le 6 février. Il doit analyser les comptes pour les présenter par la suite au Conseil.

Il a lieu chez Exor. Il va se passer bizarrement bien, pratiquement pas un mot des participants, chacun veut s'assurer qu'une fois ces mesures prises, il n'y aura plus de mauvaise surprise, ce que confirment les commissaires aux comptes. La séance a été courte, trop courte, et en sortant, je confie à mes collaborateurs un sentiment de malaise, comme si un piège venait de s'ouvrir, et que je venais de tomber dans la trappe.

Le lendemain, Gian-Luigi Gabetti est de passage à Paris et a demandé à me voir. Je le connais depuis longtemps. Il est administrateur du Club de longue date, c'est l'un des hommes forts du groupe Agnelli, il a toujours été d'une grande correction à mon égard. Il m'avait fait part depuis quelque temps de ses inquiétudes quant à la situation du Club, et s'était dit à ma disposition pour essayer de trouver la meilleure solution possible.

Le rendez-vous est fixé à la Caisse des Dépôts, dans le bureau du directeur général. Il a lieu à 17 heures. Je suis bien sûr en avance. Je sens que quelque chose va se passer.

J'aperçois Gian-Luigi arriver dans sa Lancia. Je l'observe descendre de sa voiture, je le laisse entrer, je l'évite. Son visage est dur, fermé. C'est la fin de la journée, la luminosité de la ville est bien sombre. J'ai une certaine boule d'angoisse lorsque l'huissier me fait entrer dans le bureau où mes deux interlocuteurs sont déjà en place. Fait exceptionnel, Philippe Lagayette a cédé sa place, face à la Seine, à Gabetti, c'est donc ce dernier qui, ce soir, dirige. Il commence, la voix est posée. Le ton est neutre.

« La situation est catastrophique, les comptes sont épouvantables, tu as trompé le marché. L'action va s'effondrer, et on ne peut plus te laisser la direction du Club. »

Au moins, c'est clair, c'est simple, c'est précis.

« Mais comme tu parles bien du Club, que tu sais bien le représenter, on va mettre en place une nouvelle structure avec Directoire et Conseil de surveillance, et tu présideras ce dernier. »

Je vais essayer de me défendre. Je reconnais mes erreurs, mais je leur confirme que l'année en cours est très bonne, et qu'ils doivent respecter les engagements pris au dernier Conseil d'administration. On est en février, ils sauront ce qu'il en est en septembre, je leur demande de me faire confiance pour sept mois, et leur confirme que je démissionnerai si je n'atteins pas les objectifs fixés. Lagayette est paniqué quant aux éventuelles réactions du marché à l'annonce des résultats, mais il a l'air un peu ébranlé par mes arguments. Il serait peut-être prêt à jouer le jeu. Gabetti, lui, est intraitable. C'est un Borgia avec un visage de Michel-Ange, il est là pour exécuter son travail, et n'est pas du style à se laisser attendrir. Il n'aime pas qu'on lui résiste. Il s'énerve, s'emporte, me menace d'un conflit ouvert avec les administrateurs. Il m'accuse de tout, de ne pas écouter les conseils ou les ordres de Ruy, d'avoir voulu vendre le Club à des Américains sans les consulter. Il est intéressant de constater que ce genre de situation peut amener certaines personnes à perdre leur sang-froid. Qui peut imaginer que je pourrais prendre une telle initiative alors que je m'efforce de tenir chacun au courant de tout ?

Mais peu importe. Il faut frapper, et fort. C'est d'ailleurs assez bien joué, je suis groggy. Je n'ai même pas eu droit à un verre d'eau pour humidifier ma gorge devenue tellement sèche que plus un mot ne peut sortir. On me parle Conseil de surveillance. Je réponds que je n'ai pas l'âme d'une potiche. On m'assure qu'il y aura une vraie répartition de pouvoirs. C'est bien sûr faux. Mais en principe, plus c'est faux, et plus cela a une chance de passer.

Je résiste encore, je refuse. On se donne quelques jours pour chercher une solution convenable pour tout le monde.

Je sors, je titube, je descends les quelques marches, rends le badge donné à l'entrée. Je suis dans un état second. Des milliers d'images, les G.O. des villages, le séminaire d'Agadir, les équipes de La Villette, mes saisons de Chef de village, tout se bouscule dans ma tête.

Je sens bien que tout s'écroule. Je vivais Club, je travaillais Club, je voyais le monde au travers du Club, et tout risque de s'achever. Il faut essayer de se battre. Je suis en train de réussir mon pari, la communication en 96 a été mauvaise, et cette année 97 se rapprochera des attentes de chacun. Je vais consulter mon père, mon épouse, mes fils, et ceux qui ont toujours été de bon conseil. Gilbert est abasourdi. J'interroge des administrateurs, ils semblent ne pas être au courant. L'opération s'est jouée à deux ou trois maximum.

Un voyage était prévu à Tokyo pour rencontrer le président Itoh de la compagnie Nippon Life. Il a toujours été très vigilant sur le Club, et sans nous épargner ses critiques lorsqu'il l'estimait nécessaire, il a su nous marquer sa confiance. Je décide malgré la situation de faire le voyage, je ne passerai à Tokyo que la journée, le temps d'un déjeuner avec le président, pour lui exposer la situation, le tenir au courant de l'évolution des chiffres, et surtout lui faire part de la décision prise par MM. Lagayette et Gabetti. Il me fait part de sa surprise quant aux résultats du Club pour l'année 96, souhaitant qu'à l'avenir ce type de situation soit évité ; et il me confirme au cours du déjeuner sa confiance sur ma vision à long terme dans le Club et son soutien total. Je quitte Tokyo un tout petit peu soulagé.

Certains administrateurs, et non des moindres, souhaitent me voir poursuivre mon mandat, je vais continuer à me battre.

De retour à Paris, la tension monte d'un cran, c'est un marathon, le stress est à son maximum. Mais je sens aussi que quelque chose de bizarre, d'invisible, se passe, comme si petit à petit les loyalistes changeaient de camp. Maurice Lévy va jouer la mission de bons offices, et bien que conseiller du groupe Agnelli en France, il va, me dit-il, tenter de m'aider.

Voyant la détermination de Gabetti et constatant sûrement qu'il n'y a plus rien à faire, il recevra pour mandat de veiller à ce que, médiatiquement parlant, l'opération se déroule dans le calme, et sans effusion de sang.

En mars 1998, un communiqué annoncera que, sans

compétition, M. Bourguignon confie la communication mondiale du Club à Publicis.

D'autres, comme certains banquiers qui voulaient m'aider, me font comprendre qu'ils subissent de grosses pressions leur enjoignant de me laisser me débrouiller tout seul.

J'apprends même que les Japonais qui avaient prévu de me donner une procuration pour le futur Conseil, y renoncent.

Je revois le lundi soir Gabetti et Lagayette. Ils n'ont pas changé d'avis. Ils sont maintenant sûrs de leur coup. Le nom du successeur commence à circuler, il est, paraît-il, expert en sauvetage d'entreprises en difficulté. Il a une méthode imparable. C'est le sauveur parfait. Sauf que l'entreprise n'est pas mourante, mais cela n'intéresse plus personne.

Le lendemain, quelques G.O. qui ont eu vent de ce qui se trame me proposent de mobiliser les équipes en villages et dans les bureaux. Ils sont prêts à tout arrêter, à mettre en grève l'ensemble des villages. Il est à peu près sûr que les G.O. suivraient, et se rangeraient du côté de Gilbert et de Serge. Mais cela créerait une situation trop risquée pour le Club. J'aime trop cette maison pour prendre le risque, et je ne veux pas mettre les G.O. en situation de faiblesse si l'on perd le conflit.

Puis on me propose de rencontrer mon successeur. Ça se passe dans les bureaux d'Exor. Il ne veut pas d'un attelage à deux, mais s'engage à travailler en collaboration avec moi, à me consulter sur les grands dossiers. Il veut mes conseils... Il veut qu'on se tutoie ?

Je sens bien que tout cela sonne faux. Mais peut-être pourrais-je, en restant quelque temps au Conseil de surveillance, protéger une certaine idée que je me fais du Club, et surtout les G.O. qui risquent de vivre difficilement la transition.

Le jeudi 22, après une longue réflexion, je décide ma reddition. Elle se signera avenue Victor-Hugo dans le bureau de Me Jean Veil. Il m'aura assisté moralement pendant toute cette période.

Mon fils aîné m'accompagne. Il est rentré des Etats-Unis où il vivait depuis quelques années, pour être près de son père. Il est attentif à tout, et ses conseils me seront précieux. Pascal Lebard téléphonera tous les quarts d'heure pour s'assurer que tout se passe bien. Et alors que j'ai signé les papiers, il en réclame une copie d'urgence. Je crains qu'il ne soit très inquiet, et qu'il n'ait peur qu'au dernier moment, je ne signe pas, ou qu'on lui prépare une surprise.

Jean Veil devra aller lui remettre la copie quelque part sur les Champs-Elysées. La confiance règne. Peut-être a-t-il besoin de serrer ce papier dans ses bras pour bien dormir ?

Le reste va vite.

Le vendredi 23 a lieu le Conseil du Club. Le matin, je réunirai d'urgence le comité d'entreprise pour le tenir informé. Les participants sont abasourdis. Ils ne comprennent pas. Ils refusent. Je leur explique qu'il n'y a plus rien à faire, et qu'ils doivent rester calmes pour protéger les intérêts de chacun des G.O.

On nous apporte *le Monde* de la journée. O miracle ! Il annonce, alors que le Conseil n'a pas encore eu lieu, que Bourguignon prend la direction du Club. Puisque c'est écrit dans *le Monde*, le Conseil peut avoir lieu, il n'y a plus qu'à confirmer.

Tous les administrateurs sont pratiquement présents, les Italiens bien sûr, en grande délégation, la Caisse des Dépôts, mais aussi Cheikh Abdulaziz, venu spécialement de Djeddah, et prêt à m'apporter sa voix si cela était nécessaire ; sa présence me réconforte. La tension est à son paroxysme, et je veux faire en sorte que les choses se passent vite.

Autant faire dans l'élégance quand tout est perdu. On s'installe autour de la table. Les représentants des syndicats vont faire irruption pour distribuer des tracts demandant à ce que je reste président du Club. Les administrateurs jettent un œil distrait à ces papiers, cela n'a plus aucune importance. La séance commence.

Je confirme le changement de structure du Club, je propose le nom de Philippe Bourguignon pour diriger le Club. Je ne peux m'empêcher de dire quelques mots sur la saison d'hiver en expliquant que le résultat sera le meilleur de notre histoire, mais de toute évidence cela n'intéresse plus personne !

Tout est vite expédié. Seul Lotfi Belhacine aura la gentillesse de dire quelques mots affectueux. Les administrateurs sortent. Tous les G.O. se sont mobilisés dans le hall et jusqu'au parking. Ils veulent marquer leur désapprobation. Les administrateurs doivent franchir une haie hostile mais sans un seul geste, ni une parole déplacée. Ils se sentent mal à l'aise. Mais l'affaire est bouclée. C'est réglé.

Je réunirai les G.O. pour leur dire mon amour du Club, et à quel point j'ai aimé travailler avec eux. Je leur dirai que ces trente années du Club représentent mes plus beaux souvenirs, j'aimerais leur parler plus longtemps, mais je n'y arrive pas. Les mots ont du mal à sortir. Il vaut mieux faire très court.

J'irai ensuite dire quelques mots aux analystes financiers réunis pour la présentation des comptes. Je leur expliquerai les résultats, ma version du malentendu sur la réunion du CCF et les décisions prises lors du Conseil. Ils auront la gentillesse de m'applaudir, ce qui me touchera beaucoup.

Et puis les journalistes, les interviews. Essayer de faire croire que l'attelage peut marcher, les plus malins savent bien qu'il n'en sera rien.

Le lundi, à l'ouverture de la Bourse, le titre du Club explose. La décision semble donc très bien accueillie par les marchés. On s'apercevra par la suite qu'en fait Exor a fait acheter des centaines de milliers de titres. Il sera passé en quelques jours de 13 à 19 % du Club.

Quelques jours plus tard, on reçoit un coup de fil de la représentation parisienne d'un des actionnaires étrangers du Club. Ils avaient bien reçu le rapport de Bain que le secrétariat général du Club avait diffusé, dès sa réception, mais ils s'étonnaient d'avoir reçu, quelque temps avant notre envoi officiel, une autre version du même rapport Bain.

On comprendra assez vite qu'il y avait eu en fait deux rapports.

Celui que j'avais reçu, comportant une analyse des forces et faiblesses du Club, et un autre beaucoup plus critique celui-là, dans lequel il n'y avait plus de forces, mais que des faiblesses, ne trouvant à la différence du premier aucune circonstance atténuante aux difficultés du Club.

Les deux rapports se ressemblent beaucoup. Même papier, même mise en page, simplement deux dates différentes. Le 17 février pour l'officiel, et le 14 pour le « rapport fantôme », même pas présenté comme un « draft » intermédiaire.

Quelques mots ont changé, quelques titres ont disparu, quelques adjectifs ont fait leur apparition. C'est assez subtil. Simplement, à la lecture du rapport officiel que l'on m'a remis, on se dit qu'il y a beaucoup de choses à faire ce que l'on savait, mais que c'est tout à fait jouable ; selon le rapport fantôme, en revanche, celui dont je n'étais pas destinataire, il est évident, et c'est sous-jacent à la fin, que la situation est tout à fait catastrophique, que rien ne va, et que seul un changement profond pourra permettre le redressement du Club.

Alors que certains se plaignent du coût excessif des consultants, nous avons ici le cas très intéressant où, pour le prix d'un rapport, vous en avez deux.

En fait, ce rapport fantôme avait circulé auprès des administrateurs, et une copie en avait même été adressée au président de Nippon Life.

Tout ceci s'était passé dans mon dos, et avait permis de faire tomber les réticences des récalcitrants.

Bien sûr, c'est à l'encontre de toute déontologie. J'avais, en tant que président du Club, commandé un audit stratégique à Bain, et cette société en avait fait deux versions, une à l'intention de certains administrateurs, et une autre trois jours après, l'officielle, qu'ils m'avaient adressée sans m'avertir bien évidemment de l'existence de la première.

Comble de raffinement, quelques semaines plus tard, un célèbre cabinet de chasseurs de têtes de la place parisienne viendra déposer sa facture au Club. Elle représente leurs honoraires pour la recherche de Philippe Bourguignon.

Je partirai quelques jours en vacances à essayer de me remettre. Sans grand résultat.

Je retrouve mes bureaux. Mais le téléphone ne sonne plus, il n'y a plus de courrier, et quasiment plus de visites. Au moins, je ne peux pas me plaindre de me fatiguer à la tâche.

On me fait d'ailleurs vite comprendre qu'il serait préférable que je laisse mon bureau à mon successeur, ce que je fais au plus vite.

L'Assemblée générale d'avril va entériner toutes les décisions. La salle est comble. Quelques moments avant d'entrer en scène, le « sauveur » nous fait une petite crise. Il y a eu des rumeurs sur la saison d'hiver, et ça il ne veut pas. A quoi sert un sauveur si la situation se redresse sans lui ? Il me menace, si je tiens des propos trop positifs sur l'exercice en cours, d'expliquer à chacun que la situation est catastrophique, que le Club ne gagne pas d'argent, etc.

Ruy est présent. Il a horreur des conflits, et il se voit avec ses deux présidents s'étripant sur scène en direct. Ça risque de faire désordre. Il s'inquiète et essaie de calmer les esprits.

Bien évidemment, tout se passera bien. J'expliquerai rapidement mon bilan avec ses forces et ses faiblesses, et Bourguignon s'efforcera d'essayer de sourire et de paraître décontracté.

Je m'aperçois bien vite que le poste de président du Conseil de Surveillance n'offre aucun intérêt, et que Philippe, contrairement aux accords écrits, n'envisage aucun partage du pouvoir. J'assiste progressivement à un changement de plus en plus profond. Les têtes commencent à tomber, les méthodes changent, un nouvel esprit se met en place. C'est une vision tout à fait nouvelle, elle est peut-être salutaire, mais je ne la partage pas. Je crains que le Club ne perde progressivement son âme et sa différence.

Puisque je n'ai pas le pouvoir de m'y opposer, il sera sûrement préférable de sortir.

En même temps, on cherchera à comprendre ce qu'a fait Bain, on leur demandera des explications, et ils ne répondront même pas !

Devant leur mutisme et leur refus de réaction, j'ai décidé de leur intenter un procès. Les Italiens mis au courant me font savoir que si je maintenais le procès, ils m'attaqueraient à leur tour. Je leur répondrai qu'ils n'ont rien à craindre, que je n'en veux qu'à Bain... On m'explique qu'on cherchera partout pour trouver, sur moi, mon épouse ou mon père, des choses. Effectivement les auditeurs vont chercher à New York où ils interrogent mes anciens collaborateurs sur notre honnêteté. Ils chercheront également ailleurs.

Le 17 juillet a lieu un Conseil de surveillance. Avant celui-ci, nous demandons, Gilbert et moi, une lettre d'excuses sur l'affaire Bain. Gilbert discute avec un petit groupe d'administrateurs. Rien n'en sort. Gabetti et Lagayette veulent me voir en tête-à-tête. Je ne peux leur refuser cette nouvelle séance de bonheur total. Lagayette est blanc et Gabetti vire au rouge. J'essaie de les calmer, ils n'ont rien à craindre. C'est à Bain de s'expliquer, mais je ne suis pas sûr de les avoir convaincus, et Gabetti me menace à nouveau.

Le Conseil a lieu.

Au bout d'une trentaine de minutes passées dans une étrange atmosphère, Gilbert et moi annonçons notre démission. On se retire.

C'est fini.

Le lendemain, les journaux, la radio, les télés se feront l'écho de notre décision.

J'expliquerai mes craintes de voir le Club perdre son âme, et qu'en conséquence je préfère partir.

Cela me permettra de constater à quel point mon successeur peut rapidement perdre son calme. De toute évidence, il n'apprécie pas. Mais qu'importe. La page est tournée.

On va recevoir beaucoup de lettres, plus belles les unes que les autres. Elles viennent de garçons et de filles avec qui j'ai eu le privilège de travailler pendant trente ans environ. Elles s'adressent à Gilbert et à Serge. Elles témoignent de quelque chose d'exceptionnel. Une vraie belle relation d'amour. Avec leurs mots, leur langage, les Tunisiens, les Brésiliens, les G.O. du siège et des villages, d'un peu partout dans le monde, nous disent ce qu'ils ont appris au Club, ce que le Club leur a apporté. Ils sont tristes, peut-être certains presque autant que nous.

On sent un vrai déchirement, ce n'est pas la simple rupture d'un contrat de travail, c'est bel et bien la fin d'une époque.

Le reste ne sera, à mon égard, à celui des G.O. ou de Gilbert, que banalités, médiocrité et mesquinerie.

Chapitre 6

REBONDIR

Après ce si sympathique 17 juillet, nous partons en famille quelques jours en Sardaigne. C'était depuis de longues années le lieu où je sortais du monde du Club ;. une parenthèse, un petit hôtel de vacances, le moyen de se vider, de faire le point de l'année écoulée et de se préparer à une rentrée toujours plus passionnante et plus compliquée. Mais cette fois-ci, le cœur n'y est pas. Il n'y aura pas de rentrée au sens classique du terme, et donc ces vacances traditionnelles ont perdu un peu de leur sens.

Que faire ?

Se lamenter sur un passé qui ne reviendra pas ? Se plaindre sur ce que je peux considérer comme une injustice, ou se féliciter de se trouver soulagé d'un stress et d'un poids devenus bien trop lourds ? Pendant quelque temps, tout semble fini ; seul subsiste un formidable sentiment de défaite ou d'échec qui vous colle à la peau. L'angoisse d'entrer dans un lieu public et de devoir supporter le regard des autres, cherchant à imaginer ce qu'ils peuvent se dire, et quelque part se sentir rabaissé ou humilié.

Et puis cette drôle d'impression en s'apercevant que ceux qui vous entouraient, vous flattaient ou vous encensaient, sont les premiers à disparaître, à faire comme si vous n'aviez jamais existé. Un grand responsable du Club fraîchement et stupidement promu par moi avait cru bon, de sa propre initiative, d'afficher une photo de Gilbert et de moi comme emblème dans son bureau. Il sera, dans les heures qui suivirent les événements, le premier à l'escamoter, quitte à faire sourire les initiés.

On est bien sûr rayé des listes de cocktails, des premières de cinéma, des loges huppées de Roland-Garros, avec le paradoxe amusant qui consiste à être invité quand, pris dans l'action de l'entreprise, on n'a pas le temps d'en profiter; alors qu'au moment où votre agenda se libère quelque peu, vous ne faites plus partie de ce monde. Mais après tout, c'est la règle du jeu.

Alors nous déciderons de partir pour de longues semaines aux Etats-Unis; on louera une maison dans les Hamptons, endroit de villégiature privilégié des New-Yorkais. Tout y respire quiétude, sérénité, aisance et joie de vivre. Tout y est facile, on se reçoit entre amis de maison en maison. On va le matin faire ses courses en côtoyant ceux qui font vivre cette Amérique trépidante et qui pour quelque temps ont changé de peau. On y fait du vélo, on se balade, et le soir, on rediscute. Je parle un peu du futur, je leur raconte les derniers événements. Les Américains sont habitués à ce genre de situation : ils ont tous au moins une fois quitté leur entreprise, et n'éprouvent pas cet attachement affectif que nous connaissons, et ils m'expliquent que leurs échecs leur ont permis de rebondir en allant souvent très au-delà de ce qu'ils auraient pu imaginer.

Ils me donnent dix exemples de carrières brisées, et de nouvelles *success stories.* Ils s'amusent en manière de clins d'œil à me raconter l'histoire de Steve Jobs, viré il y a dix ans d'Apple, comment il avait rebâti une nouvelle affaire, et comment aujourd'hui des actionnaires désespérés lui ont demandé de revenir redresser une entreprise qui avait perdu son âme et sa différence. Quelques grands managers américains m'initient aux règles du jeu, et les méthodes consistant à faire systématiquement de grosses provisions. Ils m'expliquent aussi qu'aux Etats-Unis chacun se garde bien de taper sur ses prédécesseurs, car la roue tourne, et on ne sait jamais de quoi sera fait demain. Question d'intelligence, et d'un brin d'élégance. Ah bon ?

Formidable Amérique, l'échec y est banal, ce qui compte, ce sont les enseignements que vous en tirez, et ce que vous ferez demain. Tolérer et accepter l'échec est une condition indispensable à une nouvelle ouverture d'esprit.

Et si tout recommençait ?

Logique dans un grand discours de « refondation », très à la mode chez certains partis politiques, le Club a fait tester une nouvelle campagne publicitaire auprès des G.M. sur le thème : « Et si tout recommençait ? » La réponse de certains fut d'une simplicité désarmante : « Oh, oui ! si cela veut dire le retour de Trigano et de notre Club ! »

Embarras des grands stratèges.

Enervement bien compréhensible du nouveau grand chef.

Et éclat de rire de bon nombre de G.M. et de G.O.

On peut bien sûr jouer au jeu de la nostalgie, vouloir récrire l'Histoire et arrêter le cours du Club quelque part dans les années 50 ou 60, oubliant ainsi quelques très belles pages.

On peut aussi dans un autre domaine, en voulant tout recommencer, se dire que pour réussir il eût fallu « tuer le père », chargeant la barque et coupant les ponts avec le passé.

Mais ce n'est pas mon style, pas ma culture, pas ma religion. Non merci !

On peut épiloguer longtemps encore, alors que tout ceci n'a plus vraiment d'intérêt.

Les administrateurs ont choisi, c'est enfin devenu leur société, elle leur appartient. Ils ont les yeux rivés sur le cours de la Bourse et il faudra voir dans quelque temps, une fois le jeu des provisions épuisé, le résultat de ce si violent changement culturel. Formidable gâchis ou véritable renaissance ? Beaucoup de promesses ont été faites, il ne reste qu'à espérer qu'elles seront tenues vis-à-vis du marché, des G.O. et des G.M. Le Club d'hier était notre passion ; avec tout ce que cela comporte d'irrationnel et de subjectif, celui d'aujourd'hui est une entreprise comme une autre sur laquelle il faut porter un regard objectif. Je ne suis certainement pas le mieux placé pour pouvoir le faire.

Gilbert : « Oui, Serge, ce beau livre se ferme. Le Club va vivre sans moi, sans toi et peut-être sans plus aucun de ceux et celles que nous avons aimés parce qu'ils aimaient le club, avec plus ou moins de talent mais avec cette passion qu'il y a à servir ce qu'il y a de plus beau et de plus vrai, ce que le Club a été pour toi, pour moi, pour Gérard. »

Mieux vaut réfléchir à demain. A 50 ans, dont trente ans passés au club et vingt ans à m'y préparer, j'ai dû être programmé génétiquement à travailler aux vacances des autres. Ce métier est passionnant.

Tout reste à faire.

A nous de trouver le nouveau cocktail fait de tendresse et d'humour, de qualité et d'amour.

A nous de réimaginer des solutions nouvelles proches de la nature, la respectant, l'embellissant, grâce à un mélange d'éphémère et de modernité.

A nous de retrouver la tribu, et les nomades.

On peut rêver d'offrir des vacances de qualité à des clientèles qui n'y ont pas encore accès, et qui attendent qu'on leur propose des solutions astucieuses et modernes.

On peut aussi proposer à ceux qui ont tout vu des palaces aux formules Club, des mélanges de confort sans luxe tapageur et de gentillesse sans promiscuité.

Il faudra à partir de nos réseaux d'amitié et de fidélité au Maroc, en Tunisie ou ailleurs autour de la Méditerranée, en France ou aux Caraïbes, avec le talent d'hommes comme Philippe Starck, imaginer ce que voudront les hommes et les femmes de demain.

Triganew, notre nouvelle société, sera une structure légère, dédiée aux hommes et aux idées. Elle a de belles chances de réussite.

A nous de rêver et d'inventer.

A nous d'essayer, demain, de vivre les pages d'un autre livre de vacances.

TABLE

SECONDE PARTIE : LES ANNÉES SERGE

Cet ouvrage a été réalisé par la
SOCIÉTÉ NOUVELLE FIRMIN-DIDOT
Mesnil-sur-l'Estrée
pour le compte des Éditions Grasset
en novembre 1998

Imprimé en France
Dépôt légal : novembre 1998
N° d'impression : 44301
N° d'édition : 10913
ISBN : 2-246-56481-6